AF549406

Thomas Junker

Die Evolution der Phantasie

Thomas Junker

Die Evolution der Phantasie

Wie der Mensch zum Künstler wurde

S. Hirzel Verlag Stuttgart

Bibliografische Information der Deutschen Nationalbibliothek
Die Deutsche Nationalbibliothek verzeichnet diese Publikation in der Deutschen Nationalbibliografie; detaillierte bibliografische Daten sind im Internet über http://dnb.d-nb.de abrufbar.

ISBN 978-3-7776-2180-7

Birkenwaldstraße 44, 70191 Stuttgart
Printed in Germany
Einbandgestaltung: deblik, Berlin
Satz: Mediendesign Späth GmbH, Birenbach
Druck & Bindung: AZ Druck, Berlin

www.hirzel.de

Inhalt

Ein Experiment

Was verbindet die Zwölftonmusik mit dem Musikantenstadel? Welche Parallelen gibt es zwischen Richard Wagners *Ring des Nibelungen* und der Verfilmung von J. R. R. Tolkiens *The lord of the rings*? Lässt sich Johann Wolfgang Goethes *Faust* mit der Arztromanserie *Dr. Norden* vergleichen? Was haben die Höhlenmalereien von Lascaux mit den Readymades von Marcel Duchamp gemeinsam? – Alle diese Werke lassen sich als Kunst begreifen. Als Populär-, Trivial- oder als Hochkunst, aber eben als Kunst.

Die Kunst gilt als harmloses Vergnügen und wird mit Argwohn beobachtet. Sie verspricht die Welt zum Besseren zu verändern, kann aber auch mit Ungerechtigkeiten und Grausamkeiten versöhnen. Sie verhilft zu außergewöhnlichen Erkenntnissen und kann zur einschläfernden Droge werden. Kunst ist „in" – spektakuläre Museumsbauten wetteifern mit Jahrhundertausstellungen um die Gunst des Publikums, auf Auktionen werden Rekordsummen umgesetzt. *Was aber ist Kunst? Wann ist sie entstanden, wie funktioniert sie und welcher Zweck wird mit ihr verfolgt?*

In der Vergangenheit haben sich vor allem Philosophen, Kunsthistoriker, Psychologen, Soziologen und Künstler an der Beantwortung dieser Fragen versucht. In den letzten Jahrzehnten entdeckten auch Evolutionsbiologen dieses Thema für sich. In einer ganzen Reihe aufschlussreicher Untersuchungen zur *evolutionären Ästhetik* und *evolutionären Kunsttheorie* konnten sie überzeugend belegen, dass es biologisch zweckmäßig ist, wenn wir bestimmte Körperformen und Bewegungen, Landschaften und Räume, Geräusche und Gerüche, Tiere und Pflanzen, Gegenstände und Ideen als schön oder als hässlich empfinden. Sie zeigten, dass klassische Themen der Kunst – Rivalität, Freundschaft und Verrat, romantische Liebe, sexuelles Begehren und Eifersucht, Ehre, Mut und Verzweiflung – eng mit biologischen Lebenszielen verknüpft sind. Und sie argumentierten, dass die künstlerischen Talente und Interessen in der Natur der Menschen angelegt sind.

Der evolutionäre Blick auf die Kunst hat Misstrauen erregt und ist auf Unverständnis gestoßen. So treffend die Kritik im Einzelfall sein mag, so kurzsichtig ist die grundsätzliche Zurückweisung. Denn damit verspielt man die Chancen und Möglichkeiten einer neuen Sicht auf ein vertrautes und scheinbar bekanntes Phänomen wie die Kunst. Vielleicht werden die „zutiefst schöpferischen und konstruktiven" Denkanstöße der evolutionären Kunsttheorie ja tatsächlich zu einer „geistigen Revolution" führen, wie ihre Vertreter behaupten.[1] Den Versuch ist es allemal wert.

Was ist zu erwarten, wenn man die Kunst aus der darwinschen Perspektive betrachtet? Wie die Fähigkeit zu fühlen, zu sehen, zu denken und aufrecht zu laufen, müssen auch die künstlerischen Interessen und Talente in der Evolution unserer Vorfahren als ein neues Verhalten entstanden sein, das es vorher so nicht gegeben hatte. Sie werden nicht als rein kulturelle Leistungen oder als überflüssiger Luxus gesehen, sondern als ein unverzichtbarer Bestandteil der Natur des Menschen, vergleichbar mit Sprache und Kultur. Wenn dies richtig ist, dann wurden wir durch die evolutionäre Erfindung der Kunst zu dem, was wir heute sind, und unsere Geschichte, Gegenwart und Zukunft lassen sich nur verstehen, wenn man sich diesen entscheidenden Schritt vergegenwärtigt. Ohne Kunst hätte das Leben unserer Vorfahren einen anderen Verlauf genommen, dann wären die Menschen vielleicht nicht zum „dominantesten Tier" geworden, „das jemals auf dieser Erde erschienen ist".[2]

Wird der evolutionäre Aspekt übersehen, missachtet und vergessen, dann lassen sich das Wesen der Kunst und die Natur des Menschen nicht verstehen. Diese These liegt meinem Buch zugrunde und ich werde Belege und Hinweise für ihre Richtigkeit anführen, aber auch offene Fragen und Schwierigkeiten diskutieren. Man kann den mit der biologischen Betrachtung der Kunst einhergehenden Wechsel der Perspektive als ein Experiment auffassen, dessen Ausgang ungewiss ist, und das auf beiden Seiten, bei Kultur- wie Naturwissenschaftlern, Neugierde und Offenheit erfordert.

> Da die Kunst sowohl zur Kultur als auch zur Natur der Menschen gehört, lassen sich viele ihrer Rätsel nur lösen, wenn die Kultur- und die Naturwissenschaften die Beobachtungen und Gedanken der jeweils anderen Seite zur Kenntnis nehmen und in ein konstruktives Zwiegespräch treten.

Im Folgenden werde ich deshalb beide Seiten zu Wort kommen lassen. Die Erkenntnisse der Philosophen und Historiker sind wichtig, ebenso wichtig aber sind die Funde der Psychologen und Evolutionsbiologen. Ergeben sich Widersprüche, dann dürfen diese nicht ignoriert und übergangen werden, sondern sie müssen ernst genommen und gelöst werden. Insofern lässt sich mein Buch nicht nur als Bekräftigung des jeweils eigenen Standpunktes lesen, sondern auch als eine Einführung in die Gedankenwelt der anderen Seite. Es soll zeigen, dass dieser Brückenschlag möglich, erfolgversprechend und notwendig ist. Dies sehe ich als die eine originelle Leistung meines Buches.

Die andere ist die aus dieser Synthese hervorgehende Bestimmung eines konkreten biologischen Zwecks der Künste, die verstehen lässt, was sie sind, warum sie entstanden und wie sie funktionieren.

Die Künste sind eine spezielle Sprache der Menschen. Sie ermöglicht die Verständigung über unbewusste Gefühle und Wünsche, übt den Umgang mit sozialen Konflikten spielerisch und speichert dieses strategische Wissen.

Die Kunst ist ein komplexes Phänomen. Und sie ist uns wichtig. Dies erklärt, warum es so viele unterschiedliche Ansichten über sie gibt und warum diese so emotional diskutiert werden. Abschnitt 1, „Wie wird Kunst erklärt?“, gibt einen Eindruck von diesen Kontroversen. Im ersten Teil wird es um die grundsätzliche Kritik an evolutionären Kunsttheorien gehen, im zweiten Teil um die Frage, warum es so schwierig ist zu sagen, was Kunst ist. Im dritten Teil werde ich dann wichtige evolutionsbiologische Theorien zur Kunst und einige ihrer Konkurrenten vorstellen.

Diese Standpunkte und Kontroversen sind aufschlussreich und interessant. Aber sie sind auch verwirrend. Leser, die wissen wollen, was die evolutionäre Theorie zu leisten vermag, können direkt zu Abschnitt 2, „Wie funktioniert Kunst?“, springen. Im ersten Teil wird es um die Frage gehen, warum Kunstwerke die Tendenz haben, schön, eindrucksvoll und luxuriös zu sein. Im zweiten Teil werde ich auf die Beobachtung zu sprechen kommen, dass in den Künsten zwar die unterschiedlichsten Themen dargestellt werden, dass dies aber meist auf eine Weise erfolgt, die Gefühle und Wünsche anspricht. Im dritten Teil wird es um spezielle Funktionen der Kunst gehen: Um die Abgrenzung von der Natur, um ihre Bedeutung für das soziale Zusammenleben, um die bevorzugten Themen und um ihre Vielfalt.

In Abschnitt 3, „Welches Problem soll Kunst lösen?“, werde ich die Ergebnisse von Abschnitt 2 zusammenfassen, verschiedene Selektionsvorteile der künstlerischen Fähigkeiten nennen und ihren allgemeinen biologischen Zweck diskutieren. Abschnitt 4, „Wie ist Kunst entstanden?“, gibt dann einen Eindruck von den evolutionären Vorformen einzelner Elemente der Kunst und von der Entstehung des einheitlichen und neuen Merkmals der Kunst. In Abschnitt 5, „Wird es in der Zukunft noch Kunst geben?“, geht es um die Frage, wie sich die evolutionär neuen Umwelten der Zivilisation, der Industriegesellschaft und der Massenmedien auf die biologisch angelegte Kunstfähigkeit auswirken, welche positiven und negativen Folgen zu beobachten sind und was dies für die Zukunft der Kunst bedeutet. Wäre es möglich, dass Kunst aus dem Leben der Menschen verschwinden wird, da sie ihre Aufgabe verloren hat? Diese Möglichkeit ist nicht von der Hand zu weisen, wenn man sich vergegenwärtigt, dass das Interesse an Kunst unter ganz bestimmten evolutionären Bedingungen entstanden ist, die aber nun oder in der Zukunft vielleicht nicht mehr gegeben sind.

Frankfurt am Main im Januar 2013 Thomas Junker

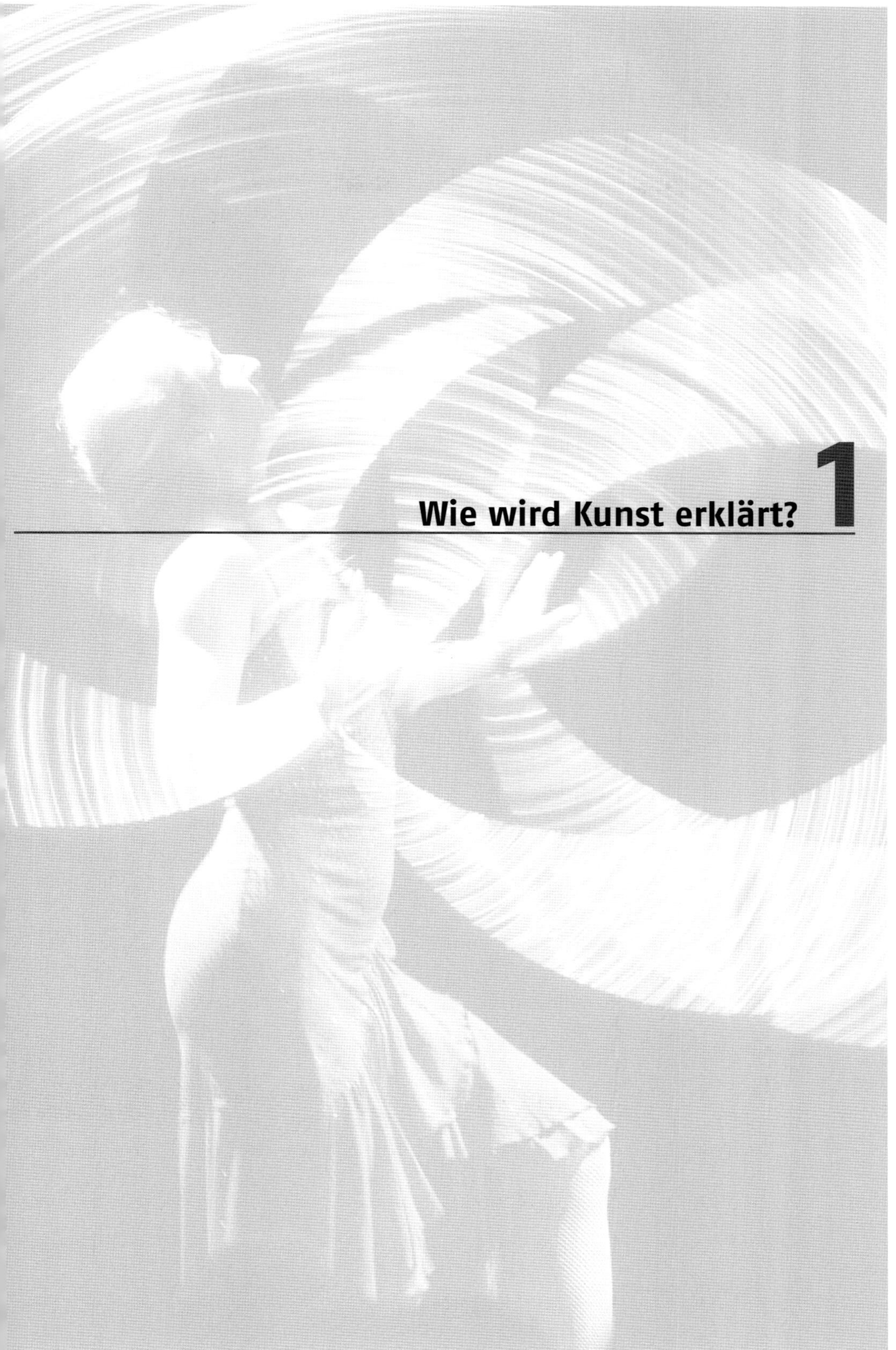

1 Wie wird Kunst erklärt?

Welche Widerstände zu überwinden sind

„Jedes College hat eine Abteilung der Künste ...
Doch die Zehntausenden von Wissenschaftlern
und die Millionen von Seiten gelehrter Abhandlungen
haben so gut wie kein Licht auf die Frage geworfen,
warum Menschen sich überhaupt mit den Künsten beschäftigten."
(Steven Pinker, *Wie das Denken im Kopf entsteht*, 1997)

Die Vorstellung, dass die künstlerischen Talente und das Interesse an Kunstwerken biologische Anpassungen mit einem klar bestimmbaren Selektionsvorteil sind, mag ungewohnt klingen. Es gab zwar schon im 19. Jahrhundert eine lebhafte Diskussion über die Frage, was die darwinsche Evolutionstheorie zur Erklärung der Kunst beitragen kann, man sah sich aber bald mit großen Schwierigkeiten konfrontiert und ließ das Thema wieder ruhen.[3]

Dies hat sich in den letzten Jahren grundlegend geändert. Zum einen gibt es nun sehr viel weitergehende Erkenntnisse über die Evolution der Menschen und ihre genetischen Besonderheiten. Zum anderen lassen es neue evolutionsbiologische Konzepte als aussichtsreich erscheinen, sich auch einem so komplexen und vielfältigen Phänomen wie der Kunst zuzuwenden.[4] Die neuen Erkenntnisse der Evolutionsbiologie werden die Kunstgeschichte und -theorie in vielfältiger Weise bereichern. Oder vielmehr: sie *könnten* sie bereichern, denn für die Mehrzahl der Kunsthistoriker und Kunsttheoretiker mutet die Vorstellung, biologische Faktoren in Erwägung zu ziehen, befremdlich an. Interessanterweise ist die heute so allgemein anzutreffende Zurückweisung biologischer Gesichtspunkte ein vergleichsweise neues Phänomen.

Von der Antike bis ins 19. Jahrhundert galt die Überzeugung, dass die Kunst in der Natur des Menschen angelegt ist, als ein durch Beobachtung gesichertes Wissen, das auch von Philosophen und Kunsthistorikern als selbstverständlich akzeptiert wurde. So bemerkte Aristoteles: Das dichterische „Nachahmen" und die Freude, die Menschen „an Nachahmungen empfinden", sind „ein Teil des dem Menschen von seiner Natur her eigentümlichen Verhaltens".[5] Für Immanuel Kant gehörte das „Talent, als angebornes produktives Vermögen des Künstlers", zur Natur. Letztlich entscheidet deshalb die Natur, was Kunst ist: Durch die schöpferische Begabung (das „Genie") gibt „die Natur der Kunst die Regel", nach der die Kunstwerke hergestellt werden müssen.[6] Und für Arthur Schopenhauer lässt uns der Künstler „durch seine Augen in die Welt blicken. Dass er diese Augen hat [...] ist eben die Gabe des Genius, das Angeborene".[7]

Wie diese Beispiele zeigen, wurden die künstlerischen Talente und die Freude an Kunstwerken in klassischen Texten als angeborene Fähigkeiten gesehen. Wann änderte sich dies, seit wann werden biologische Erklärungen pauschal als „Biologismus" diskreditiert, d. h. als unzulässige Übertragungen naturwissenschaftlicher Theorien auf kulturelle Phänomene?

Die Verleugnung der menschlichen Natur

Die Abgrenzung der Geistes- von den Naturwissenschaften setzte sich in der zweiten Hälfte des 19. Jahrhunderts durch, d. h. in dem historischen Moment, in dem mit der darwinschen Evolutionstheorie eine wissenschaftliche Erklärung der Natur der Menschen im Prinzip möglich wurde.[8] Seither sind viele Kulturwissenschaftler davon überzeugt, dass erlerntes Verhalten (die Kultur) die natürlichen Anlagen (die Gene) bis zur Unkenntlichkeit überlagert.

So schrieb die Ethnologin Margaret Mead: „Wir sind gezwungen zu folgern, dass die menschliche Natur fast unglaublich formbar ist".[9] Wenn dies der Fall wäre, dann hätte die Evolutionstheorie nur geringe Bedeutung für das Selbstverständnis der Menschen. Der Philosoph Ludwig Wittgenstein ging noch einen Schritt weiter und kappte die Verbindung zwischen der evolutionären Entstehung der Sprache bzw. des Denkens und ihrer Funktionsweise gänzlich: „Die Darwinsche Theorie hat mit der Philosophie nicht mehr zu schaffen als irgendeine andere Hypothese der Naturwissenschaft."[10]

Da man die Kunst nun als rein kulturelles Phänomen auffasste, war es folgerichtig, sie nur aus philosophischer und historischer Perspektive zu untersuchen. Man tolerierte, dass angrenzende Gebiete wie die Psychologie und die Soziologie ergänzende Aspekte beitrugen, aber die Biologie galt als irrelevant und wurde nicht weiter beachtet.[11] Es gab allerdings auch Ausnahmen. Genannt sei hier nur der Ethnologe und Kunstwissenschaftler Ernst Grosse, dessen Buch *Die Anfänge der Kunst* (1894) eine in vielerlei Hinsicht modern anmutende, evolutionäre Erklärung enthält.[12]

Dass die Abgrenzung der Historiker und Philosophen von der Biologie mit dem Siegeszug der Evolutionstheorie einherging, ist mehr als eine zufällige Ironie der Geschichte. Von der Wissenschaftssoziologie wird in diesem Zusammenhang auf die professionellen Interessen der Geisteswissenschaftler verwiesen, deren berufliche Existenz und gesellschaftliche Anerkennung nur durch die Etablierung eigenständiger, unabhängiger Fachgebiete gesichert schien.[13] Wie die Geschichte des Darwinismus zeigt, waren innerwissenschaftliche Statusfragen ein wichtiger, aber sicher nicht der einzige Grund für die Ablehnung evolutionärer Gesichtspunkte. Vielleicht noch entscheidender war, dass die Evolutionstheorie die Entstehung der biologischen Merkmale durch einen blinden Naturmechanismus erklärte. Dieser beruht auf Veränderungen der Umwelt, zufälligen Modifikationen des Erbmaterials (Mutationen) und der Konkurrenz der Lebewesen, um nur einige der wichtigsten Faktoren zu nennen. In dieser Lotterie des Lebens gibt es keinen Plan, kein Ziel und keine Gerechtigkeit, sondern nur Zufall und Notwendigkeit. Wie alle anderen Lebewesen existieren Menschen nur, weil sie von einer lückenlosen Reihe von Vorfahren abstammen, die dem biologischen Imperativ, der Verbreitung ihrer Gene, gehorchten.[14]

Diese Erkenntnisse waren so ungeheuerlich, dass sie bis heute nur zögernd und widerwillig zur Kenntnis genommen werden. Wenn Sigmund Freud in diesem Zusammenhang von der Kränkung der „naiven Eigenliebe" und „Größensucht" der Menschheit spricht[15], dann ist dies richtig, aber noch zu vorsichtig. Denn dieses Wissen schien die vornehmsten Ziele und Fähigkeiten der Menschen, auf die sie zu Recht stolz sind, zu entwerten. Die menschliche Kunst, das vielleicht „höchste Produkt [...] des menschlichen Geistes"[16], diese scheinbar zweckfreie schöpferische Tätigkeit, die das Leben bereichert und verschönert, die mit „interesselosem Wohlgefallen" genossen wird, soll durch das unerbittliche Kosten-Nutzen-Kalkül der natürlichen Auslese entstanden sein? Sie soll eine biologische Anpassung sein, entstanden durch denselben Mechanismus wie die Reißzähne eines Raubtiers, die Blätter einer Pflanze und die Stromlinienform eines Delfins? Fast noch unbeliebter war die alternative Theorie, der zufolge es sich bei der Kunst um ein sexuelles Signal handelt, vergleichbar den bunten Federn der Paradiesvögel, dem Gesang der Amseln und den aufwändigen Balzritualen der Birkhühner.

Dies alles schien kaum glaubhaft, denn die Künste wollen sich ja gerade von den Nützlichkeitszwängen des Lebens und der Fortpflanzung abheben und meist das Gegenteil signalisieren: spielerische Leichtigkeit, Lebensfreude und Luxus. Und selbst wenn sich die darwinsche Theorie als richtig erweisen sollte, würde man sie nicht hören wollen. Denn warum sollte man eine kalte Wahrheit akzeptieren, wenn sie das Leben seiner Schönheit und Lust beraubt? Diese Bedenken müssen ernst genommen werden; ob sie berechtigt sind, werden die folgenden Kapitel zeigen.

Gibt es Kunst in allen Kulturen?

Zunächst aber gilt es eine andere, unmittelbare Schwierigkeit zu überwinden: Der Versuch, künstlerisches Verhalten zu verstehen, setzt voraus, dass man weiß, *was Kunst ist und was nicht*. Im 19. Jahrhundert war dies weithin un-

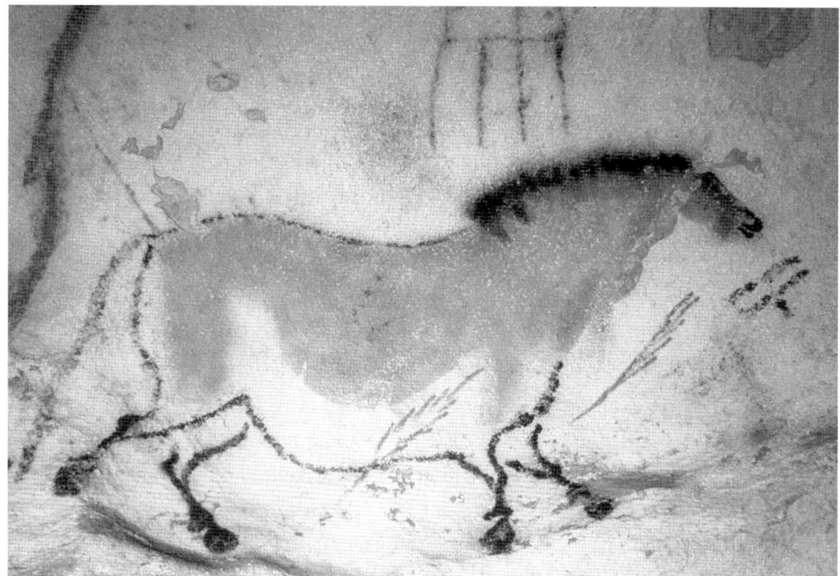

Abb. 1: Altsteinzeitliche Höhlenmalereien in Lascaux (etwa 17 000 Jahre vor heute)

strittig; Kunst wurde mit ästhetischem Bemühen in bestimmten Lebensbereichen gleichgesetzt: Malerei, Bildhauerei, Architektur, Musik und Literatur galten als die „schönen Künste“. Kunsthistoriker haben nun darauf hingewiesen, dass sich diese Ansicht erst im 18. Jahrhundert durchgesetzt hat, dass sie nie unumstritten war, dass die Autoren der Antike sie nicht kannten, dass sie mit einigen modernen Kunstobjekten schwer vereinbar ist und dass sie sich nicht auf andere Kulturen und Zeiten übertragen lässt.[17] Versteht man unter „Kunst“ aber ein zeitlich eng begrenztes Phänomen eines bestimmten Kulturkreises, dann ist es in der Tat müßig, nach biologischen Ursachen zu forschen.

Eine andere Richtung der Kunstgeschichte geht von einem weiteren Verständnis aus und bezeichnet bestimmte Erzeugnisse oder Verhaltensweisen anderer Völker und Zeiten als Kunst, unabhängig davon, ob diese ein Wort dafür hatten. Eine griechische Statue und ein Drama des Sophokles werden ebenso als Kunst aufgefasst wie die Höhlenmalereien von Lascaux und die Musik der australischen Ureinwohner.[18] Aus dieser Sicht erscheint ein Verständnis von Kunst, dass sich auf „interesseloses Wohlgefallen“ durch ein eng begrenztes Spektrum „schöner Künste“ oder auf spezielle historische Bedingungen wie einen Kunstmarkt festlegt, ungeeignet, dem Reichtum künstlerischer Ausdrucksformen gerecht zu werden. Damit werden sowohl viele der

Objekte und Darbietungen, die in unserer Kultur gemeinhin als „Kunst" aufgefasst werden, als auch die Künste früherer Zeiten und anderer Völker übergangen.

Ob es sinnvoll ist, das Wort „Kunst" in einer eher umfassenden Weise zu verstehen, wird davon abhängen, ob es ein entsprechendes kulturübergreifendes Verhaltensmuster gibt, das sich von anderen Lebensäußerungen abgrenzen lässt. Im Folgenden werde ich davon ausgehen, dass dies der Fall ist. Dass dem, was wir heute Kunst nennen, eine genetisch angelegte Fähigkeit der Menschen zugrundeliegt, die sich in anderen Umwelten, in anderen Kulturen und zu anderen Zeiten anders ausgeprägt hat, die aber nichtsdestoweniger als ein einheitliches Merkmal erkennbar ist. Für diese Vermutung spricht, dass sich künstlerisches Verhalten in allen Kulturen nachweisen lässt und jeweils ähnliche Formen annimmt (Musik und Tanz, Bilder und Geschichten), dass mit genetischen Unterschieden auch solche in der Kunstfähigkeit einhergehen, dass die Künste mit starken Gefühlen verbunden sind, dass sie eine Quelle des Glücks für Künstler und Publikum sind und dass sie Anstrengungen erfordern.[19]

Wenn die Kunst ihren Ursprung in der Natur des Menschen hat und diese Natur in der Evolution entstanden ist, dann muss die Entstehung der Kunst evolutionsbiologisch erklärt werden. Eine im engeren Sinn kunsthistorische und -philosophische Erklärung wird die geschichtlichen Veränderungen und Wirkungen nachzeichnen können, nicht aber die ursprüngliche Entstehung der Kunstfähigkeit und ihre grundlegenden Mechanismen.

Und so ist den Philosophen und Wissenschaftlern früherer Jahrhunderte dieses Geheimnis der Kunst verborgen geblieben. Erst nachdem Charles Darwin Mitte des 19. Jahrhunderts seine berühmte Theorie der natürlichen Auslese publiziert hatte, die zeigt, wie zweckmäßige biologische Merkmale entstehen, war der Weg für eine kausale Erklärung der Kunst frei.[20] Denn die Evolutionstheorie erklärt nicht nur die körperlichen Merkmale und das Verhalten anderer Tiere, sondern auch die vielleicht einzigartigen, jedenfalls sehr interessanten, weil außergewöhnlichen geistigen Fähigkeiten unserer eigenen Spezies.

Und Darwin zeigte, dass sich die Natur des Menschen wie die aller anderen Lebewesen in einem ständigen und unaufhaltsamen Wandel befindet. Da die Veränderungen in der Regel jedoch allmählich erfolgen, kann man für Zeiträume von Tausenden von Jahren von „derselben" Menschheit sprechen. Dies gilt vor allem für grundlegende körperliche und geistige Merkmale, deren Entstehung und Umbau eine Vielzahl von Optimierungsschritten erfordern.

Einige grundsätzliche Einwände

Ein wichtiges Thema der Schriften zur evolutionären Ästhetik ist die Entstehung und Wahrnehmung von Schönheit. Dabei stehen meist Kriterien wie Symmetrie, Proportion und Regelmäßigkeit im Vordergrund. Da diese Gesichtspunkte in der heutigen Kunsttheorie aber keine oder eine untergeordnete Rolle spielen, kann man der biologischen Betrachtungsweise vorwerfen, dass sie nicht up to date sei und ihr Thema verfehle. In der Tat: Eine evolutionäre Theorie der Kunst darf sich nicht auf ausgewählte Objekte oder Kunststile beschränken, sondern sie muss auch zeigen, warum es in der Geschichte und Gegenwart immer wieder Kunstwerke gab und gibt, die sich Schönheitsidealen verweigern. Nur wenn sie auch erklären kann, nach welchen Prinzipien beispielsweise die moderne Kunst funktioniert, wird sie ihrem Anspruch gerecht.

Kritik kam auch von anderer Seite. So wird der Evolutionsbiologie im Allgemeinen der Vorwurf gemacht, ihre Thesen seien beliebig und empirisch nicht überprüfbar. Tatsache ist, dass es eine ganze Reihe experimenteller Untersuchungen gibt, die sich beispielsweise mit den Feinheiten des menschlichen Schönheitsempfindens beschäftigen. Es ist aber ein Ausdruck von Engstirnigkeit zu glauben, dass sich wissenschaftliche Erkenntnisse nur im Labor gewinnen lassen. Mindestens ebenso wichtig ist die genaue Beobachtung und Beschreibung der Phänomene und der Vergleich. Die Objekte der Museen und Sammlungen, die Romane und Lieder, die Reisebeschreibungen und ethnologischen Berichte, die psychologischen Fallbeispiele und nicht zuletzt die eigenen Gefühle zeigen oft erst, welche offenen Fragen es gibt und wo die Lösungen zu suchen sind. Insofern sind die Überlegungen von Philosophen, Künstlern und Kunstliebhabern eine unverzichtbare Quelle des Wissens über die Kunst.

Manchmal wird auch das Argument vorgebracht, die Theorien über die Evolution der Kunst seien nicht falsifizierbar, würden sich gegen ernsthaften Widerspruch immunisieren und seien letztlich unwissenschaftlich. Dies ist nicht zutreffend. Da die evolutionären Kunsttheorien eine ganze Reihe von konkreten Aussagen machen, ist es sogar relativ einfach, entsprechende Beispiele zu nennen. Richtig ist, dass in der Evolutionsbiologie eine These nicht automatisch als falsch gilt, wenn sich einzelne Ausnahmen beobachten lassen. Dies ist aber kein Mangel, sondern liegt in der Natur der Sache: Durch ungeplante Veränderungen (Mutationen) entstehen ständig neue Eigenschaften, „Ausnahmen“ sozusagen. So wird die Aussage, dass das Schmerzempfinden ein überlebensnotwendiger Schutzmechanismus ist, nicht dadurch widerlegt, dass ab und zu Menschen geboren werden, die keinen Schmerz empfinden. Analog dazu kann es auch in der Kunst einzelne Werke geben, die Grenzen ausloten und beispielsweise testen, ob ein Objekt auch ohne ästhetische Bearbeitung auskommen kann. Ein echter Widerspruch wäre erst gegeben, wenn dies über Einzelfälle hinausginge und sich eine dauerhafte nicht-ästhetische Kunstrichtung nachweisen ließe. Oder, um auf das medizinische Beispiel zurückzukommen: Wenn sich eine Tierart nachweisen ließe, die auf Dauer ohne Schmerzempfinden auskommt.

Zudem kann man in der Biologie sich arbeitsteilig ergänzende Verhaltensweisen beobachten. So wird die Aussage, dass heterosexuelles Verhalten eine Voraussetzung für die Existenz der meisten Tierarten einschließlich der Menschen ist, nicht durch das Vorkommen von Homosexualität „falsifiziert“. Es gibt vielmehr Hinweise, dass Homosexualität eine wichtige biologische Funktion hat; es dürfen eben nur nicht alle oder die Mehrzahl der Menschen ausschließlich homosexuell sein. Analog dazu kann es durchaus einzelne Readymades (d. h. unbearbeitete Alltagsgegenstände) geben, die in den Rang von Kunstwerken erhoben werden. Wenn die hier vorgestellte evolutionäre Kunsttheorie richtig ist, dann können aber nicht auf Dauer alle Kunstobjekte Readymades sein.

Sinnvoller als das auch unter Wissenschaftstheoretikern umstrittene Kriterium der Falsifizierbarkeit ist deshalb eine andere Vorgehensweise. Wissenschaftliches Arbeiten gleicht einem Indizienbeweis und einem Puzzle. Ob man die richtigen Teile an den richtigen Stellen platziert hat, stellt sich erst heraus, wenn sich ein stimmiges Bild ergibt. Dabei muss das Puzzle nicht vollständig sein, sondern es können einzelne Bausteine und sogar ganze Bereiche fehlen. In diesem Sinne verstehe ich die in meinem Buch genannten Beobachtungen und Argumente als Teile eines Puzzles. Sie müssen sich verbinden lassen, ein Bild ergeben und es sollten keine unpassenden Teile zurückbleiben.

Einseitigkeiten finden sich nicht nur in den Naturwissenschaften. So verschwinden die Kunstobjekte bei einigen Philosophen und Soziologen fast völlig hinter den Rahmenbedingungen – der Präsentation, den Kommentaren, den Akteuren und dem Handel. Entscheidend sollen nicht die Qualitäten eines Objektes sein, sondern nur die Art und Weise, in der es produziert, präsentiert, kommentiert und gehandelt wird. Nicht nur die Ästhetik ist aus zahlreichen kunsttheoretischen Schriften verschwunden, sondern auch viele traditionelle Künste. Wenn dort von Kunst die Rede ist, dann geht es oft nur um die bildenden Künste, um Malerei, Bildhauerei und Fotografie. Darstellende Künste wie Theater, Tanz und Filmkunst werden ebenso ausgeblendet wie Architektur, Literatur und Musik. Von einem weiteren Kunstbegriff, der auch verwandte Felder wie Gartenbau, Werbung und Mode in Betracht zieht, ganz zu schweigen.

Im Folgenden wird es mir nicht nur, aber auch um die Ästhetik der Gegenstände und Handlungen gehen. Ich werde die Rahmenbedingungen ansprechen, die ein Objekt erst zu Kunst machen, aber auch die Kunstwerke selbst. Und es soll um Kunst im weiteren Sinne gehen, um Tanz, Theater, Film, Literatur und Musik ebenso wie um Malerei und Fotografie.

Zerstört die Wissenschaft die Freude an der Kunst?

Es gehört zur bewährten wissenschaftlichen Vorgehensweise, einen Gegenstand mit unterschiedlichen Methoden zu untersuchen, um ein möglichst umfassendes Bild seiner Eigenschaften zu gewinnen. Für die Kunst und andere geistige Errungenschaften der Menschen soll dies nach Ansicht vieler Kulturwissenschaftler nicht gelten. Biologische Erklärungsversuche sollen auf einem grundsätzlichen Missverständnis beruhen, oft sogar gefährlich sein und die Kunst in verarmter, banaler und unzulässig vereinfachter Weise darstellen. Einige der in diesem Zusammenhang geäußerten Befürchtungen werde ich im weiteren Verlauf des Buches noch näher diskutieren.[21]

An dieser Stelle seien nur zwei häufig vorgebrachte Kritikpunkte angesprochen: Der evolutionsbiologische Blick auf die Kunst sei reduktionistisch und er sei zerstörerisch. Man werde, so heißt es, der menschlichen Kunst und ihren Wirkungen nicht gerecht, wenn man sie als „nichts als" einen biologischen Überlebensmechanismus charakterisiert. Das Problem tritt auch in anderen Bereichen auf und wurde in der Wissenschaftstheorie als Reduktionismus- bzw. Emergenz-Problem ausführlich diskutiert. Folgt aus der Tatsache, dass das Leben ein chemischer Prozess ist, dass die Biologie „nichts als" Chemie ist?

Evolutionsbiologen wie Ernst Mayr haben gezeigt, dass dies nicht zutrifft und dass Lebewesen durch das in der Evolution entstandene genetische Programm eine Reihe einzigartiger Eigenschaften aufweisen, die in der anorganischen Natur nicht vorkommen. Hierzu gehören vor allem die Existenz zweckmäßiger Merkmale und die Fähigkeit, sich zielgerichtet zu verhalten.[22] Die Entstehung neuer Eigenschaften wird dabei nicht als unerklärliches Wunder aufgefasst, sondern als Folge der Tatsache, dass ein Ganzes mehr ist als seine Teile. Genauso wie ein Auto mehr ist als eine Anhäufung von Stahl und Plastik sind Organismen mehr als die einzelnen chemischen Prozesse und Stoffe, auf denen sie beruhen. Auf der anderen Seite lassen sich viele biologische Phänomene ohne chemisches Wissen nur unzureichend verstehen. Ähnlich lässt sich das Verhältnis von Biologie und Kunst bestimmen. Die Tatsache, dass sich viele Aspekte der Kunst ohne biologisches Wissen nicht oder nur oberflächlich erklären lassen, bedeutet nicht, dass die Kunst nicht noch weitere, neue (emergente) Eigenschaften aufweisen kann. Dies ist angesichts ihrer Komplexität sogar zu erwarten.

Nicht so einfach zu beantworten ist, ob die wissenschaftliche Erklärung die Freude an der Kunst zerstört und ihre Wirkungen behindert. Pierre Bourdieu hat sich zu Beginn seiner kunstsoziologischen Analyse *Die Regeln der Kunst* gefragt, „warum so unzählige Kritiker, Schriftsteller, Philosophen derart bereitwillig verkünden, die Erfahrung des Kunstwerks sei unsagbar", und warum „sie widerstandslos die Niederlage des Wissens anerkennen". Dem scheint, so führt er aus, die Furcht zugrunde zu liegen, dass „die wissenschaftliche Analyse zwangsläufig die Besonderheit des literarischen Werks und der Lektüre, angefangen mit dem ästhetischen Vergnügen, zerstören muss".[23]

Warum sollten die Wirkungen der Kunst verschwinden, sobald ihre Funktionsweise verstanden wird? Dies wäre der Fall, wenn sie nur zustande kommen, solange sie undurchschaubar sind. In dem Moment, in dem die wissenschaftliche Analyse die Wirkmechanismen offen legt, wäre das Geheimnis verraten und der Reiz verloren. Mit der Kunst würde es sich also verhalten wie mit einem Zaubertrick, den die Zuschauer gerade nicht durchschauen dürfen, wenn sie sich die Freude an der Vorführung nicht verderben wollen. Dieses Problem ist nicht von der Hand zu weisen. Ob und wie relevant es ist, wird sich aber erst beantworten lassen, wenn geklärt ist, wie Kunst funktioniert. Erst dann lassen sich auch die Bedingungen benennen, unter denen es zur Störung und Zerstörung der künstlerischen Wirkungen kommen kann.

Eine informierte und umfassende Kunsttheorie kann sich nicht auf die Geschichte, Philosophie, Psychologie und Soziologie der Kunst beschränken, sondern muss durch die Biologie der Kunst ergänzt werden. Wie auch immer die biologische Erklärung aussieht, eines soll sie nicht: die Theorien der Kunstgeschichte und anderer Wissenschaften über die Kunst ersetzen. Ziel muss es vielmehr sein, diese zu bereichern und auf ein solides Fundament zu stellen. Dies ist das erklärte Ziel der neueren evolutionären Kunsttheorie.[22]

Warum über Kunst gestritten wird

„‚Was ist ein Künstler?' [ist] eine irritierend einfache Frage,
aber die Reaktionen waren oft so aggressiv,
dass ich zu dem Schluss kam, ich hätte ein Tabu verletzt.
Die Studenten wirkten total geschockt."
(Sarah Thornton, *Sieben Tage in der Kunstwelt*, 2009)

Wenn sich nicht sagen ließe, was mit den Worten „Kunst" oder „Künstler" gemeint ist, dann wäre dies ein gravierendes Problem. Denn wie soll die Evolutionsbiologie oder irgendeine andere Wissenschaft die Entstehung und Funktion der Kunst erklären, wenn nicht klar ist, ob mit dem Wort überhaupt etwas bezeichnet wird, das sich erkennen und definieren lässt?

Aus Sicht der Künstler ist es nachvollziehbar, dass sie voreilige Festlegungen vermeiden und starre Regeln ablehnen, die ihre Kreativität einengen. Die historische Erfahrung gibt ihnen hierin recht, denn Versuche, die Künste den Zwängen eines Systems zu unterwerfen, sind regelmäßig gescheitert. Dies kann auch kaum anders sein, denn zum künstlerischen Selbstverständnis gehört es ja gerade, traditionelle Regeln zu brechen, und sei es die von Kunsttheoretikern aufgestellte Regel, dass es keine Regeln geben darf. Dies spiegelt sich in der Zuversicht wider, mit der Bücher mit dem Titel *Was ist Kunst?* ihre Leser wissen lassen, dass jede „Definition zu kurz greift", immer wieder „Wesensteile außer acht" lässt, und dass selbst die Frage „auf einem grundsätzlichen Irrtum beruhen könnte" und falsch gestellt sei.[25]

Nichtsdestoweniger wirkt die Absolutheit, mit der die Frage zurückgewiesen wird, übertrieben. Und wenn sie wirklich falsch gestellt ist, dann wäre es interessant zu erfahren, wie die richtige Frage lautet und wie diese zu beantworten ist. Diese Klarstellung erfolgt indes meist nicht, sondern die Leser haben sich damit abzufinden, dass ihr Anliegen – das Wesen der Kunst zu verstehen – als unerfüllbar abgewiesen wird. Aus wissenschaftlicher Sicht kann man der Aufforderung, auf eine Definition des Wortes „Kunst" zu verzichten, also nicht nachkommen. Andererseits ist unverkennbar, dass „Zweifel daran, ob sich ‚Kunst' überhaupt definieren lasse" seit Mitte des 20. Jahrhunderts forciert wurden.[26] Wodurch wurde dieser Eindruck hervorgerufen, was spricht für die These, dass es nichts gibt, was den als Kunst bezeichneten Dingen und Tätigkeiten gemeinsam ist und sie zu Kunst macht? Dass sie so vielfältig und schillernd sind, dass sich kein gemeinsamer Nenner finden lässt?

Alltagsgegenstände

Die Zweifel an der Möglichkeit einer Definition wurden durch Kunstobjekte genährt, die sich klassischen Kriterien wie Schönheit oder Ausdruckskraft entzogen. Neben den *Brillo Boxes* von Andy Warhol aus dem Jahr 1964, die Verpackungskartons für Seifenkissen imitierten, sorgte das von Marcel Duchamp schon mehrere Jahrzehnte zuvor entwickelte Konzept der Readymades für nachhaltige Irritationen. Bei den Readymades handelt es sich um vorgefundene Alltagsgegenstände – eine Schneeschaufel, einen Flaschentrockner –, an denen die Künstler keine oder kaum Veränderungen vornehmen, die aber gleichwohl als Kunst deklariert werden.

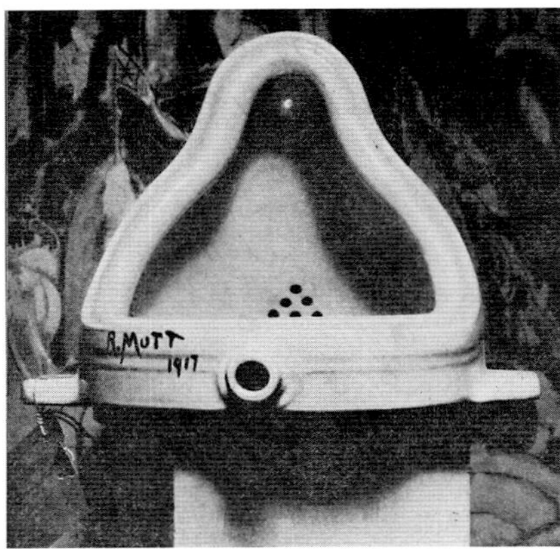

Abb. 2: Die ursprüngliche *Fontaine* von Marcel Duchamp (1917)

Als Duchamp im April 1917 bei der großen Kunstausstellung der *Independent Artists* in New York ein handelsübliches Urinal einreichte, das er in einem Sanitärgeschäft erworben, mit „R. Mutt 1917" signiert und mit dem Titel *Fontaine* versehen hatte, wurde es mit dem Argument abgelehnt, das Objekt sei „nach jedweder Definition kein Kunstwerk".[27] Mittlerweile gilt Duchamps *Fontaine* als eines der Schlüsselwerke moderner Kunst. Was aber macht es zu einem Kunstwerk? Dass es bei einer Kunstausstellung präsentiert werden sollte? Dass es von Duchamp signiert wurde, d.h. von einem anerkannten Künstler und nicht von einem Klempner?

Die Tatsache, dass sich Readymades nicht von Alltagsgegenständen unterscheiden, aber im Gegensatz zu diesen als Kunstwerke gelten, scheint überzeugend zu belegen, dass es nicht auf die Eigenschaften der Objekte oder die Art ihrer Herstellung ankommt. Entscheidend scheint vielmehr zu sein, ob ihnen dieser Status zugesprochen wird, indem sie beispielsweise in einem Kunstmuseum ausgestellt werden. Kunst soll also keine Eigenschaft der Dinge und Handlungen sein, sondern eine Zuschreibung durch die jeweiligen Betrachter. In letzter Konsequenz spielen das Objekt und seine Eigenschaften gar keine Rolle mehr und zum Kunstwerk wird alles, was mit der Absicht produziert wurde, von Kunstexperten begutachtet zu werden.[28]

Wer darf entscheiden?

Wenn ein Gegenstand aber nicht durch seine Eigenschaften, beispielsweise durch seine ästhetischen Qualitäten, zu Kunst wird, durch was dann? Man suchte und fand eine ganze Reihe von Kandidaten – die Art der Präsentation, die kunsttheoretische Einordnung, politische Interessen, den Marktwert und mehr.[29] Damit ist das Problem aber nicht gelöst, sondern nur verschoben, denn nun stellt sich die Frage, *wer* bestimmen darf, was Kunst ist.

Duchamp beispielsweise war der Überzeugung, dass ihm als Künstler dieses Recht zusteht und er protestierte heftig gegen die Ablehnung seiner *Fontaine* durch die Organisatoren der Ausstellung. Die meisten Experten sind hier anderer Meinung und halten das Verlangen eines Künstlers nicht für ausschlaggebend. Es genüge nicht, dass „der Hersteller eines solchen Artefaktes sich ‚Künstler' und sein Produkt ‚Kunst' nennt. Es bedarf der Beistimmung einer Reihe befugter Individuen, Gruppen, Interessenten, Institutionen, die oft erst nach kontroverser Auseinandersetzung darin übereinkommen, dem angebotenen Artefakt das Prädikat ‚Kunst' zu verleihen".[30] Diese „befugten" Akteure nannte Arthur C. Danto, einer der einflussreichsten Kunsttheoretiker des 20. Jahrhunderts, die „Kunstwelt".[31] Zur Kunstwelt gehören die Künstler, aber auch Galeristen, Händler und Sammler, Museumskuratoren, Experten, Kritiker, Kunsthistoriker und Kunstphilosophen.

Betrachtet man Kunst aus dieser Perspektive, so ergibt sich eine auffällige Parallele zu Charles Darwins zweitem zentralen Evolutionsmechanismus: der sexuellen Auslese. Während bei der natürlichen Auslese die allgemeinen Lebensumstände – das Klima, das Nahrungsangebot, andere Organismen – über den evolutionären Erfolg bzw. Misserfolg eines Lebewesens entscheiden, ist dies in der sexuellen Auslese die Konkurrenz innerhalb eines Geschlechts um einen Fortpflanzungspartner. Wird diese Konkurrenz durch *Partnerwahl* entschieden, kommt es zur Evolution bestimmter bevorzugter Eigenschaften im gewählten Geschlecht. Wie effektiv dieser Mechanismus ist, sieht man am bunten Federschmuck der Männchen vieler Vogelarten, der seine Existenz den Vorlieben der Weibchen verdankt.

Auf die für das Verständnis der menschlichen Kunst wichtigen Voraussetzungen und Wirkungen der sexuellen Wahl werde ich in den Kapiteln „Die eindrucksvolle Präsentation" und „Können, Vertrauen und strategisches Wissen" noch näher eingehen. An dieser Stelle sei nur darauf aufmerksam gemacht, dass es in der Tat das *Publikum* ist, sei es nun ein umworbener Sexualpartner, sei es die Kunstwelt, das über den Erfolg bzw. Misserfolg der Produzenten und damit letztlich über die evolutionäre Zukunft eines biologischen Merkmals bzw. das Schicksal eines Kunstobjektes entscheidet. Wie der Kunsthistoriker Ernst Gombrich anmerkte, heißt dies: „Alle Künstler müssen Opportunisten sein, wenn wir unter Opportunismus den Wunsch verstehen, zu gefallen, gehört und ernst genommen zu werden, besonders im Kreise von Freunden und den Freunden von Freunden."[32]

Für die Künstler hat dies die Konsequenz, dass sie sich nicht an einem übergeordneten Prinzip orientieren können, sondern sich vor ihrem Publikum und den Kritikern zu rechtfertigen haben. De facto war dies immer der Fall gewesen, nichtsdestoweniger war das Bewusstsein, an eine andere Instanz als den Zeitgeist appellieren zu können, von großer psychologischer Bedeutung. Der von Friedrich Schiller beklagte Zwang, „dem Geist des Zeitalters [zu] huldigen" und „in die Tiefen gemeiner Menschheit hinabzutauchen"[33], wird gemildert durch die Tatsache, dass sich der Kunstgeschmack wandelt und ein Kunstwerk zu Abfall werden kann und umgekehrt. Ersteres Schicksal widerfuhr beispielsweise Duchamps *Fontaine* und seinem *Flaschentrockner* (1914), von denen nur Repliken existieren, da die Originale unbeachtet weggeworfen wurden.

Ein Rembrandt als Bügelbrett

Weil Menschen zu unterschiedlichen Zeiten und in unterschiedlichen Kulturen jeweils andere Dinge als Kunst bezeichnen, plädierte der Philosoph Nelson Goodman für eine neue Fragestellung: „Wenn Versuche, die Frage ‚Was ist Kunst?' zu beantworten, typischerweise in Enttäuschung und Verwirrung enden, vielleicht ist dann […] die Frage die falsche." Stattdessen müsse man fragen: Wann ist Kunst? Die Antwort auf die Frage, „ob ein Objekt Kunst ist – oder ein Stuhl –, hängt von der Absicht ab oder davon, ob es manchmal, normalerweise, immer oder ausschließlich als solches funktioniert".[34] Die Absicht und die Funktion können sich ändern und auch ein Gemälde von Rembrandt hört auf, als Kunstwerk zu funktionieren, wenn es als Bügelbrett verwendet wird.

Bereits Jahrzehnte zuvor hatte Duchamp diese Idee durchgespielt und „einen Rembrandt als Bügelbrett" als „reziprokes Ready-made" bezeichnet.[35] Im Gegensatz zu den Readymades, die sich bis heute in der Kunstwelt einer gewissen Popularität erfreuen, konnte sich ihr reziprokes Gegenstück nicht durchsetzen und blieb eine theoretische Möglichkeit ohne praktische Relevanz. *Diesen Weg* wollten Sammler und Museumskuratoren nicht beschreiten: In einem magischen Akt aus Nichts einen kostbaren Gegenstand zu erzeugen, war offensichtlich ungleich attraktiver als etwas Wertvolles in ein Nichts zu verwandeln. Aber warum eigentlich? Wenn es nicht auf die Qualitäten der Gegenstände ankommt, sondern beliebige Dinge durch Übereinkunft zu Kunstobjekten erklärt werden können und umgekehrt, dann ist es schwer verständlich, woher dieses Sträuben kommt. Denn was spricht dagegen, Kunstwerke in einem endlosen Zyklus entstehen und vergehen zu lassen, wie es gerade der jeweiligen Mode entspricht?

Auch hier gibt es eine aufschlussreiche Parallele zur sexuellen Auslese. So kann beispielsweise die nackte Haut Gesundheit und Jugend signalisieren, sie erleichtert aber auch das Schwitzen. Insofern kommt es auf die jeweilige Absicht an, ob die Nacktheit des ganzen Körpers oder einzelner Partien der sexuellen Anlockung oder der sportlichen Leistung dient. In vielen Fällen ist ein Funktionswechsel vom sexuellen Signal zu einer normalen Aktivität aber nur begrenzt möglich. Der Gesang einer Amsel kann zwar theoretisch als Warnruf dienen, er ist aber für diese Funktion nicht gut geeignet, da er auf elaborierte Ausschmückung statt auf schnelle Information setzt. Allgemein kann man sagen, dass sexuelle Signale in dem Maße, in dem sie für diese Funktion spezialisiert sind, nur noch schwer für andere Aufgaben zu gebrauchen sind.

Ebenso verhält es sich mit den meisten Kunstwerken. Auch diese sind spezialisierte Objekte, denen ohne Funktionsverlust nicht einfach eine neue Aufgabe zugewiesen werden kann. Ein Gemälde von Rembrandt ist nur ein mangelhaftes Bügelbrett und die meisten Skulpturen lassen sich nicht als Urinale nutzen, so wie umgekehrt Bügelbretter und Urinale in der Regel keine Kunstobjekte sind. Wenn Rodolfo und seine Künstlerfreunde in Giacomo Puccinis *La Bohème* ihre Manuskripte verfeuern, um sich zu wärmen, so ist dies Ausdruck von Not und Leichtsinn, aber eben darum Provokation und seltene Ausnahme.

Dass die Wegwerfkultur der modernen Industriegesellschaft sich in der Kunst nur teilweise durchgesetzt hat, ist ein Hinweis darauf, dass Kunstwerke in der Regel eben doch innere Qualitäten aufweisen, die nicht einfach zu reproduzieren sind und die aus diesem Grund bewahrt werden sollen. Ein Pappbecher kann zwar unter bestimmten Umständen zu Kunst werden, aber in der Regel wird von einem Kunstwerk mehr Mühe und Können gefordert als von einem Wegwerfartikel.

Insofern hat der Erfolg von Duchamps Readymades gezeigt, dass Dinge durch etwas anderes als durch ihre inneren (ästhetischen) Qualitäten zu Kunst werden können und dass die äußeren Rahmenbedingungen mit über das Schicksal eines Objekts entscheiden; zugleich hat der Misserfolg der reziproken Readymades deutlich gemacht, dass der Wert eines Kunstwerks eben doch von seinen Qualitäten abhängt, da das dafür notwendige Talent zusammen mit der aufgewendeten Mühe nicht so einfach reproduzierbar ist.

Kunstwerke gehören mit Werkzeugen, Maschinen und Häusern in die Gruppe der Objekte mit hohen Produktionskosten. Damit sind Sachzwänge verbunden, die durch kollektive Wunschmagie nicht einfach zum Verschwinden gebracht werden können.

Elitäre Ästhetik und populäre Kunst

Dass die ästhetischen Qualitäten eines Objekts, einer Melodie, eines Gedichts ihrerseits nicht hinreichend sind, um es zu Kunst zu machen, zeigt die Tatsache, dass sich diese Einschätzungen sowohl im Raum – zwischen den Kulturen – als auch in der Zeit – zwischen den Generationen – wandeln. Dadurch werden sie zu Erkennungszeichen, an denen sich die Zugehörigkeit zu einer Gruppe festmachen lässt. Die Kunstwelt Dantos ist hier nur ein Beispiel unter vielen. Ganz allgemein ist Kunst einer der Werte, mit denen sich „ganze Gesellschaften stolz identifizieren".[36]

Auch in dieser Hinsicht ähneln Kunstwerke den sexuellen Signalen. Letztere dienen im Tierreich auch der Arterkennung und verhindern so sexuelle Fehlversuche. Bei manchen Tiergruppen wie den Buntbarschen sind die sexuellen Signale hochspezifisch und grenzen Populationen ab, die durchaus noch fruchtbare Nachkommen haben könnten.[37] Beim Menschen funktionieren die Künste neben anderen kulturellen Inhalten wie der Sprache ähnlich abgrenzend und erzeugen trotz weitgehender genetischer Übereinstimmung kulturelle Pseudo-Arten.

Die Stabilisierung einer Gruppe wie der Kunstwelt wird erreicht, wenn der Streit, was gute und was schlechte Kunst ist, zu einer Entscheidung gebracht wird und bestimmte Werke allgemein anerkannt werden, indem sie beispielsweise in einem Museum ausgestellt werden. Wenn Kunst zur Abgrenzung zwischen Gruppen dienen soll, beispielsweise zwischen der Kunstwelt auf der einen und der kommerziellen Filmindustrie auf der anderen Seite, dann darf es gerade keinen Konsens geben. Den Erzeugnissen der jeweils anderen Gruppe wird dann die Qualitätsbezeichnung „Kunst" abgesprochen und sie werden wahlweise als Kitsch, Kommerz, Unterhaltung, Religion, Provokation oder soziales Ritual bezeichnet. Allgemein lässt sich beobachten, dass in dem Maße, in dem Nationen, Religionsgemeinschaften, soziale Klassen, Berufsgruppen oder Generationen um Ressourcen und Anerkennung konkurrieren, auch erbittert darüber gestritten wird, welcher Kunst der Vorzug gebührt und was als Kunst gelten darf. Aus diesem Grund wurde die Kunst erst sehr spät und nur in ausgewählten Fällen als Weltkunst wahrgenommen.[38]

Diese Abgrenzungsversuche sind so häufig und der Streit darüber ist so geläufig, dass nur wenige Beispiele genügen mögen. Arthur C. Danto beispielsweise ging davon aus, dass der Unterschied zwischen einer industriell gefertigten Brillo box und einem Kunstwerk, das wie eine Brillo box aussieht, darin besteht, dass Letzteres durch eine Theorie „in die Welt der Kunst" aufgenommen wurde. Da es in der Altsteinzeit aller Wahrscheinlichkeit nach keine Kunsttheorien gab, wäre es den „Malern von Lascaux wohl niemals eingefallen, dass sie *Kunst* an diesen Wänden produzierten".[39] In manchen Kunsttheorien werden nicht nur die ästhetischen Produkte der Altsteinzeit und der Naturvölker ausgegrenzt bzw. übergangen, sondern auch diejenigen der Antike. So lässt die Kunstgeschichte ihre „Zuständigkeit" noch heute „formal" mit dem Auftreten der christlichen Kunst beginnen[40] oder man knüpft den Beginn der Kunst (im modernen Sinn) an die neuzeitliche Geldwirtschaft und den Kunstmarkt.[41]

Kontrastiert man diese Aussagen über den Beginn der Kunst mit solchen über ihr Ende, so kommt man zu dem paradoxen Ergebnis, dass die Kunst für den einen Autor zu einem Zeitpunkt anfängt, zu dem sie für den anderen schon seit mehr als 1000 Jahren vergangen ist. Der Kunsthistoriker Johann Joachim Winckelmann beispielsweise war der Ansicht, dass die Kunst schon in der Antike an ihr Ende gekommen sei. Wir seien „schlecht abgefundene Erben" und er selbst fühlte sich in Bezug auf die Kunst wie eine Frau, die am „Ufer des Meeres ihren abfahrenden Liebhaber, ohne Hoffnung ihn wieder zu sehen, mit bethränten Augen verfolget".[42]

Für die evolutionsbiologische Analyse der Kunst lassen sich drei Punkte festhalten:

- *Die Kunst ist neben der Sprache, der Religion sowie den Ess- und Bekleidungsregeln eines der wichtigsten Mittel, mit denen sich soziale Gruppen abgrenzen.* Dies bedeutet, dass sich die Mitglieder einer Gruppe darauf verständigen müssen, was sie als Kunst anerkennen wollen. Die leidenschaftlichen Debatten über die Qualität einer Theaterinszenierung oder eines Romans sind Ausdruck der Tatsache, dass dieser Entscheidungsprozess keineswegs einfach ist, sondern das Abwägen unterschiedlichster Interessen erfordert und Ausdruck der jeweiligen Machtverhältnisse ist.

- *Der evolutionären Kunsttheorie kann es nicht darum gehen, in diesem Streit Partei zu ergreifen, indem eine Kunstform bevorzugt, einer anderen der Rang abgesprochen wird, da es ihr um die allgemein menschliche Befähigung zur Kunst geht.* Und so wäre es fatal, wenn Geoffroy Miller mit seiner These Recht hätte, dass die evolutionsbiologische Erklärung der Kunst sehr viel besser zur volkstümlichen Ästhetik („folk aesthetics") passt, zu dem, „was normale Menschen schön finden", als zur elitären Ästhetik, wie sie den modernen Kunstbetrieb prägt.[43] Wie der Literaturwissenschaftler Karl Eibl anmerkte, kann es weder angehen, den „Geschmack der ‚einfachen Leute' aus dem Bereich der Kunst" hinauszudefinieren, wenn man nach der „gemeinsamen Menschennatur fragt. Aber das gilt auch umgekehrt: Auch mit der ‚elitären Ästhetik' muss die biologische Erklärung ohne Ausschließungs-Tricks fertig werden".[44] Insofern führt die in einigen Schriften der evolutionären Kunsttheorie geäußerte Kritik an der zeitgenössischen Kunst in die falsche Richtung.[45]
- *Die Beobachtung, dass Kunstwerke immer in einer konkreten sozialen und zeitlichen Situation entstehen und rezipiert werden, ist richtig und wichtig, aber sie erklärt nicht, was Kunst ist.* Denn sie sagt nichts darüber aus, wie sie sich von anderen zeitbedingten Moden wie Haartrachten oder Bekleidungen unterscheiden, sieht man von der Tatsache ab, dass es sich um eine geistige und nicht um eine körperliche Uniformierung handelt. Zieht man ausschließlich den sozialen Aspekt in Betracht, bleibt unklar, wodurch sich Kunst beispielsweise von einer wissenschaftlichen Theorie oder von einem gewöhnlichen Gegenstand wie einer Wurst abhebt. Auch in diesen Fällen kann der Hersteller nicht frei entscheiden, sondern er ist von einer „Reihe befugter Individuen, Gruppen, Interessenten, Institutionen" (den Wissenschaftlerkollegen, dem Gesundheitsamt, der Metzgerinnung etc.) abhängig.

Da alles, was Menschen denken oder tun, in irgendeiner Form von anderen Menschen geprägt und bewertet wird, kann das Besondere an der Kunst nicht in ihrer sozialen Dimension bestehen. Sie lässt sich allerdings auch nicht ohne diese begreifen. Nach welchen Kriterien entscheidet eine Gruppe wie die Kunstwelt, was sie als Kunst akzeptiert?

Private Meinungen und gemeinschaftliche Urteile

Immanuel Kant hat argumentiert, dass Aussagen über (schöne) Kunst rein subjektive Geschmacksurteile sind, da sie auf den Gefühlen von Lust oder Unlust beruhen, die beim Betrachten des Gegenstandes ausgelöst werden. Folglich kann es keine „Wissenschaft des Schönen" geben.[46] Wenn die Kunst aber von individuellen Vorlieben abhängen würde, dann wäre sie nichts als eine beliebige Mode, wie Leo Tolstoi kritisierte: „Anstatt eine Definition der wahren Kunst zu geben und dann danach zu urteilen, ob ein Erzeugnis dieser Definition entspricht, oder nicht, wird eine bestimmte Reihe von Erzeugnissen, die aus irgend einem Grund Menschen eines bestimmten Kreises gefallen, als Kunst anerkannt."[47]

Schon Kant hatte sich mit diesem Einwand auseinandergesetzt und argumentiert, dass die Beurteilung eines Gegenstandes als Kunst zwar subjektiv sei, dass es sich aber nicht um ein „Privatgefühl" handle. Da es einen allen Menschen zukommenden „Gemeinsinn" gebe, sind die entsprechenden Gefühle gemeinschaftlich und die Urteile allgemeingültig.[48] Dieses Argument kommt der evolutionsbiologischen Sichtweise weit entgegen. Auch diese geht davon aus, dass Schönheit (und Kunst) im Auge des Betrachters liegt. Da dieses „Auge" aber als zweckmäßiges Organ in der Evolution entstanden ist, werden Menschen Dinge mit bestimmten Eigenschaften bevorzugen, andere ablehnen, und zwar abhängig davon, ob sie einen biologischen Nutzen versprechen oder nicht. Das Geschmacksurteil ist also nicht beliebig, sondern es gibt artspezifische Reaktionen des Begehrens und des Abscheus, die von den Eigenschaften eines Gegenstandes abhängen.

Die Beurteilung eines Kunstwerks (oder eines anderen Gegenstandes) wird also sowohl von allgemein menschlichen, genetisch verankerten ästhetischen Präferenzen als auch von erlerntem, kulturellem Wissen und nicht zuletzt von den speziellen Bedürfnissen und konkreten Lebensbedingungen bestimmt. So wird ein Kunstwerk in einer Privatwohnung andere Qualitäten haben müssen als in einem Regierungsgebäude oder Firmensitz. In dieser Hinsicht ähneln Kunstwerke den Organismen, die ihre Qualitäten auch immer nur in einer bestimmten Umwelt entfalten können. Die Stromlinienform eines Delfins, der Flugapparat eines Vogels und der Stoffwechsel eines Bakteriums sind Antworten auf eine biologische Problemstellung in einer konkreten Umwelt und ihre Zweckmäßigkeit steht und fällt mit dieser.

Die Umwelt eines Kunstwerks sind die Menschen, die es betrachten, bewerten, bewundern, genießen und kaufen. Diese haben Wünsche und Bedürfnisse, die sich abhängig von ihren Lebensbedingungen, ihrem gesellschaftlichen Status, ihrem Alter, ihrem Geschlecht und ihrer Herkunft unterscheiden können. Man kann sich dies an den Geschmackspräferenzen beim Essen verdeutlichen. Auch hier wird die biologisch vorgegebene Vorliebe für bestimmte Nährstoffe je nach kultureller Tradition, Umwelt und Lebensweise modifiziert. Ein Marathonläufer oder ein Handwerker werden auf andere Dinge Appetit haben als eine schwangere Frau oder ein Manager, im Sommer wird man andere Speisen bevorzugen als im Winter. Insofern gibt es auch bei Kunstwerken kein absolutes „Besser" oder „Schlechter", wohl aber mehr oder weniger gute Antworten auf konkrete Probleme.

Weiter kompliziert wird die Situation, da sich die Präferenzen unterscheiden können, abhängig davon, um welchen Aspekt der Umwelt es sich handelt. So können die ästhetischen Bewertungen von Landschaften, Tieren und Pflanzen, Geräuschen, des Wetters, des menschlichen Körpers, von Werkzeugen, sozialen Beziehungen, Schmuck, Nahrungsmitteln und Ideen teils gravierend abweichen.[49] Dies muss so sein, da in den einzelnen Lebensbereichen jeweils andere Eigenschaften von Bedeutung sein können.

Ein kompliziertes Netz von Ähnlichkeiten

Wenn Kunstwerke je nach Situation andere Qualitäten haben müssen, um als solche zu funktionieren, dann ist es theoretisch denkbar, dass es nichts gibt, was allen gemeinsam ist. Man würde höchstens erwarten, dass bestimmte Eigenschaften häufiger, andere seltener vorkommen.

Ludwig Wittgenstein war bei seinen philosophischen Untersuchungen der Sprache auf eine analoge Schwierigkeit gestoßen und hatte argumentiert, dass man nicht von vornherein davon ausgehen kann, dass es etwas gibt, „was allem, was wir Sprache nennen, gemeinsam ist". Dies könne man erst sagen, nachdem man die Vorgänge, die man Sprache nennt, daraufhin angesehen habe, ob dies der Fall ist. Wie er anhand von Spielen – Brettspielen, Kartenspielen, Ballspielen, Kampfspielen usw. – verdeutlichte, lassen sich Ähnlichkeiten und Verwandtschaften beobachten, die auftauchen und wieder verschwinden. Es soll aber nichts geben, was allen Spielen gemeinsam ist, sondern wir „sehen ein kompliziertes Netz von Ähnlichkeiten, die einander übergreifen und kreuzen". Er veranschaulichte dies am Beispiel eines aus vielen Fasern bestehenden Fadens: Obwohl keine der Fasern den Faden in seiner ganzen Länge durchläuft, entsteht durch ihr lückenlose Übergreifen eine Einheit – der Faden. Und obwohl es nichts gibt, was allen Spielen gemeinsam ist, entsteht durch die übergreifenden Ähnlichkeiten eine Verbindung: „die ‚Spiele' bilden eine Familie."[50]

Wenn es sich mit der Kunst verhält, wie Wittgenstein dies für die Spiele behauptet hatte, dann wären die Schwierigkeiten der Definition elegant erklärt. Verschiedene Künste, Kunststile und Kunstwerke haben dann jeweils bestimmte Eigenschaften gemeinsam, mit anderen Künsten, Kunststilen und Kunstwerken stimmen sie in anderen Charakterzügen überein, so dass alles, was man „Kunst" nennt, miteinander verbunden ist, obwohl es kein Element gibt, dass allen gemeinsam ist. Kunstwerke würden sich also durch eine Reihe von „Familienähnlichkeiten" auszeichnen – ästhetische Form, symbolische Komplexität, emotionaler Reichtum usw. –, die in unterschiedlicher Weise kombiniert werden.[51] Damit lässt sich auch der häufig geäußerten Kritik Rechnung tragen, dass eine allgemeine Definition der Kunst die Besonderheiten der einzelnen Künste übergehe. Was für die Musik gilt, muss noch lange nicht auf die Literatur zutreffen, was für die Architektur entscheidend ist, kann für die Malerei wenig Relevanz haben.[52]

Das Konzept der Familienähnlichkeiten hat den großen Vorteil, eine unbefangene Untersuchung der Gemeinsamkeiten und Verwandtschaften der verschiedenen Formen der Kunst zu ermöglichen, ohne dass echte oder scheinbare Gegenbeispiele den Blick vorschnell verengen. Insofern ist es ein hervorragendes heuristisches Instrument. Es sagt aber noch nichts darüber aus, was der Fall ist. Ob es einen gemeinsamen Charakterzug der Sprache, der Spiele und der Kunst gibt oder nicht. Denn dies ist eine empirische Frage: Man kann weder vom einen noch vom anderen ausgehen, sondern man muss *schauen*, ob den „Kunst" oder „Sprache" genannten Vorgängen „allen etwas gemeinsam ist".[53]

Die Intuition als Ausgangspunkt

Wenn jedes Kunstwerk eine charakteristische Kombination von Elementen aufweist, die es mit anderen gemeinsam hat, bei denen aber auch einige fehlen oder hinzukommen können, dann entsteht ein komplexes System von Überschneidungen. Die allgemeinsten Elemente werden sich an den meisten Objekten bzw. Handlungen aufzeigen lassen, seltenere nur an bestimmten Typen. Anhand der Beispiele echter oder potenzieller Kunstwerke lassen sich so Eigenschaften identifizieren, die allgemein, häufig oder selten vorkommen.[54]

Die mit dieser Methode gewonnenen Listen mit regelmäßig anzutreffenden Eigenschaften von Kunstwerken kommen ohne ein allgemeines Prinzip aus, das die Einträge verbindet. Dadurch bleibt unklar, ob die jeweilige Liste vollständig ist oder nur eine zufällige Auswahl darstellt. Diese Kritik ist berechtigt, wenn die Untersuchung nicht über die Aufstellung einer Liste hinausgeht. Es wird also auch darauf ankommen zu zeigen, ob und wie die verschiedenen Elemente der Kunst zu einer funktionellen Einheit verschmolzen sind.

Ein zweites Problem entsteht durch die Tatsache, dass bei vielen Objekten und Tätigkeiten umstritten ist, ob man sie als Kunst bezeichnen kann. Entsprechend zweifelhaft ist dann auch, ob ihre Eigenschaften relevant sind. Um diese Schwierigkeit zu umgehen, kann man sich in einem ersten Schritt am klassischen Kanon der schönen Künste orientieren, an Malerei, Bildhauerei, Architektur, Musik und Literatur. Bekannte Beispiele wären die *Mona Lisa* von Leonardo da Vinci und Vincent van Goghs *Sternennacht*, *Der Kuss* von Auguste Rodin und die *Laokoon*-Gruppe, die Athener *Akropolis* und das Straßburger *Münster*, Wolfgang Amadeus Mozarts *Don Giovanni* und Ludwig van Beethovens *Neunte Symphonie*, Johann Wolfgang Goethes *Faust* und der *Don Quijote* von Miguel de Cervantes. Das heißt, man verschafft sich „einen *Überblick über Beispiele* und bemüht sich, möglichst verschiedenartige auszuwählen". Diese intuitive Methode „ist natürlich nicht unfehlbar, aber eine bessere ist schwer zu finden".[55]

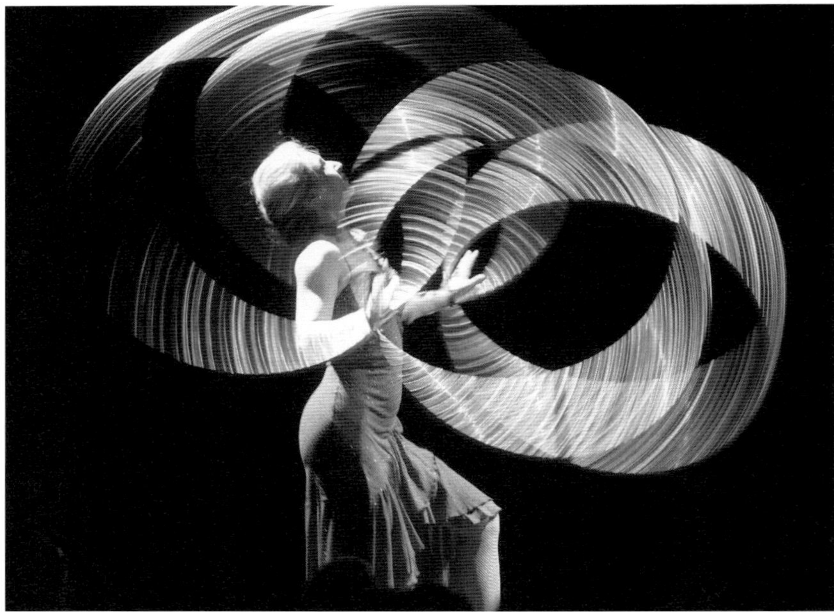

Abb. 3: Evolutionäre Theorien der Kunst sehen in ihr eine allgemein menschliche Fähigkeit, die allen Lebensbereichen ihren Stempel aufdrückt. Das Bild zeigt eine Show der Hula-Hopp-Tänzerin Aleysa Gulevich im Frankfurter Varieté Tigerpalast.

Berühmte Kunstwerke können als Ausgangspunkt dienen, aber sie repräsentieren nur einen begrenzten Ausschnitt der menschlichen Kunst. In der Biologie kann man die Entstehung und die Eigenschaften eines komplexen Merkmals wie beispielsweise des Auges oft nur verstehen, wenn man die evolutionären Ursprünge und einfachere Formen betrachtet. Das aktuelle und spezialisierte Endprodukt, in unserem Fall die professionelle und differenzierte Kunst der Gegenwart, ist aus dieser Perspektive nur eine mögliche Variante und eine Zwischenstufe in einem langen Entwicklungsprozess – so wichtig und so bedeutsam wie frühere oder zukünftige Stadien. Wenn das Interesse an Kunst ein allgemein menschliches Verhalten ist, dann muss die Erklärung also früher beginnen und weiter ausgreifen.

Anerkannte Kunstwerke ermöglichen eine erste Orientierung darüber, was Kunst ist, aber sie geben nur einen engen zeitlichen und räumlichen Ausschnitt wieder. Da es der Evolutionsbiologie um allgemein menschliche, zeitübergreifende Fähigkeiten geht, muss sie Aktivitäten einbeziehen, die bei einer anderen Lebensweise und Umwelt ähnliche Funktionen erfüllen: Schmuck, Körperbemalungen und Tätowierungen, Lieder und Geschichten, die kommerzielle Produktwerbung, Kino und Fernsehen, Zirkus und Varieté, Sportarten wie den Eiskunstlauf und vieles mehr.

Wie lassen sich die unterschiedlichen Phänomene auf einen gemeinsamen Nenner bringen, welche regelmäßig wiederkehrenden Elemente kann man identifizieren? Und besteht nicht die Gefahr, dass dieses weite Verständnis eine Definition gänzlich unmöglich macht, nachdem dies schon für die Kunst im klassischen Sinne schwer bis unmöglich war? Wie wir sehen werden, ist das Gegenteil der Fall – die parteiliche Eingrenzung hat den Blick auf das allgemeine Phänomen verstellt.

Was Evolutionsbiologen zur Kunst sagen

Man kann „von jeder Einzelheit der Struktur
in jedem lebenden Geschöpf ... annehmen,
dass sie entweder von besonderem Nutzen für einen Vorfahren war
oder dass sie jetzt von besonderem Nutzen
für die Nachkommen dieser Form ist, entweder direkt
oder indirekt durch die komplexen Gesetze des Wachstums."
(Charles Darwin, *Über die Entstehung der Arten*, 1859)

Die Evolution hat viele spektakuläre Phänomene hervorgebracht – von der Eleganz des Vogelflugs über die gigantischen Körper der Dinosaurier und die farbenprächtige Vielfalt der Korallenriffe bis hin zu ihrem jüngsten Geniestreich – der menschlichen Kunst. Die schönen Künste – Malerei, Bildhauerei und Architektur, Theater, Tanz, Oper und Filmkunst, Musik und Literatur – Produkte der Evolution? Diese Vorstellung mutet vielen Menschen fremd an, aber wenn Darwin Recht hat, dann sind nicht nur die körperlichen Merkmale der Menschen als Antworten auf die Erfordernisse des Lebens entstanden, sondern auch ihre geistigen Fähigkeiten und Verhaltensweisen.

Wie bei der Sprache oder bei Sitten und Gebräuchen lassen sich bei der Kunst kulturelle Unterschiede beobachten, aber auch eine in der Natur der Menschen angelegte Gemeinsamkeit: *die Fähigkeit, Kunstwerke herzustellen und sie als solche wahrzunehmen.*

Dieses Vermögen kann nicht erlernt sein, da es die Voraussetzung für das Interesse an Bildern, Geschichten und Melodien ist. Es muss, wie Arthur Schopenhauer argumentierte, „allen Menschen einwohnen; da sie sonst eben so wenig fähig wären die Werke der Kunst zu genießen, als sie hervorzubringen, und überhaupt für das Schöne und Erhabene durchaus keine Empfänglichkeit besitzen, ja diese Worte für sie keinen Sinn haben könnten".[56] Ohne einen biologisch angelegten „Sinn" für Kunst wären Menschen auf diesem Auge „blind".

Wie die Sprache oder soziales Verhalten werden auch künstlerische Aktivitäten erst durch das komplizierte Zusammenspiel von Genen und Umwelt im Laufe der Entwicklung eines Individuums möglich. Sprachen müssen in jahrelanger mühevoller Arbeit erlernt werden; zugleich beruhen sie auf einer biologisch vorgegebenen Sprachfähigkeit der Menschen.[57] Entsprechendes gilt für die Regeln des Zusammenlebens, für die Moralvorstellungen einer sozialen Gruppe, die erlernt werden müssen und die in den Rechtssystemen der modernen Gesellschaften eine beträchtliche Komplexität erreicht haben. Letztlich beruhen aber auch diese auf den „sozialen Instinkten“ der Menschen und auf einem biologisch angelegten Sinn für Gerechtigkeit und Fairness.[58]

Warum sollte es bei der Kunst anders sein? Die Fähigkeit, ein Kunstwerk herzustellen und die Bereitschaft, es als solches anzuerkennen und wertzuschätzen, sind komplexe geistige Vorgänge, die nur von einer entsprechend differenzierten Architektur und Funktionalität des Gehirns geleistet werden können. Schimpansen beispielsweise sind nur sehr begrenzt dazu in der Lage, weil ihnen die biologischen Voraussetzungen fehlen. Ähnliches vermutet man bei manchen Formen des Autismus.[59]

Phänomene wie Sprache, Moral oder Kunst können nur entstehen, wenn sowohl die notwendigen Gene als auch eine geeignete Umwelt in Form systematischer Wissensvermittlung (Erziehung) vorhanden sind. Es ist noch weitgehend unbekannt, um welche Gene es sich handelt. Und so war die Entdeckung des für die Sprach- und Artikulationsfähigkeit bedeutsamen Gens *FOXP2* ein wichtiger, aber nur ein erster Schritt.[60] In Anbetracht der Komplexität der künstlerischen Verhaltensweisen muss man davon ausgehen, dass eine beträchtliche Zahl von Genen zu unterschiedlichen Zeiten der Individualentwicklung aktiviert werden muss. Für die weitere Argumentation ist das Fehlen konkreter genetischer Nachweise bedauerlich, aber von untergeordneter Bedeutung, da es zunächst nur darum geht sicherzustellen, dass es einen erblichen Anteil gibt. Man verfährt also wie bei anderen körperlichen oder geistigen Eigenschaften – der Augenfarbe, dem aufrechten Gang oder der allgemeinen menschlichen Intelligenz –, deren Erblichkeit schon lange feststand, bevor man etwas über Gene wusste.

Ein Punkt ist in diesem Zusammenhang zu beachten: In vielen Fällen gibt es keine einfache Beziehung zwischen Genen und beobachtbarem Merkmal. Beispiele wie die Augenfarbe, die durch wenige Gene verursacht wird und bei der die Umwelt keine Rolle spielt, sind nur eine mögliche Variante. In anderen Fällen können sich dieselben Gene je nach Umwelt unterschiedlich ausprägen. Im Extrem können so trotz erblicher Übereinstimmung recht unähnliche Typen entstehen (Modifikationen). Es wäre also möglich, dass sich die genetisch angelegte „Kunst“-Fähigkeit unterschiedlich ausprägt, mit der Folge, dass ihre Erscheinungsformen die Gemeinsamkeit nur noch undeutlich zeigen. So spricht viel dafür, dass sich die für die Kunst relevanten Gene auch in der Mode, im Schmuck, im Spiel, in der Religion und im Alltag manifestieren.

Auf der Suche nach dem Nutzen

Das Interesse an den Künsten hat eine genetische Grundlage, aber ist es auch eine zweckmäßige und nützliche Eigenschaft, eine Anpassung? Charles Darwin war der erste, der eine wissenschaftliche Erklärung dafür geben konnte, wie zweckmäßige Eigenschaften entstehen – durch das zu Recht berühmte Selektionsprinzip: Die natürliche Auslese „überprüft täglich und stündlich auf der ganzen Welt jede, auch die geringste Variation, indem sie verwirft, was schlecht ist, und alles erhält und vermehrt, was gut ist. Still und unmerkbar arbeitet sie, wann und wo immer sich die Gelegenheit bietet, an der Verbesserung jedes organischen Wesens in Bezug auf seine organischen und anorganischen Lebensbedingungen“.[61] Im Laufe der Generationen werden sich so nützliche Eigenschaften verbreiten, schädliche werden seltener.

Darwin erklärte mit der natürlichen Auslese nicht nur, warum Organismen (auch) zweckmäßige Eigenschaften haben. Konsequent weitergeführt impliziert sein Modell, dass *alle* ihre Eigenschaften zweckmäßig sind oder waren. Er sprach in diesem Zusammenhang von der „utilitarian doctrine“ („Nützlichkeitslehre“). Diese besagt, dass „jede Einzelheit der Struktur [...] für das Wohl ihres Besitzers erzeugt“ wurde.[62] Wie Darwin betonte, geht es in diesem Zusammenhang um die Nützlichkeit eines Merkmals für das Überleben bzw. die Fortpflanzung der Individuen im Hier und Jetzt. Ändert sich die Umwelt, müssen sich die Organismen an die neuen Bedingungen anpassen, andernfalls sterben sie aus. Aus diesem Grund nennt man die nützlichen Merkmale "Anpassungen“.[63]

Aus Darwins Grundgedanken entstand schon im 19. Jahrhundert eine Forschungsrichtung, die als anpassungstheoretisches Programm (adaptationist programme) bezeichnet wird. Es basiert auf der Annahme, dass es sich *bei jeder komplexeren erblichen Eigenschaft*, die man bei einem Menschen, einem anderen Tier, einer Pflanze, einem Einzeller beobachtet, mit großer Wahrscheinlichkeit um eine Anpassung (Adaptation) handelt oder gehandelt hat. Mangelnde Anpassung dagegen ist seltener und erklärungsbedürftig, da ihre Träger nicht oder weniger gut überleben und sich weniger fortpflanzen.

Um nun zu zeigen, dass es sich bei den künstlerischen Interessen und Fähigkeiten tatsächlich um biologische Anpassungen handelt, muss zudem ein konkreter biologischer Nutzen, ein Selektionsvorteil, nachgewiesen werden – jetzt oder in der Vergangenheit, direkt oder indirekt. Dies ist aber alles andere als einfach.[64] Auf den ersten Blick scheint sogar wenig für einen Selektionsvorteil der Kunst zu sprechen, denn es geht ihr ja gerade nicht um die unmittelbar lebenspraktische Nützlichkeit eines Gegenstandes oder einer

Verhaltensweise – eines Schmuckstücks, einer Wandmalerei, von Musik, Gesang oder Tanz. Und so bemerkte der Literaturwissenschaftler Karl Eibl, dass die „utilitaristischen Soziobiologen" (als moderne Repräsentanten der Position Darwins) es nicht schaffen würden, „das ästhetische *Vergnügen* zu erklären", obwohl „die Nutzensuche [...] manchmal verzweifelte Züge" anneh-me.[65] Ich denke nicht, dass diese pessimistische Einschätzung für die Gegenwart zutrifft, sie gibt aber einen Eindruck von den Problemen, mit denen Darwin und seine Nachfolger konfrontiert waren.

Zur Frage, worin der konkrete Zweck der Kunst besteht, gibt es zwei alternative Modelle: Zum einen wird versucht, sie durch die natürliche Auslese zu erklären und ihr einen wichtigen Nutzen für das *Überleben* oder das *Wohlergehen* der Individuen zuzuschreiben. Zum anderen fasst man sie als *Signal bei der Partnerwahl* auf, führt sie also auf die sexuelle Auslese zurück.

Wie ich zeigen werde, schließen sich beide Erklärungsmodelle nicht aus: Vorformen der Kunst sind als sexuelle Signale entstanden, aber erst nachdem sie weitere Funktionen hinzugewonnen haben, die sich als nützlich im Sinne der natürlichen Auslese erwiesen, entstand die Kunst, wie wir sie heute kennen.

Künstlerische Talente durch Partnerwahl

Bereits bei Darwin finden sich ausführliche Überlegungen zu Fragen, die für das Verständnis der Kunst von großer, wenn auch indirekter Bedeutung sind. In seinem Buch *Die Abstammung des Menschen und die sexuelle Selektion* (1871) diskutierte er auf über 150 Seiten die unterschiedlichsten geistigen Kräfte (mental powers) der Menschen und verglich sie mit den Fähigkeiten anderer Tiere. Das Spektrum reicht von Gefühlen über Neugierde, Nachahmung, Aufmerksamkeit, Gedächtnis, Vorstellungskraft, Verstand, Werkzeuggebrauch, Abstraktion, Selbstbewusstsein, Sprache, Schönheitssinn, den Glauben an Gott und Geister, den Aberglauben bis hin zu einer ausführlichen Analyse des moralischen Sinns.

Besonders faszinierten ihn auch die Entstehung und Funktion von Schönheit sowie das Verhältnis von Sprache und Gesang. Nur zur Kunst fehlt ein eigener Abschnitt; sie wird lediglich am Rande erwähnt. Diese wenigen verstreuten Bemerkungen sind indes höchst aufschlussreich. Sie machen deutlich, dass Darwin den Ursprung der Musik im Balz- und Werbeverhalten vermutete. Das Singen sei ursprünglich (aber nicht ausschließlich) im Zusammenhang mit der sexuellen Auslese entstanden und signalisiere die eigenen Gefühlszustände sowohl dem potenziellen Partner als auch den Rivalen gegenüber.[66]

Das Argument, dass Vorformen der Kunst ursprünglich die Funktion hatten, Sexualpartner anzulocken, wurde in den letzten Jahren von Geoffrey Miller weitergeführt und verallgemeinert. Das große Gehirn der Menschen sei nicht entstanden, weil es helfe, zu überleben oder den Nachwuchs aufzuziehen, sondern weil „solche Gehirne einfach bessere Reklame dafür sind wie gut unsere Gene sind".[67] Wenn wir schwierige Tätigkeiten wie Sprache oder Kunst beherrschen, demonstrieren wir möglichen Sexualpartnern unsere Qualitäten. Analog zum Gesang der Vögel oder zum bunten Gesicht der Mandrille lassen sich die Künste als Ornamente verstehen, die entstanden, weil Männer und Frauen Partner bevorzugten, die schön sangen und elegant tanzten, die interessante Bilder malten, unterhaltsame Geschichten erzählten und symmetrische Steinwerkzeuge (Faustkeile) herstellten.[68]

An dieser Stelle sei auf ein mögliches Missverständnis hingewiesen: Mit der These, dass künstlerische Talente die Chancen in der sexuellen Konkurrenz verbessern, ist nicht gemeint, dass die Kunst stets oder vorwiegend sexuelle Themen zum Inhalt haben muss. Es geht vielmehr darum, Schwierigkeiten auf den unterschiedlichsten Gebieten zu bewältigen. Hierfür kann sich eine riskante Bergtour ebenso eignen wie ein gelungener Kriminalroman, sexuelle Askese ebenso wie ein Liebesgedicht. Unsere ästhetischen Vorlieben und künstlerischen Fähigkeiten sind eigenständige psychologische Anpassungen und kein unmittelbarer Ausdruck sexueller Wünsche oder Handlungen. Ebenso unterscheidet sich der Instinkt männlicher Laubenvögel, der es ihnen ermöglicht, komplizierte Lauben zu bauen, vom Instinkt zu kopulieren, sobald die Laube einem Weibchen zusagt.

In diesem Zusammenhang erwähnt Geoffrey Miller die überdurchschnittlichen sexuellen Erfolge einiger Popstars und berühmter Künstler wie Modigliani und Picasso. Diesem Hinweis wurde entgegengehalten, dass „die wenigen Stars unter den Künstlern" nicht ausreichen würden, das „evolutionstheoretische Argument zu tragen": Es fehle „jede Evidenz, dass erfolgreiche Künstler über große Zeiträume in überzufälliger Weise mit der wahllosen polygamen Sexualität und vor allem mit dem großen Reproduktionserfolg der ‚gewählten' Pfauen mithalten können".[69] So richtig diese Beobachtung ist, so wenig widerlegt sie die These, dass die Kunst ihren Ursprung in der sexuellen Wahl hatte. Das Argument beruht nur zum geringsten Teil auf sexuellen Spitzenleistungen heutiger Künstler, die erst durch die Bevölkerungsdichte,

Arbeitsteilung und Massenmedien der Zivilisation möglich wurden und damit vergleichsweise jungen Datums sind. Die künstlerischen Talente sind aber unter den Bedingungen des Jäger- und Sammler-Lebens entstanden und dementsprechend muss sich die evolutionäre Rekonstruktion auf diese Situation beziehen.

Wie Miller ausführt, können wir weder von extremer Arbeitsteilung noch von einem hochgradig polygynen Paarungssystem (Vielweiberei) ausgehen.[70] Künstlerische Fertigkeiten müssen aber zu manchen Zeiten neben und in Ergänzung zu anderen Talenten ein Kriterium der Partnerwahl gewesen sein. Tänzerische Fähigkeiten haben sich bei Menschen also nicht herausgebildet, weil viele Frauen ihre Kinder von wenigen Spitzentänzern bekamen, sondern weil die sexuelle Attraktivität von Männern *und* Frauen *auch* von ihren bei Feiern und Festen demonstrierten tänzerischen Leistungen abhing. Dass dies der Fall ist, wird nicht nur durch die Lebenserfahrung, sondern auch durch neuere Untersuchungen bestätigt, die im Detail belegen, warum tänzerische Fähigkeiten ein aussagekräftiges Signal für körperliche und letztlich genetische Qualitäten sind und dementsprechend zu Recht geschätzt werden.[71]

Relevanter ist ein anderer Einwand: Kunstwerke dienen auch der Selbstdarstellung, und das Verhalten vieler Künstler macht unmittelbar deutlich, dass die (sexuelle) Konkurrenz in der Kunst eine wichtige Rolle spielt und wesentlich zur Motivation beiträgt. Solange ästhetisch aufwändige Dinge aber *nur* der Selbstdarstellung ihrer Produzenten dienen, sind sie keine Kunstwerke, sondern Statussymbole und sexuelle Signale. Um zu Kunst zu werden, müssen sie von einem Publikum akzeptiert werden, indem sie mehr und anderes bieten als individuelle Selbstdarstellung. Die These, dass das Interesse an ästhetischen Dingen sich ursprünglich aus der sexuellen Wahl entwickelt hat, besagt also nicht, dass sich die Funktion der Kunst darin erschöpft. Es ist aber zu erwarten, dass dieser evolutionäre Ursprung der Kunst bis heute seinen Stempel aufdrückt.

Kunst als sozialer Kitt

Der These, dass Kunstwerke die Fähigkeiten der Individuen in der Partnerwahl demonstrieren, steht eine alternative evolutionsbiologische Auffassung gegenüber, die scheinbar das Gegenteil postuliert: Die Künste sollen nicht Ausdruck der Konkurrenz, sondern der Kooperation sein. Mit Musik und Tanz, durch Erzählungen und Bilder werden gemeinsame Erlebnisse und Stimmungen erzeugt, die einen Fundus an positiven Gefühlen bereitstellen und so mit den in jeder Gemeinschaft notwendigen Kompromissen versöhnen. Dadurch wirken sie der emotionalen Entfremdung und dem Zerbrechen der Gemeinschaft entgegen. Die Künste bilden sozusagen den emotionalen Kitt, der die aus der Notwendigkeit geborene Zusammenarbeit stabilisiert.

Diese These wurde schon Ende des 19. Jahrhunderts von dem Ethnologen und Kunstwissenschaftler Ernst Grosse vertreten. Er argumentierte, dass „die Poesie, der Tanz und die Musik, indem sie die Kämpfer anfeuern und ermuthigen, die Widerstandskraft der socialen Gruppe gegenüber feindlichen Angriffen [erhöhen]. Die wichtigste und wohlthätigste Wirkung aber, welche die Kunst auf das Leben der Völker übt, besteht in der Befestigung und Erweiterung des socialen Zusammenhanges".[72] In den letzten Jahrzehnten wurde die These vom sozialen Nutzen der Kunst von einer Reihe von Autoren wiederentdeckt und mit unterschiedlichen Schwerpunkten weiterentwickelt.[73]

Bei der Gemeinschaftsbildung durch Kunst lassen sich zwei Aspekte unterscheiden: Die Herstellung des emotionalen Zusammenhalts nach innen und die Festigung der Abwehrbereitschaft nach außen. Ersteres manifestiert sich in gemeinsamen Festen und ästhetischen Überzeugungen, Letzteres in Kriegsgesängen und -tänzen, Marschmusik, Fangesängen und Nationalhymnen.[74] Da mit dem Aggressionsabbau nach innen regelmäßig eine Verlagerung der negativen Gefühle nach außen einhergeht, ist die Wirkung der Kunst in dieser Hinsicht ein zweischneidiges Schwert.

Kunst als Erfahrungsspeicher

Gemeinschaft gibt es bei Menschen auch über die Generationen hinweg. Diese Verbundenheit über lange Zeiten entsteht durch die systematische Weitergabe von Erfahrungen. In den Geschichten, Bildern und Liedern bleiben die Vorfahren noch lange nach ihrem Tod indirekt präsent. Diese Form der Gemeinschaft nennt man „Kultur" und sie prägt auch die Kunst. Künstlerisch bearbeitete Gegenstände, Erzählungen und Verhaltensweisen ermöglichen es, das Wissen früherer Generationen vergleichsweise präzise aufzubewahren und weiterzugeben. Aus dieser Perspektive ist Kunst ein Aspekt der allgemeinen Kultur eines Volkes und ihr Nutzen besteht darin, bestimmte Formen kollektiven Wissens zu speichern.[75]

Spielerisches Training

Als weitere Funktion der Künste wird ihre positive Wirkung auf die Individuen selbst, auf ihre emotionale, geistige und körperliche Reifung hervorgehoben. Indem die künstlerische Phantasie die Spiele der Kinder weiterführt, verbindet sie lustvolle Wunscherfüllung mit überlebenswichtigem Training. Schon in klassischen Texten zur Kunsttheorie wurde die Nähe von Spiel, Kunst und Leben betont. Immanuel Kant vermutete, dass „die Lust am Schönen“ aus dem „freien Spiel der Erkenntnisvermögen“ entsteht.[76] Für Friedrich Schiller war das Spiel nicht nur eine unter vielen Tätigkeiten der Menschen, sondern es macht ihr eigentliches Wesen aus: Denn „der Mensch spielt nur, wo er in voller Bedeutung des Worts Mensch ist, und *er ist nur da ganz Mensch, wo er spielt*“. Dieser Satz werde, so führte er weiter aus, „das ganze Gebäude der ästhetischen Kunst und der noch schwierigern Lebenskunst tragen“.[77] Wie tief die Überzeugung verankert ist, dass Kunst eine spielerische Tätigkeit ist, zeigt auch der Sprachgebrauch, in dem vom Schauspieler, von Spielfilmen und vom Spielen eines Musikstücks die Rede ist.

Welche Funktion erfüllt die Kunst als spielerische Tätigkeit? Wie beim Spiel der Kinder werden Sprache, Kreativität, Emotionalität, Geschicklichkeit und Bewegung trainiert, was eine wichtige Voraussetzung für die Reifung, Entwicklung und Leistungsfähigkeit der Gehirnfunktionen sei. In diesem Sinne nennt der Literaturwissenschaftler Winfried Menninghaus ein breites Spektrum „ästhetischer Selbstpraktiken“.[78] Auch diese Vorstellung findet sich bereits bei Darwin. Wie dieser in seiner *Autobiographie* berichtete, fiel es ihm mit zunehmendem Alter schwer, viele der früher so geschätzten Kunstwerke zu genießen. Er bedauerte diesen Verlust nicht nur wegen der Einbuße an Lebensfreude, sondern auch, weil er befürchtete, dass sich dies negativ auf seine geistige Leistungsfähigkeit und seine Gefühle auswirkt: „Der Verlust dieser Sinne [für die Kunst] ist ein Verlust von Glück, vielleicht schädlich für den Verstand und noch wahrscheinlicher für den moralischen Charakter, da er den emotionalen Teil unserer Natur schwächt.“[79]

Ende des 19. Jahrhunderts beschrieb dann der Musikwissenschaftler Richard Wallaschek die Kriegstänze der Naturvölker als „künstlerisches“ Training überlebenswichtiger Fähigkeiten. Die Kriegstänze seien „nicht ein Überfluss, ein Luxus, den sich die Naturvölker gestatten, sie sind absolut notwendig, um für die Jagd oder den Krieg vorzubereiten und nachher ihre Kraft zu erhalten und zu entwickeln. Wenn das tägliche Leben zeitweilig keine Gelegenheit zum Krieg bietet, so muss sie erfunden werden, und der Mann, der diese Erfindungskraft besitzt, ist eben der Künstler“.[80]

Die Künste sind „Spiele“ der Erwachsenen, aber sind sie *nur* spielerische Übungen und Training? In den genannten Theorien zur Rolle der Künste in der sexuellen Auslese, als gemeinschaftsbildender Mechanismus und als Wissensspeicher wird eine weitere Funktion bejaht. Andere Autoren zeigen sich weniger überzeugt und vermuten, dass eine Bedeutung der Kunst für das

Leben wegen ihres fiktionalen Charakters eher unwahrscheinlich sei.[81] Da die von den Künsten dargestellten imaginären Welten falsche Informationen über die reale Welt enthalten, können sie den Erfolg unserer Handlungen sogar gefährden.

Kunst als Rausch- und Entspannungsdroge

Der evolutionsbiologischen Theorie zufolge ist zu erwarten, dass eine komplexe erbliche Eigenschaft einen Nutzen hat. Sobald sich ein Merkmal bzw. ein Verhalten gebildet hat, kann es aber von anderen Organismen für deren Zwecke ausgenutzt werden. Nutznießer ist dann nicht das Individuum, an dem sich das Merkmal manifestiert. So kann beispielsweise ein Virus seine Verbreitung fördern, wenn es den Niesreiz eines Menschen anregt. Hier profitieren in erster Linie die Gene des Erregers, nicht die des erkrankten Wirtes.

Entsprechendes kann auch für komplexe menschliche Verhaltensweisen gelten.[82] Wie plausibel ist es, dass die Beschäftigung mit Kunst keinen dauerhaften Nutzen für Zuschauer und Zuhörer mit sich bringt, sondern wie eine Rausch- oder Entspannungsdroge nach anfänglichem Vergnügen nur als Sucht aufrechterhalten wird? In Anlehnung an das berühmte Wort von Lenin wäre sie „Opium für das Volk". Es ist nicht schwer, historische und aktuelle Beispiele zu nennen, die diesen Verdacht bestätigen. Andererseits macht nicht jede Beschäftigung mit Kunst den Eindruck der Fremdbestimmtheit. Es wird also darauf ankommen zu zeigen, unter welchen Bedingungen sie dem Publikum und vielleicht sogar den Künstlern selbst schadet und jemand anderem nützt. Auf diese Frage werde ich in Abschnitt 5 zurückkommen. An dieser Stelle sei zunächst nur festgehalten, dass der Begriff des Nutzens offen lässt, wer von einer Aktivität profitiert, und dass der Widerspruch zwischen den Interessen der Künstler bzw. des Publikums und eventuellen Fremdinteressen im Auge behalten werden muss.

In der Literatur werden die Künstler als mögliche Nutznießer genannt.[83] Vielleicht noch relevanter ist die Rolle der Kunsthändler und Kunstsammler im weitesten Sinn, der Medien und Institutionen, die wesentlich darüber entscheiden, welche Art von Kunst verfügbar ist. In diesem System sind die Künstler oft nicht mehr als ein Spielball fremder Interessen. Dies zeigt sich an der Entschlossenheit, mit der sie zu allen Zeiten versucht haben, sich Freiräume zu erkämpfen. So war es ein zentrales Anliegen des „l'art pour l'art", die Kunst aus den Zwängen der Kommerzialisierung und aus fremden Interessen zu befreien.[84] Dieses Anliegen steht nicht im Widerspruch zur darwinschen Theorie, denn diese betont ja gerade den Nutzen für das Überleben und

Wohlergehen der Individuen (und ihrer Gene) und lehnt übergeordnete Ziele wie das der Arterhaltung ab. Sie macht aber keine Aussage darüber, wer im Einzelfall von einem Verhalten profitiert.

Der Zweifel am Nutzen

Biologische Merkmale sind oft, aber nicht immer Anpassungen, d.h. für das Überleben, Wohlergehen und die Fortpflanzung unmittelbar nützlich. Manche Eigenschaften sind eine Voraussetzung für andere wichtige Merkmale und bleiben wegen dieser *indirekten Nützlichkeit* erhalten. Die Größe des menschlichen Gehirns als solche ist beispielsweise ein mit vielen Kosten verbundenes, eher nachteiliges Merkmal, das sich nichtsdestoweniger ausgebildet hat, weil sich mit einem kleineren Gehirnvolumen die für höhere Intelligenz nötige Rechenleistung nicht erbringen lässt.

Zudem können sich ursprünglich vorteilhafte Eigenschaften durch *Veränderungen der Umwelt* und der Lebensweise in ihr Gegenteil verkehren und zu so genannten Fehlanpassungen werden. Da sich die Lebensbedingungen der Menschen in den letzten Jahrtausenden durch die Zivilisation grundlegend verändert haben, wäre es möglich, dass die Funktion der Kunst mittlerweile verloren gegangen ist. Umgekehrt ist denkbar, dass die Kunst als neutraler Nebeneffekt entstand, der sich nun zufällig als nützlich erweist.

Ein Punkt sei an dieser Stelle betont, da er häufig zu Missverständnissen führt: Die Aussage, dass es sich bei einem Merkmal um einen neutralen Nebeneffekt handelt oder dass es seine Funktion aufgrund von Umweltveränderungen verloren hat, steht *nicht im Widerspruch* zu Darwins „Nützlichkeitslehre“ und zum anpassungstheoretischen Programm. Die Behauptung, dass es sich bei einer Eigenschaft um einen „Neben“-Effekt handelt, impliziert ja die Existenz eines (nützlichen) „Haupt“-Effektes. Dasselbe gilt für einen postulierten Funktionsverlust oder -wandel aufgrund von Veränderungen der Umwelt. Auch hier muss die Entstehung der ursprünglichen Funktion als solche plausibel gemacht werden.

Diese Forderungen gelten selbstverständlich nur, wenn ein Autor auf Grundlage der Evolutionstheorie argumentiert. Was ist von Thesen zu halten, die dieses Modell überschreiten und einen übernatürlichen oder unerklärlichen Ursprung bzw. eine grundsätzliche Zweckfreiheit der Kunst postulieren?

Übernatürliche Ursprünge

Alfred Russel Wallace, der Mitentdecker der Theorie der natürlichen Auslese, hielt eine evolutionäre Erklärung der Kunst für grundsätzlich unmöglich, da sich kein Selektionsvorteil nachweisen lasse: Die „künstlerischen Fähigkeiten, ob sie sich in Bildhauerei, Malerei oder Architektur äußern, sind offensichtlich Resultate des menschlichen Geistes, die keinen unmittelbaren Einfluss auf das Überleben der Individuen oder Stämme haben, oder auf den Erfolg der Nationen in ihrem Kampf um Vorherrschaft oder um Existenz".[85]

Wie aber sind sie dann entstanden? Da Wallace neben der natürlichen Auslese keinen weiteren Mechanismus akzeptiert, der die Entstehung komplexer biologischer Merkmale erklären könnte, glaubt er einen Beweis für ihre übernatürliche Entstehung gefunden zu haben. Die darwinsche Theorie „zeigt uns, wie sich der Körper des Menschen aus der einer niederen tierischen Form unter dem Gesetz der natürlichen Auslese entwickelt haben mag; aber sie lehrt uns auch, dass wir geistige und moralische Fähigkeiten besitzen, die nicht auf diese Weise entstanden sein können, sondern die einen anderen Ursprung gehabt haben müssen; und für diesen Ursprung können wir eine angemessene Ursache nur im unsichtbaren Universum des Geistes finden".[86]

Mit diesen spiritualistischen Thesen durfte Wallace in religiösen Kreisen mit Zustimmung rechnen; in der Wissenschaft fanden sie aus guten Gründen keine Resonanz. Die Argumentation ist zudem aus evolutionsbiologischen Gründen problematisch, da auch ein auf nicht-natürliche Weise entstandenes Merkmal der Selektion unterliegen würde, sobald es das Verhalten und die Überlebenschancen eines Organismus beeinflusst. Insofern ist es schwer verständlich, wie die Kunst erhalten bleiben kann, wenn sie beträchtliche Mühen verursacht, ohne Vorteile mit sich zu bringen. Es ist vielmehr zu erwarten, dass die natürliche Auslese diesen sinnlosen Aufwand, unabhängig davon, wie er entstand, eher früher als später zum Verschwinden bringen würde.

Unerklärliche Urphänomene

Auch im 20. Jahrhundert wurde bezweifelt, dass sich die Entstehung der Kunst erklären lässt. So postulierte der Kulturphilosoph Ernst Cassirer in diesem Zusammenhang ein Scheitern der wissenschaftlichen Methode: Die „symbolischen Formen" – Sprache, Mythos, Wissenschaft, Religion, Technik, Kunst – stellen sich als „wahrhafte Urphänomene des Geistes dar, die sich zwar als solche *aufweisen* lassen, an denen sich aber nichts mehr ‚erklären',

d. h. auf ein anderes zurückführen lässt".[87] Dass diese Situation letztlich unbefriedigend ist, gesteht er zu: Wenn die „Frage nach dem *Ursprung* von Sprache, Kunst oder Religion" unbeantwortbar ist, dann müssen wir „die menschliche Kultur als ein Faktum hinnehmen, das gewissermaßen isoliert und deshalb unbegreifbar ist. Es ist verständlich, dass sich Wissenschaftler immer geweigert haben, eine solche Lösung zu akzeptieren. Sie haben große Anstrengungen unternommen, um das Symbolische in andere, elementarere Zusammenhänge zu stellen".[88]

Dies hielt Cassirer aber nur für teilweise möglich und glaubte aus den Erkenntnissen der Verhaltensforschung den Schluss ableiten zu können, dass zwischen „der tierischen ‚Reaktion'" und der „menschlichen ‚Antwort'" ein unüberbrückbarer Unterschied existiert. Diese These soll nicht im Widerspruch zur Evolutionstheorie stehen, denn auch „im Bereich der organischen Phänomene haben wir gelernt, dass die Evolution eine Art von ursprünglicher Schöpfung nicht ausschließt. Die Tatsache der spontanen Mutation und der Emergenz muss anerkannt werden".[89]

Hierzu sei angemerkt, dass weder Mutationen noch emergente Eigenschaften (Das Ganze ist mehr als die Summe der Teile) unerklärbare „Urphänomene" oder „ursprüngliche Schöpfungen" sind, sondern dass es sich um gut beobachtbare, experimentell erzeugbare und kausal erklärbare Vorgänge handelt, denen nichts Geheimnisvolles anhaftet. Insofern tun die Wissenschaftler gut daran, sich auch weiterhin zu weigern, eine „Lösung" zu akzeptieren, die den Weg zu einem wissenschaftlichen Verständnis der Kunst durch vorschnelle Resignation verbaut.

Kunst um der Kunst willen

Auch von Kunsttheoretikern wird häufig in Zweifel gezogen, dass die Künste einen biologischen oder anderweitigen Nutzen haben. Dies wird weniger mit konkreten Beispielen begründet, sondern die Argumentation läuft meist darauf hinaus, dass man sich eine solche Funktion nicht vorstellen kann oder will. Was ist die Alternative? Kunst, so lautet eine verbreitete Überzeugung, sei „eben zweckmäßig ohne Zweck".[90] Bewusst oder unbewusst greifen die meisten Autoren in diesem Zusammenhang eine klassische These der Kunstphilosophie auf: Immanuel Kants Idee, dass der Geschmack am Schönen „ein uninteressiertes und freies Wohlgefallen sei".[91] Entsprechende Ideen gehörten schon in der Antike zum Standardrepertoire kunstphilosophischer Argumente. So meinte der Sophist Alkidamas, dass Statuen „beim Anblick Vergnügen, aber keinen Nutzen für das praktische Leben" gewähren.[92]

Die Ende des 19. Jahrhunderts entstandene „l'art pour l'art"-Bewegung erhob den Kampf gegen Nützlichkeitserwägungen in der Kunst dann zum Programm. Man ging so weit, es „bereits für einen Verrat an der Kunst" zu halten, wenn „dieser ebenso wie anderen Aktivitäten eine gesellschaftliche Funktion" zugewiesen wird.[93] In den 1930er Jahren sahen sich die Surrealisten gezwungen, ausführlich zu begründen, warum sie sich weigerten, ihre Kunst in kurzlebigen und belanglosen Propagandaaktionen verschleißen zu lassen. Als surreal, d.h. als überwirklich, wurde jeder Gegenstand gesehen, „der ohne Grund, Sinn, Zweck, hergestellt worden zu sein scheint, dessen einziger Sinn und Zweck ist, denjenigen, der ihn geschaffen hat, mit Befriedigung zu erfüllen".[94]

Vor wenigen Jahren schrieb der Literaturwissenschaftler Karl Eibl, dass „ästhetische Lust" die „Basis von Kunst und Literatur" sei. Da dieses Wohlgefallen „interesselos" sei, habe man es bei Kunstwerken mit „dezidiert zweckfreien Gebilden" zu tun. Deshalb sei die Nutzensuche ein Ausdruck von untauglichen „kunst-apologetischen Bemühungen, wie sie von wirtschaftlichem Utilitarismus und ethischem Puritanismus […] gleichermaßen nahe gelegt werden".[95]

Bei aller Sympathie für den Schutz der Kunst vor platten Nützlichkeitsforderungen und moralischen Zwangsjacken drängt sich die Frage auf, ob das bei der Lektüre von George Orwells *1984* oder Franz Kafkas *In der Strafkolonie* sich einstellende Gefühl treffend mit dem Begriff „interesseloses Wohlgefallen" beschrieben wird. Man könnte umgekehrt mit Theodor W. Adorno argumentieren, dass es verfehlt sei, Kunst als ein „Genußmittel höherer Ordnung" aufzufassen. Aber auch er glaubte, dass Kunst „für den Betrieb der Selbsterhaltung unnütz" sei.[96]

Alles in allem scheint es schwierig zu sein, eine Funktion der Kunst zu erkennen, die über das Vergnügen an ihr hinausgeht: „Die vielfältigen Antworten, die Philosophen, Linguisten, Semiologen, Kunsthistoriker auf die Frage nach dem spezifischen Charakter […] des Kunstwerks […] erteilen, heben allesamt Eigenschaften wie Zweck- und Funktionslosigkeit, Vorrang der Form gegenüber dem Inhalt, Interesselosigkeit usw. hervor".[97] Was sind die Gründe?

Zum einen widerspricht es einem verbreiteten Ideal der Kunst (ähnlich wie dem der Liebe), dass sie einem Kalkül von Kosten und Nutzen unterworfen ist. Warum dies so ist, werde ich im Kapitel „Die eindrucksvolle Präsentation" näher diskutieren. Zum anderen macht es der spielerische Charakter der Kunst oft schwer, eine unmittelbare Funktion zu erkennen. Schließlich und vielleicht am wichtigsten: Das Konzept des interesselosen Wohlgefallens lässt sich als Versuch verstehen, die Kunst vor dem Missbrauch durch fremde

Interessen zu schützen, indem man ihr die Nützlichkeit gänzlich abspricht. Ein Teil des Charmes der Kunst besteht ja darin, dass sie sich der Vereinnahmung durch moralische und politische Zwecke entzieht. Dies hat ihr schon in der Antike Kritik eingetragen und Platon wollte jede nicht moralisch einwandfreie Kunst aus seinem idealen Staat verbannen.[98] Auch heute wird gelegentlich bemängelt, dass sich Künstler „keiner Öffentlichkeit sondern nur sich selbst und den Mächten der Inspiration" verpflichtet fühlen. Stattdessen sollen sie sich um „Demokratiebelange" und andere „Ansprüche von außen" kümmern.[99]

Es gibt wahrscheinlich nur wenige Kunstwerke, die sich den jeweils aktuellen politischen Ansprüchen völlig verweigern können, aber wenn der mehr oder weniger gute Zweck zu offensichtlich wird und die Verführung in Propaganda umkippt, so „fühlt man Absicht und man ist verstimmt".[100] Dass die demonstrative Zurschaustellung der Zweckfreiheit der Kunst im Einzelfall wenig mit der Wirklichkeit zu tun haben muss, zeigt ein kleines Detail: Auf dem goldenen Filmband um den Löwen im Logo der Metro-Goldwyn-Mayer-Studios ist die lateinische Fassung des „Kunst um der Kunst willen" (ars gratia artis) zu lesen. James-Bond-Filme mögen ja nach der einen oder anderen Definition als Kunst durchgehen, aber als „Kunst um der Kunst willen"?

Die Beschäftigung mit Kunst ist mit einem intensiven Lustgefühl verbunden. Wäre dies nicht der Fall, dann würden sich Menschen nicht in überfüllte Kunstmuseen drängen, dann würden sie nicht stundenlang auf engen Stühlen verharren, um sich von einer Wagner-Oper verzaubern zu lassen.

> Aus biologischer Sicht beweist die Beobachtung, dass die Beschäftigung mit den Künsten oft als lustvoll erlebt wird, gerade nicht, dass sie keinen weiteren Zweck hat, sondern das Gegenteil: Weil sie lustvoll ist, hat sie auch mit großer Wahrscheinlichkeit einen biologischen Nutzen.

Aus evolutionsbiologischer Sicht ist die These vom „interesselosen Wohlgefallen" also problematisch, weil offen bleibt, warum das Lustgefühl auftritt. Dies gilt auch für die Beobachtung, dass wir uns von den Künsten unterhalten fühlen und dass sie die Langeweile vertreiben. Auch hier stellt sich die Frage, warum sie dies erreichen können. Das Lust-Unlust-Prinzip ist nichts anderes als der biologische Mechanismus, mit dem ein Mensch oder ein anderes Tier dazu motiviert wird, sich im Sinne der Verbreitung der eigenen Gene richtig zu verhalten. Positive Gefühle stellen sich ein, wenn ein Gegenstand, eine Umwelt oder ein Verhalten biologische Vorteile versprechen. Solange also nicht gezeigt wird, worin der Selektionsvorteil eines Verhaltens besteht, bleibt der Ursprung des dadurch erzeugten Lustgefühls rätselhaft. Dies gilt auch für das Wohlgefallen an der Kunst.

Ein unbeabsichtigtes Nebenprodukt

Vor ähnlichen Schwierigkeiten steht auch die verschiedentlich vertretene These, dass die Kunst keine Anpassung, sondern ein neutraler Nebeneffekt ist bzw. als solcher entstand. August Weismann, einer der bedeutendsten Evolutionstheoretiker des 19. Jahrhunderts, war dieser Ansicht. Da das „*Musiktalent* des Menschen und ebenso die *Anlage zur bildenden Kunst*, zur *Poesie* und *Mathematik* [...] keine die Erhaltung der Art begünstigende Eigenschaft" sei, kann sie „sich also auch nicht durch Naturzüchtung gebildet haben". Die sexuelle Auslese wiederum mag „an der ersten Entstehung des primitiven Gesanges des Urmenschen Antheil gehabt haben", nicht aber an der späteren „Steigerung der Musikanlage", da „die Wahl des Mannes sowohl als des Weibes wesentlich durch andere Momente bestimmt [wird] als durch musikalische Begabung".[101]

Woher aber kommt dann der „seit Urzeiten im Menschen" verborgen liegende „Musiksinn"? Weismann glaubte, dass er „überhaupt nicht als etwas Selbstständiges, gewissermaßen Beabsichtigtes entstanden" ist, sondern „*einfach ein Nebenprodukt unseres Gehörorganes*" sei. Ganz ähnlich soll es sich mit dem allgemeinen „*Kunstsinn*" verhalten. Er sei „gewissermaßen die geistige Hand, mit welcher wir auf unserer Seele spielen, eine Hand aber, die ursprünglich gar nicht dazu bestimmt war". Das gute Gehör, die geschickte Hand, das scharfe Auge und die allgemeine Intelligenz ihrerseits waren „nothwendig im Kampf ums Dasein und konnte[n] desshalb durch Selectionsprocesse hervorgerufen und zur höchsten Vollkommenheit gesteigert werden".[102]

In jüngerer Zeit hat der Paläontologe Stephen Jay Gould eine ähnliche These vertreten. Auch er ging davon aus, dass die allgemeine Leistungsfähigkeit des menschlichen Gehirns eine Anpassung sei, da „irgend eine Reihe von Tätigkeiten von unseren Savannen-Vorfahren nur mit größeren Gehirnen ausgeführt werden konnte." Die meisten spezielleren Fähigkeiten seien aber wahrscheinlich keine Anpassungen, sondern als „nicht-adaptive Nebeneffekte des Baus eines Apparates von solcher struktureller Komplexität" wie dem Gehirn aufgetreten (so genannte spandrels). Erst später in der Menschheitsgeschichte seien einiger dieser geistigen Eigenschaften dann für „wichtige sekundäre Funktionen vereinnahmt worden".[103]

Auf welche Funktionen wurde das menschliche Gehirn ursprünglich selektiert? Da Gould nicht glaubt, dass sich die Umwelt unserer Vorfahren rekonstruieren lässt, seien alle diesbezüglichen Hypothesen spekulativ und unüberprüfbar. Und so spricht er an einer Stelle von „einer Reihe von Tätigkeiten", an einer anderen vom einem „allgemeinen Bewusstsein", das „fast sicher adaptiv" sei.[104] Nun gehört gerade das Bewusstsein zu den komplexesten Fähigkeiten des Gehirns überhaupt[105] und es bleibt unklar, warum ausgerechnet dieses Merkmal eine Anpassung sein soll, Sprache oder Kunst aber beispielsweise nicht. Eine ähnliche Frage ist an Weismanns These zu richten, dass nur die allgemeine Intelligenz, nicht jedoch das künstlerische und dichterische Talent durch die natürliche Auslese entstanden sein soll.

Alles in allem dominiert in Goulds Texten zur evolutionären Psychologie die wortreiche und polemische Kritik am anpassungstheoretischen Programm. Auf einen eigenen positiven Beitrag, wie die zahlreichen offenen Fragen zur Entstehung und Funktion der Kunst zu lösen sind, wenn man diese als Nebeneffekt einer (welcher?) anderen Funktion auffasst, verzichtet er dagegen. In diesem Zusammenhang wird gerne übersehen, dass ein (nicht-adaptiver) Nebeneffekt den Nachweis von Anpassungen voraussetzt, an die er gekoppelt ist.[106] Und wenn Gould der evolutionären Psychologie vorwirft, dass sie spekulative Geschichten erzählt („adaptationist storytelling")[107], so bleibt festzuhalten, dass er selbst nicht einmal eine „Story" vorzuweisen hat, d. h. eine plausible Hypothese, die die evolutionäre Entstehung eines Allzweck-Gehirns erklären würde und weiter zeigen kann, wie zunächst als nicht-adaptive Nebeneffekte entstandene Fähigkeiten wie Kunst oder Sprache sekundär nützlich wurden. Und so lässt sich zusammenfassend feststellen, dass Gould zu Recht vorschnelle Aussagen zum Selektionsvorteil von Merkmalen kritisiert, dass er aber keine überzeugende Alternative präsentiert.

Verschiedentlich wurde auch argumentiert, dass es sich bei einigen Künsten um ein reines Abreagieren überflüssiger Energien handelt. So vermutete Alfred Russel Wallace, dass das Singen der Vögel „wahrscheinlich als ein Ventil für überschüssige Energien und Erregung der Nerven dient, so wie Tanzen, Singen und Rasensport für uns".[108] Zumindest einige Künste ähneln nach dieser Auffassung also physiologischen Phänomenen wie dem Schwitzen bei Anstrengung, das eine positive Wirkung entfaltet, indem es den Körper von überflüssiger Hitze befreit, deren Produkte – der Schweiß bzw. der Gesang und der Tanz – aber als Nebeneffekte auftreten. Dass dieser körperlich entlastende Faktor eine Rolle spielen kann, ist nicht von der Hand zu weisen, als allgemeine Theorie ist er aber nicht geeignet, da unerklärt bleibt, warum die Beschäftigung mit den Künsten nicht nur „überflüssige", sondern oft auch dringend benötigte Energien verbraucht.

Wichtig an der These, dass die Kunst ein neutraler Nebeneffekt ist, sind zwei zur Vorsicht mahnende Hinweise: 1.) Ein Merkmal kann bei raschen *Umweltveränderungen* zwischen positiven, negativen und neutralen Effekten oszillieren. Es wäre also beispielsweise denkbar, dass die Kunstfähigkeit in der Zeit der Jäger und Sammler als neutraler Nebeneffekt entstand, mit der Entstehung der Zivilisation zu einem Selektionsvorteil wurde und heute eine mit Nachteilen verbundene Fehlanpassung darstellt. 2.) Merkmale können auch erhalten bleiben, obwohl sie Kosten verursachen, wenn sie eine *Voraussetzung* für andere nützliche Eigenschaften sind. Die Kunst könnte beispielsweise Ausdruck des Spieltriebes sein und wichtige geistige und körperliche Fähigkeiten wie Kreativität, emotionales Verständnis und handwerkliches Fingerspitzengefühl trainieren, ohne dass ihre Tätigkeiten und Produkte einen eigenen Nutzen haben.

Reine Lusttechnologien

Eine nicht-adaptive Erklärung der Kunst hat auch der evolutionäre Psychologe Steven Pinker vorgelegt. Kunst, Literatur, Musik, Humor, Religion und Philosophie seien „Meisterwerke des Geistes", die das Leben lebenswert machen. Diese Aktivitäten sollen aber zugleich nutzlos im „Überlebens- und Fortpflanzungskampf" sein. Besonders rätselhaft sei, dass Menschen einer solchen Tätigkeit umso begeisterter nachgehen, „je nichtiger und unsinniger sie vom biologischen Standpunkt aus ist".[109]

Dieses Rätsel lässt sich Pinker zufolge lösen, wenn man Kunst als Statussymbol bzw. als „reine Lusttechnologie" auffasst.[110] Wie biologische Anpassungen im Allgemeinen funktioniert auch der Lust-Unlust-Mechanismus nicht perfekt. So lässt sich die Lustprämie in Situationen abrufen, die nicht vorteilhaft sind, aber dies vortäuschen. Menschen verwenden bekanntermaßen einen beträchtlichen Teil ihrer Intelligenz darauf, den biologischen Belohnungsmechanismus zu überlisten. Ein Beispiel sind Drogen wie Opium, das die Ausschüttung körpereigener Endorphine simuliert, ohne dass ein geeigneter Anlass besteht. Ein anderes Beispiel ist Süßstoff, der dem Körper energiereiche Kohlenhydrate verspricht, aber nicht liefert. Und schließlich gehört Pinker zufolge auch die Kunst in diese Kategorie. Neben der Nahrungsmittelproduktion und der Pornographie sei sie eine dritte Lusttechnologie. Im Unterschied zur oben genannten Funktion der Kunst als „Opium *für* das Volk", die darauf abzielt, jemand anderem als dem Publikum einen

Nutzen zu verschaffen, sieht Pinker in der Kunst ein selbstgewähltes „Opium *des* Volkes", das abgesehen von Lust ohne Last niemandem einen Nutzen verschafft.

Es soll also kein genetisch angelegtes Interesse an der Kunst geben, sondern sie soll eine kulturelle Erfindung sein, die andere, echte Signale vortäuscht und die biologischen Bedürfnisse nur scheinbar befriedigt. Was aber entspricht dem echten Reiz, den die Kunst simuliert, was entspricht den Endorphinen, dem Geschlechtsverkehr oder dem Zucker? Für die Musik nennt Pinker sechs geistige Fähigkeiten: Sprache, auditive Szenenanalyse, emotionale Rufe, Wahl des Lebensraums, motorische Steuerung und „etwas anderes".[111] So rufen Melodien starke Gefühle hervor, weil sie den emotionalen Signalen unserer Spezies ähneln. Die Melodien täuschen diese Signale aber nur vor, wie Pornographie oder Süßstoff enthalten sie gerade nicht das Eigentliche: echte Emotionen (bzw. echte Sexualität oder echten Zucker).

Deshalb soll die Musik nur beträchtliche Kosten ohne einen Nutzen verursachen, ihr Genuss bedeutet letztlich einen Selektionsnachteil und sie ist alles in allem überflüssig: „Verglichen mit Sprache, Sehfähigkeit, sozialem Denken und physikalischen Kenntnissen könnte die Musik aus unserer Spezies verschwinden und der Rest unserer Lebensweise wäre praktisch unverändert. Musik scheint eine reine Lusttechnologie zu sein, ein Cocktail von Erholungsdrogen, den wir über das Ohr zu uns nehmen, um eine Fülle von Lustschaltkreisen auf einmal zu stimulieren".[112]

Würde sich unser Leben wirklich nicht ändern? Besteht die Funktion der Musik (und anderer Künste) ausschließlich darin, Sprache, Emotionalität und Motorik im Leerlauf zu reizen? Pinkers These erklärt den rauschhaften Zustand, der mit bestimmten Formen der Kunst einhergeht. Es ist auch nicht auszuschließen, dass die Kunst unter bestimmten Bedingungen ihren Nutzen verlieren und zu einer Entspannungs- und Rauschdroge werden kann. Als allgemeine Theorie der Kunst ist sie aber kaum haltbar, wenn man nicht annehmen will, dass die Menschheit den Luxus hatte, für Zehntausende von Jahren eine alle Lebensbereiche durchdringende Drogenkultur zu kultivieren.

Was ist das Besondere an Kunst?

Lässt man die verschiedenen Theorien Revue passieren, dann kann Kunst vieles sein: Sie lässt sich als nützliche Anpassung für ein Individuum oder eine soziale Gruppe, als sexuelles Signal, Nebeneffekt, Lusttechnologie und Herrschaftsinstrument verstehen. Sie dient der individuellen Selbstdarstellung ebenso wie dem Gemeinschaftsgefühl, sie kann unbeschwertes Spiel sein, aber auch handfeste Vorteile mit sich bringen. Sie erzeugt eine eigenartig distanzierte, „interesselose“ Stimmung, verschafft aber zugleich ein Gefühl der Lust. Alle diese Beobachtungen haben einen wahren Kern, aber ein Rätsel lösen sie nicht: Was ist das Einzigartige, das Besondere an der Kunst?

Inwiefern unterscheidet sich die künstlerische Selbstdarstellung von anderen Signalen, mit denen das gleiche Ziel verfolgt wird, von Statussymbolen, sportlichen Leistungen und beruflicher Anerkennung? Wo sind die Unterschiede zwischen der Gemeinschaftsbildung durch Kunst und derjenigen durch Weinfeste, Wallfahrten, Fußballweltmeisterschaften oder Weltanschauungen? Kunst ist ein Spiel, aber sie ist nur eines unter vielen Spielen. Was zeichnet sie aus, wenn man sie mit Gesellschaftsspielen oder mit den Spielen der Kinder und der Sportler vergleicht? Was unterscheidet die Interesselosigkeit in der Kunst von derjenigen in der Wissenschaft? Wie verhält sich das Wohlgefallen an der Kunst zur sexuellen Lust und zur Freude am Essen?

Die Schwierigkeiten beim Verständnis der Kunst bestehen weniger darin zu sagen, was sie leistet und die jeweilige These mit Beobachtungen zu belegen; dies gelingt durchaus überzeugend. Schwierig ist etwas anderes: zu zeigen, was *das Besondere* an der Selbstdarstellung und Gemeinschaftsbildung, am Spiel und an der Lust ist, die durch Kunst erreicht werden.

Ist damit die Hoffnung auf eine allgemeine Definition und Erklärung der Kunst zum Scheitern verurteilt? Die Erfahrungen mit anderen biologischen Phänomenen lassen diesen Pessimismus als voreilig erscheinen. Vielfalt ist etwas, mit dem die Biologie in allen Bereichen konfrontiert ist. Sie ist auf der molekularen und zellulären Ebene ebenso anzutreffen wie bei körperlichen Merkmalen, beim Verhalten und bei den Arten der Lebewesen. Es gehört zu den großen Erfolgen der biologischen Wissenschaften, gezeigt zu haben, dass diese Vielfalt nicht chaotisch und regellos ist, sondern von wenigen kausalen Faktoren verursacht wird und eine klare Ordnung hat. Und so ist die Hoffnung, auch die Kunst auf eine überschaubare Anzahl von Phänomenen und Ursachen zurückführen zu können, durchaus begründet.

Im historischen Rückblick wird deutlich, dass die Evolutionsbiologie das Rätsel der Kunst nicht lösen konnte, solange theoretische Modelle für die Entstehung und Funktion grundlegender biologischer Phänomene fehlten, die in der Kunst eine wichtige Rolle spielen. So wurde bis vor wenigen Jahrzehnten nur ansatzweise verstanden, welchen Zweck auffällige und scheinbar nutzlose Merkmale wie die bunten Federn der Paradiesvögel erfüllen. Entsprechend rätselhaft blieb dann auch, warum Kunstwerke meist aufwändig gestaltet und luxuriös präsentiert werden (und unter welchen Umständen das Gegenteil der Fall sein kann). Darwins Selektionstheorie gab ja zunächst nur einen allgemeinen Rahmen vor und ließ viele Detailprobleme offen. Und so verging mehr als ein Jahrhundert, bis neue ergänzende Konzepte – vor allem das Handikap-Prinzip, die Theorie des erweiterten Phänotyps (extended phenotype) und das kognitionspsychologische Konzept des „Gedankenlesens" (theory of mind)[113] – eine der Komplexität der menschlichen Kunst angemessene evolutionsbiologische Analyse ermöglichten.

Die Versuche, der Kunst einen direkten biologischen Nutzen abzusprechen und sie als übernatürliches oder unerklärliches Phänomen, als nichtadaptiven Nebeneffekt, als Lusttechnologie oder als interesseloses Wohlgefallen zu deuten, haben aufschlussreiche Beobachtungen beigetragen, aber eine Erklärung für die Bedeutung, die der Kunst zugesprochen wird, und für den Aufwand, mit dem sie betrieben wird, konnten sie nicht geben.

Warum widmen „selbst die rohesten und armseligsten Stämme einen grossen Theil ihrer Zeit und ihrer Kraft der Kunst"? Für Ernst Grosse war es „gerade vom Standpunkte der modernen Wissenschaft aus völlig undenkbar, dass eine Function, für welche eine so gewaltige Kraftmenge aufgewendet wird, für die Erhaltung und die Entwicklung der socialen Organismen gleichgiltig sein sollte. Denn wenn die Energie, welche man dem ästhetischen Schaffen und Geniessen widmet, für die ernsten und wesentlichen Aufgaben des Lebens verloren, wenn die Kunst wirklich nur ein müssiges Spiel wäre; so müsste die Natürliche Zuchtwahl ohne Zweifel die Völker, welche ihre Kraft auf eine so unzweckmässige Weise vergeudeten, längst zu Gunsten von anderen praktischer beanlagten Völkern ausgemerzt haben".[114]

Wenn man sich vergegenwärtigt, welche Summen für Museen und Kunstwerke, für Opernhäuser und Theater, für Kino- und Fernsehfilme aufgewendet werden, welche Bedeutung Kunst für das Leben des Einzelnen haben kann, dass vielen Menschen ein Leben ohne sie nicht lebenswert erscheint, dann lässt sich ein wie auch immer gearteter Nutzen kaum von der Hand weisen. Und so spricht viel dafür, dass Kunst eine biologische Anpassung mit einem direkten Vorteil für die Künstler und Kunstliebhaber ist.

2 Wie funktionert Kunst?

Elemente der Kunst

Will man verstehen, wie ein komplexes System funktioniert, dann hat sich bewährt, es zunächst in einzelne Elemente zu zerlegen und diese getrennt zu untersuchen. In den Naturwissenschaften ist diese Methode eine unverzichtbare Voraussetzung für erfolgreiche Forschung. Der Bau und die Funktionen der verschiedenen Körperteile und Organe eines Lebewesens, seiner Zelltypen und chemischen Bestandteile, die Verhaltensweisen und physiologischen Reaktionen werden dabei jeweils für sich betrachtet. Ähnlich geht man in der Soziologie oder in der Geschichtswissenschaft vor, wenn man sich einzelnen Institutionen und gesellschaftlichen Bereichen wie der Wirtschaft, dem Rechtssystem, der Wissenschaft oder dem Handwerk zuwendet. Man hat diese Methode als reduktionistisch kritisiert, da sie zunächst vom Gesamtphänomen absieht. Die Analyse der einzelnen Teile muss aber nicht der letzte Schritt sein, sondern sie kann zu einem besseren Verständnis des Ganzen führen – eines Tieres, einer Maschine oder einer komplexen Verhaltensweise.

Im Folgenden werde ich einzelne Elemente der Kunst unterscheiden und getrennt diskutieren. Dabei lege ich die evolutionsbiologische Prämisse zugrunde, dass jedes komplexe Merkmal einen direkten oder indirekten biologischen Nutzen hat oder hatte. Da jeweils spezielle Aspekte im Vordergrund stehen, lassen sich auf diese Weise auch verschiedene biologische Prinzipien und Mechanismen erläutern, die für das Verständnis der Kunst grundlegend sind.

Es ist umstritten, was ein Kunstwerk ausmacht. In der Regel werden Gegenstände oder Verhaltensweisen aber nur als Kunst akzeptiert, wenn sie von Menschen ästhetisch bearbeitet wurden, keinen unmittelbaren lebenspraktischen Nutzen, aber eine erkennbare Bedeutung haben, Gefühle und Wünsche ansprechen und von einem Publikum anerkannt werden.

1) Die Form

- Viele Kunstwerke haben eine *eindrucksvolle Form*. Dieser Effekt lässt sich auf unterschiedliche Weise erreichen – durch Schönheit, aber auch durch Größe, Intensität oder Neuigkeit. In der Biologie dienen auffällige Signale der Abschreckung oder der Anlockung. Letzteres spielt in der *sexuellen*

Auslese durch Partnerwahl eine wichtige Rolle. Schönheit und Besonderheit dienen hier als Qualitätssignale.

- Kunstwerke haben in der Regel keinen unmittelbaren lebenspraktischen Nutzen, sondern sie stehen oft für *Luxus, Verschwendung und Wagnis*. Da es komplexe und zugleich nutzlose Merkmale und Verhaltensweisen in der Biologie auf Dauer nicht geben kann, wird es darauf ankommen, die verborgenen Zwecke der Kunst nachzuweisen. Für das Überleben und Wohlergehen der Organismen nutzlose, aber aufwändige Eigenschaften werden von der Evolutionsbiologie als Ehrlichkeitssignale mit dem *Handikap-Prinzip* erklärt.

2) Die Inhalte

Wie die Wissenschaft kann auch die Kunst alles zu ihrem Thema machen. Während die Wissenschaft die Wirklichkeit distanziert und neutral beschreibt und erklärt, werden in der Kunst Szenarien, Motivationen und Handlungsoptionen auf eine Weise dargestellt, die zur Einfühlung und zum Miterleben anregt. Dadurch thematisiert die Kunst immer auch Gefühle und Wünsche.

- Es wurde oft beschrieben, dass in der Kunst *Gefühle* dargestellt, verstärkt oder „gereinigt" werden. Damit ist sie eng an den biologischen *Lust-Unlust-Mechanismus* gekoppelt, der bei Tieren das Verhalten steuert.
- Werden Gefühle in die Zukunft projiziert, dann nehmen sie die Gestalt von *Wünschen und Phantasien* an. Phantasien ähneln Gedankenspielen und Tagträumen und kreisen oft, vielleicht immer, um eine Wunschvorstellung und ihre Verwirklichung. Wie im Traum, im Rausch und im biologisch angelegten *Spielverhalten* werden auch in der Kunst die Grenzen der Wirklichkeit und des Erlaubten überschritten.

3) Mechanismen und Wirkungen

- Als Kunst gelten nur Gegenstände oder Tätigkeiten, die *von Menschen absichtlich* hergestellt oder ausgeführt werden. Naturprodukte oder zufällig entstandene Dinge und Aktionen werden ausgeschlossen. Diese Abgrenzung zeigt, dass Kunstwerke und andere Artefakte auch Informationen über die Menschen vermitteln, die sie herstellen. Dementsprechend lassen sie sich aus evolutionsbiologischer Sicht als Signale verstehen, die Kriterien für die sexuelle bzw. soziale Wahl bereitstellen (*Fitnessindikatoren*).

- Mit der Kunst ist oft ein *Gemeinschaftserlebnis* verbunden und sie fehlt selten, wenn es darum geht, andere Formen der Geselligkeit – Feste, Kongresse, Sportveranstaltungen und Mahlzeiten – aufzuwerten. Dadurch erleichtert sie die Identifikation der Individuen mit den Werten und Zielen einer Gruppe und stabilisiert das *soziale Zusammenleben.*
- Ein Kunstwerk ist nicht nur ein Selbstgespräch des Künstlers, sondern ein an ein Publikum gerichtetes Signal, d. h. Kunst ist eine Form der Kommunikation, eine *spezielle Sprache*, die der Vermittlung und Speicherung emotionaler und sozialer Erfahrungen dient. Da die normale Sprache dies wegen ihrer Konzentration auf bewusste Inhalte nur unvollständig leisten kann, ist mit der Kunst eine eigene Sprache der Gefühle und Wünsche entstanden.
- Die Bedeutung eines Kunstwerks kann von allen Menschen intuitiv verstanden werden, wenn es sich um ein artspezifisches, biologisches Signal handelt. Wenn die Bedeutung durch *erlernte Symbole* vermittelt wird, ist sie nur den Mitgliedern der jeweiligen Kultur zugänglich. Indirekt entsteht so ein geschützter Raum, in dem sich neue Formen der Kunst entwickeln und entfalten können. Analog zur Entstehung getrennter biologischer Arten durch *räumliche Isolation* konnte sich so eine Vielfalt unterschiedlicher Stile herausbilden.

Wenn die Künste sowohl etwas mit Ästhetik, Luxus, Gefühlen und Phantasien zu tun haben als auch Können, Wissen und Gemeinsamkeiten vermitteln, dann muss eine evolutionsbiologische Theorie diese Aspekte erklären. Darüber hinaus muss sie zeigen, warum es zur engen Verbindung der verschiedenen Elemente kam. Warum beispielsweise hat es sich als vorteilhaft erwiesen, die menschliche Kommunikation über Gefühle und Wünsche ästhetisch zu bearbeiten?

Die Vielfalt der künstlerischen Wirkungen könnte die Vermutung nahelegen, dass die Kunst wie ein Schweizer Taschenmesser mehrere unabhängige Einzelfunktionen erfüllt. Alternativ dazu könnte es sich um ein komplexes Werkzeug handeln, bei dem die verschiedenen Einzelteile aufeinander abgestimmt sein und zusammenwirken müssen, um zu funktionieren. Wenn dies der Fall sein sollte, dann stellt sich die weitergehende Frage, worin der übergeordnete Nutzen dieses „Werkzeugs“, sein biologischer Zweck besteht.

Die eindrucksvolle Präsentation

Warum Kunst schön oder außergewöhnlich ist

Es „nährt sich das Verlangen,
über die unzulängliche, absurde Unterscheidung
von schön und häßlich, von wahr und falsch,
von gut und böse hinauszugelangen".
(André Breton, *Zweites Manifest des Surrealismus*, 1930)

Es gibt vielleicht nur einen Aspekt der Kunst, über den in den letzten Jahrzehnten ebenso erbittert gestritten wurde wie über ihre Beziehung zum Geld – dies ist ihr Verhältnis zur Schönheit. Für eine Weile schien die Diskussion zu einem vorläufigen Abschluss gekommen zu sein, mit dem Ergebnis, dass das Schöne in der Kunst, wenn überhaupt, nur noch eine untergeordnete Rolle spielt. Wir sind mit den „nicht mehr schönen" Künsten des 20. Jahrhunderts konfrontiert und es ist ein bevorzugter Leitsatz der Kunsthistoriker, dass in der Kunstgeschichte „das Wort ‚schön' gar nicht vorkommt".[115] Auch wenn man die Schönheit nicht gänzlich aus der Kunst verbannen möchte, sei die Identifikation des einen mit dem andern hinfällig geworden.[116] Dem kommt die Beobachtung der Kunsthistoriker entgegen, dass es Zeiten gab, in denen man zwischen Schönheit und Kunst keinen Zusammenhang sah. So wurden in der Antike theoretische Überlegungen sowohl zum Schönen als auch zur Kunst angestellt, aber die Themen wurden nicht miteinander verbunden.

Entsprechend gelten biologische Theorien, die auf der Bedeutung schöner Formen beharren, als uninformiert und ewig gestrig. Dieser Eindruck entstand, da Kunstobjekte in Schriften zur evolutionären Ästhetik als Zeugnisse eines universalen menschlichen Triebs, schöne Gegenstände herzustellen, angesehen wurden. Eigenschaften wie Ordnung, Symmetrie, Einheitlichkeit, rhythmische Wiederholung und bestimmte Proportionen (Goldener Schnitt) wurden noch betont, als diese in der Kunst schon keine Rolle mehr spielten.[117] Damit ging oft Unverständnis, Ablehnung, ja Feindseligkeit der modernen Kunst gegenüber einher.[118] Mittlerweile hat sich in der Evolutionsbiologie ein neues Verständnis von Ästhetik durchgesetzt, das verständlich macht, warum nicht nur harmonische und symmetrische Dinge unser Wohlgefallen und Interesse erregen, sondern manchmal auch das Gegenteil. Insofern könnte sich der Konflikt zwischen der Biologie und der Kunsttheorie über die Rolle der Schönheit in der Kunst erledigt haben. Ist dies der Fall?

Kunst als Verschönerung

Die Bezeichnung „schöne Künste“ für Malerei, Bildhauerei, Architektur, Musik und Literatur begann sich erst Mitte des 18. Jahrhunderts durchzusetzen; sie war Ausdruck der Bestrebung, sich von den mechanischen Künsten, d. h. vom reinen Handwerk, abzugrenzen.[119] In der Folge galten Schönheit und Kunst vielfach als so eng verbunden, dass die Ästhetik sowohl zur Wissenschaft vom Schönen als auch zur Wissenschaft von der Kunst wurde.

Die Forderung nach Schönheit in der Kunst wurde zum einen auf den *dargestellten Gegenstand* bezogen. Entsprechend sollten nur oder bevorzugt schöne Dinge gezeigt werden. Platon hielt dies aus erzieherischen Gründen für unabdingbar. Da die Kunst Vorbildcharakter habe, werde der Gesetzgeber die Dichter dazu zwingen, „in den Rhythmen die Bewegungen und in den Harmonien die Melodien der besonnenen und tapferen und in jeder Beziehung guten Männer darzustellen“.[120]

Die Beschränkung auf schöne und moralisch gute Inhalte war schon in der Antike umstritten. Aristoteles beispielsweise sah einen Vorteil der Kunst gerade darin, dass sie die Betrachtung emotional aufrüttelnder und angsterregender Dinge erträglich mache.[121] Dies ist der andere Aspekt von Schönheit in der Kunst: Im Prinzip lässt sich jeder Gegenstand und jeder Vorgang unabhängig von seinen Eigenschaften *ästhetisch bearbeiten*. Der Philosoph Johann Georg Sulzer hat dann vor mehr als zwei Jahrhunderten argumentiert, dass sich der Ursprung der Künste „am natürlichsten aus dem Hang, Dinge, die wir täglich brauchen, zu verschönern“ begreifen lässt.[122] Entsprechend wurde der Kunst die Aufgabe zugewiesen, die gesamte Lebenswelt nach ästhetischen Kriterien umzuformen, zu verschönern, zumindest aber erträglich zu gestalten.[123]

Auch in neueren Texten, die nicht mehr von einer „schönen“ Kunst sprechen wollen, wird zugestanden, dass hier ein hartnäckig aufrechterhaltenes Bedürfnis existiert. Die überwiegende Mehrzahl der Menschen verbindet „mit den Stichwörtern Kunst und Künstler die Aufgabe, ‚Schönes, Ästhetisches herzustellen; die Umwelt, unsere Städte menschlicher, schöner zu gestalten‘“.[124] Wie sehr dies auch Künstlern am Herzen liegt, von denen man es vielleicht nicht erwarten würde, enthüllt eine Anregung von Joseph Beuys. Dieser hatte im Jahr 1964 empfohlen, die Berliner Mauer aus ästhetischen Gründen um fünf Zentimeter zu erhöhen. Als Mitarbeiter des nordrhein-westfälischen Innenministeriums an diesem Vorschlag Anstoß nahmen, musste er sich umständlich rechtfertigen: „Die Betrachtung der Berliner Mauer aus einem Gesichtswinkel, der allein die Proportion dieses Bauwerks berücksichtigt, dürfte doch wohl erlaubt sein. […] Eine Mauer in sich ist sehr schön, wenn die Proportion stimmt".[125]

Wie auch immer man das Verhältnis von Schönheit und Kunst bestimmt, unbestreitbar ist, dass es sich um unterschiedliche Dinge handelt. Schönheit gibt es nicht nur in der Kunst sondern auch in der Natur und für einige Kunstrichtungen spielt Schönheit keine Rolle oder sie wird sogar ausdrücklich abgelehnt, indem man bewusst hässliche Kunstwerke produziert. Der Begriff des Schönen war „von Anfang an immer auch durch das charakterisiert […], was er ausschließt: das *Hässliche* als Negation des Schönen […], oder jene Begriffe, die […] mit dem Schönen konkurrieren und damit seine Geltung mehr oder weniger stark einschränken: das *Erhabene*, das *Charakteristische* oder das *Interessante*".[126] Was kann die Evolutionsbiologie zum Verständnis des komplexen Verhältnisses von Schönheit und Kunst beitragen?

Schönheit und Nützlichkeit

Charles Darwin hatte in seiner Theorie der natürlichen Auslese behauptet, dass sich Eigenschaften nur dann auf Dauer in der Evolution durchsetzen, wenn sie nützlich sind. Dies gilt auch für das Schönheitsempfinden. So hat der Zoologe Bernhard Rensch gezeigt, dass Affen und Rabenvögel im Experiment regelmäßige Formen unregelmäßigen und Symmetrie der Asymmetrie vorziehen. Der Anblick von Regelhaftigkeit und das Entdecken von Gesetzmäßigkeiten seien lustbetont, da sich Objekte und Vorgänge dadurch leichter erfassen und erinnern lassen.[127] Als schön werden auch Dinge und Verhaltensweisen empfunden, die biologische Vorteile versprechen. So ist ein symmetrischer Körperbau ein aussagekräftiges Anzeichen für Gesundheit und Leistungsfähigkeit und gilt aus diesem Grund als schön und begehrenswert.

Allgemein lassen sich bei Menschen angeborene Präferenzen für bestimmte sinnliche Reize nachweisen, die bestimmen, was als schön, wohlschmeckend oder angenehm empfunden wird und was nicht. Diese Vorlieben werden von der natürlichen Auslese für die jeweilige Lebensweise optimiert.[128] So werden durch das Aussehen, den Geruch und den Geschmack verschiedener Nahrungsmittel genetisch programmierte Gefühle von Appetit, Desinteresse oder Ekel ausgelöst. Während man Meerschweinchen mit frischen Kräutern begeistern kann, muss man Katzen etwas anderes bieten – am besten rohes Fleisch. „Alle Tiere sind also im Grunde ‚Ästheten'", formulierte der Philosoph Chris Buskes, „denn die Schönheitserfahrung wurzelt in der uralten biologischen Fähigkeit, Sinneseindrücke qualitativ zu bewerten".[129]

Auch bei Landschaften lassen sich kulturübergreifende Vorlieben nachweisen. Natürliche Umgebungen werden meist als schöner empfunden als städtische oder bäuerliche, wobei savannenähnliche Landschaften dichten Wäldern oder Wüsten vorgezogen werden. Menschen scheinen also genetische Präferenzen für geschwungenes Grasland mit Baum- und Felsgruppen und einzelnen Wasserläufen zu haben.[130] Die positiven Gefühle, die in solchen parkartigen Landschaften ausgelöst werden, werden durch die Ähnlichkeit mit dem ursprünglichen Lebensraum der Menschen in den Savannen Afrikas erklärt.

Was ist von der Ansicht zu halten, dass das menschliche Schönheitsempfinden subjektiv und ein zeitlich und kulturell höchst variables Phänomen ist? Aus Sicht der Evolutionsbiologie kann man dieser Aussage nur teilweise zustimmen. Es ist zwar richtig, dass „Schönheit im Auge des Betrachters liegt", aber eben dieses „Auge" ist in der Evolution entstanden.[131] Deshalb werden bestimmte Eigenschaften wie glatte Haut, symmetrische Gesichtsform und die typisch weiblichen bzw. männlichen Körperformen, die Gesundheit, Jugend und Reproduktionsfähigkeit signalisieren, in allen Kulturen als attraktiv empfunden. Auch bei anderen Tierarten gibt es artspezifische Signale, die Reaktionen des Begehrens auslösen. In einigen Fällen, wie bei bunten Federn, haben wir ein ähnliches Schönheitsempfinden. In anderen, wie bei manchen Geruchssignalen, fehlt uns das Sensorium. Und wieder andere, wie die grellroten, geschwollenen Genitalien mancher Affenarten, empfinden wir als hässlich.

Die Untersuchungen der Verhaltensforscher und evolutionären Psychologen haben zweifelsfrei belegt, dass das Schönheitsempfinden der Menschen wie andere Gefühle eng an das biologisch Nützliche gekoppelt ist. Entsprechend wird die Existenz angeborener ästhetischer Vorlieben beim Menschen kaum mehr bestritten: Die „Geometrie der Schönheit ist das sichtbare Signal adaptiv wertvoller Objekte: von sicheren, nahrungsreichen, erforschbaren, erlernbaren Lebensräumen und von fruchtbaren, gesunden Bekanntschaften, Partnern und Babys".[132]

Bei der Frage, wie die als schön empfundenen Merkmale entstehen, kann man zwei Gruppen unterscheiden: Solche, die gezielt für diesen Zweck gebildet werden, und andere, bei denen dies nicht der Fall ist. Zu Ersteren zählen bunte Früchte, mit denen Pflanzen Tiere anlocken, um die Verbreitung ihrer Samen zu fördern, und körperliche Merkmale, die sexuelles Begehren hervorrufen sollen. Beispiele für Letzteres sind das Grün der Pflanzen und Naturlandschaften.

Schönheit als Qualitätssignal

Einen bestimmten Typus der aktiv gebildeten Schönheitsmerkmale erklärte Darwin mit der *sexuellen Auslese*. Damit bezeichnete er die Tatsache, dass Tiere nicht nur überleben, sondern auch Sexualpartner finden und von sich überzeugen müssen. Wird die sexuelle Konkurrenz durch körperlichen Kampf entschieden, setzen sich Gene durch, die ihren Trägern Eigenschaften wie Kraft, Gewandtheit und Aggressivität verleihen. Aus diesem Grund sind die Männchen bei Tierarten, bei denen diese Strategie vorherrscht, meist größer als die Weibchen: So kommt ein Silberrücken bei den Gorillas auf das doppelte Gewicht, bei den nördlichen Seebären wiegen die Männchen sogar fünfmal mehr als die Weibchen.

Was geschieht bei Arten, bei denen ein Geschlecht, d. h. meist, aber nicht immer die Weibchen, sich den Fortpflanzungspartner aussuchen kann? Darwin war überzeugt, dass die Weibchen dann bestimmte Eigenschaften der Männchen bevorzugen und es so zur Evolution dieser Merkmale kommt. Er konnte aber keine befriedigende Erklärung dafür geben, *welche Eigenschaften* als schön und begehrenswert empfunden werden und sprach von „Schönheit um der Schönheit Willen".[133]

Grundsätzlich sollten Tiere bei der Partnerwahl ein Interesse an guten Genen haben, denn schließlich hängt ihr biologischer Erfolg nicht nur von der Zahl der Nachkommen ab, sondern auch von deren Qualität. Zunächst werden sie also nach direkten Anzeichen für überlebensdienliche Eigenschaften wie Kraft, Intelligenz und Gesundheit suchen und gut genährte und lebenskräftige Partner bevorzugen. Entsprechend konkurrieren die Bewerber, indem sie in unterschiedlicher Weise auf ihre Qualitäten aufmerksam machen – durch Gesang, schönes Aussehen, kunstvolle Nester, wertvolle Geschenke oder aufwändige Balzrituale. Diese Präsentationen dienen dann dem anderen Geschlecht als Grundlage für die Partnerwahl. Dabei muss keineswegs der Stärkste bevorzugt werden, sondern es kann sich auch um den Elegantesten, den Intelligentesten, den Fürsorglichsten, den Fleißigsten oder den Schönsten handeln. Bei wechselseitiger Partnerwahl wie beim Menschen gilt Entsprechendes auch für die Wahl der Männer.

Was aber haben ein verschwenderischer Federschmuck oder lauter Gesang mit guten Genen zu tun? Die Antwort ist, dass die sexuelle Wahl wie ein Markt mit Angebot und Nachfrage funktioniert, bei der es nicht nur auf die Qualität der Produkte, sondern auch auf geschicktes Marketing ankommt. Insofern handelt es sich beim spektakulären Aussehen und Verhalten der Männchen vieler Tierarten um nichts anderes als um Werbung für ein Produkt – die Gene seiner Träger. Wie der Zoologe Desmond Morris demonstriert hat, gibt es beim Menschen keine einzige sichtbare Stelle des weiblichen Körpers, die nicht im Dienste der Werbung für die Qualitäten ihrer Besitzerin steht.[134] Entsprechendes lässt sich auch über den Körper der Männer sagen, da Menschen eine der Tierarten sind, bei denen beide Geschlechter eine sorgfältige Wahl der Partner vornehmen.[135]

An welchen Kennzeichen lassen sich die genetischen Qualitäten eines potentiellen Sexualpartners ablesen? Im Prinzip eignen sich dafür alle wahrnehmbaren Eigenschaften an der Oberfläche des Körpers wie Haare, Augen, Zähne, aber auch die Stimme und nicht zuletzt die Eleganz und Kraft der Bewegungen. Da der Körper und das Verhalten eines Individuums auch Ausdruck seiner Gene ist, kann (und muss) ein Tier oder Mensch bei der Partnerwahl von diesen sichtbaren Merkmalen, vom so genannten Phänotyp, ausgehen.

Das Bemühen um Schönheit ist aber nicht auf den Körper und seine Bewegungen beschränkt, sondern es gilt auch den von Menschen hergestellten Dingen, ihren Werkzeugen, Bekleidungen und Häusern. Und nicht zuletzt gilt es den Geschichten, Liedern und Bildern, mit denen die Künstler um Aufmerksamkeit werben. Warum aber werden Gegenstände ästhetisch bearbeitet, warum kann es überhaupt *Kunstobjekte* geben (und nicht nur darstellende Künste wie Tanz oder Gesang)? Eine Antwort gibt die Theorie des erweiterten Phänotyps.

Das erweiterte Ich und der Zwang zur ästhetischen Bearbeitung

Den Organismus, wie er zu einem bestimmten Zeitpunkt als Resultat der Gene (des Genotyps) und der Umweltbedingungen existiert, nennt man in der Biologie den Phänotyp. Richard Dawkins hat nun argumentiert, dass es neben dem Körper und dem Verhalten eines Organismus noch eine ganze Reihe weiterer Dinge gibt, die von seinen Genen beeinflusst werden.[136] Dies gilt beispielsweise für alles, was ein Tier herstellt, für ein Vogelnest ebenso wie für den Damm eines Bibers und für den Bau eines Maulwurfs.

Auf Menschen übertragen bedeutet dies, dass es auch ein Ausdruck ihrer Gene ist, wenn ein Schreiner ein hochwertiges Bücherregal baut, ein Künstler ein interessantes Bild malt oder ein Anwalt einen überzeugenden Schriftsatz verfasst. Für alle Dinge, die zusätzlich zum Körper und seinen unmittelbaren Funktionen (dem Phänotyp) von den Genen eines Organismus beeinflusst werden, prägte Dawkins den Begriff „erweiterter Phänotyp". Bei Menschen kann man den erweiterten Phänotyp auch als „erweiterte Person" oder „erweitertes Ich“ bezeichnen. Der Tisch, das Bild, der Schriftsatz und das Buch gehören also zum erweiterten Ich des Schreiners, Künstlers, Anwalts und Schriftstellers.[137] Dies gilt auch für Gefühle und Gedanken, und zwar in dem Moment, in dem diese von anderen Personen wahrgenommen werden.

Sobald Dinge oder Handlungen Rückschlüsse auf die (genetischen) Qualitäten ihrer Produzenten zulassen, müssen sie in ähnlicher Weise wie der Körper gepflegt und präsentiert werden. *Letztlich muss deshalb alles, was einem Menschen zugeordnet werden kann, ästhetisch bearbeitet werden.*[138]

Der biologische Zwang zur ästhetischen Bearbeitung „verdammt“ auch die Kunst dazu, „dem Seienden und Bestehenden einen Zuspruch zu spenden“ und damit zur „Lobpreisung“ auch der hässlichen Aspekte der Realität zu werden.[139] Er kann aber auch befreiend sein, wenn er von der Scham für einen als hässlich empfundenen Körper oder für verbotene Wünsche entlastet. Dies erklärt den Erfolg von Bildern wie *Ilona's asshole* (1991) aus der Serie „Made in Heaven“, in denen Jeff Koons die Bildsprache der Pornographie aufgreift. Ein anderes, noch extremeres Beispiel für die Tendenz der Kunst, im Prinzip alles veredeln zu können, war das Projekt *Merda d'artista* (*Künstlerscheiße*) (1961) des italienischen Konzeptkünstlers Piero Manzoni.

Selbst diejenigen Aspekte der Umwelt werden als erweitertes Ich erlebt, für die die eigenen Gene nur sehr bedingt verantwortlich sind. Wenn Menschen sich für die Bausünden ihrer Stadt schämen, wenn sie stolz auf ihre Geschichte und Besonderheiten sind, dann heißt dies nichts anderes, als dass sie in ihnen einen Ausdruck ihres erweiterten Ichs sehen. Dieser Abgleich zwischen der Umgebung und dem Selbstbild des Individuums erfolgt unbewusst und ist mit starken Gefühlen verbunden. So erinnert sich der Erzähler in Leo Tolstois *Der Schneesturm* im Halbschlaf an einen Moment früheren Glücks: „Ich gehe zum Teich, an meine Lieblingsstelle zwischen den Heckenrosen und der Birkenallee, und lege mich schlafen. […] Alles um mich her war so schön, und diese Schönheit wirkte auf mich so stark ein, daß es mir schien, ich sei auch selbst schön und gut; das einzige, was mich ärgerte, war, daß mich niemand bewunderte.“[140]

Wenn die evolutionsbiologische Theorie Recht hat, dann ist die ästhetische Bearbeitung unausweichlich, sobald eine beliebige Eigenschaft oder Sache für andere Menschen wahrnehmbar ist und einer Person zugeordnet werden kann. Ist dies nicht Fall, wird sie zum überflüssigen Aufwand und entfällt. Wie schnell dann sicher geglaubte soziale Umgangsformen verschwinden, lässt sich in anonymen Internetforen beobachten, die sich in teils atemberaubender Primitivität und Gehässigkeit gefallen. Wie eine neuere Untersuchung zeigt, ist der rapide Verfall moralischer und ästhetischer Ansprüche direkt an die mangelnde Wiedererkennbarkeit der Akteure gekoppelt.[141]

Der Zwang zur ästhetischen Bearbeitung spielt nicht nur in der sexuellen Partnerwahl eine Rolle. Auch in allen anderen, gemeinsam gestalteten Lebensbereichen kommt es auf die richtige Auswahl der Partner an. Insofern sind Sexualität und Fortpflanzung nur zwei Möglichkeiten der Kooperation und die sexuelle Wahl ist ein Spezialfall der sozialen Wahl.[142] Schöne Kleidung, Schmuck, ein großes Haus oder ein flottes Auto dienen also auch der sexuellen Attraktivität, aber diese Signale sind zudem an viele andere Personen gerichtet, mit denen man in Kontakt kommt.

Die moderne Kunst – ein Gegenbeispiel?

Wenn es einen biologischen Zwang zur ästhetischen Bearbeitung gibt, dann muss dies auch für die Kunst gelten. Wie kann es dann sein, dass Schönheit in der modernen Kunst nur eine untergeordnete Bedeutung hat? Hier spielen mehrere Faktoren eine Rolle. Zum einen kann das Überangebot an billiger Schönheit und an einfallslosen Harmonien, denen wir in den Massenmedien, in Zeitschriften und im Radio tagtäglich ausgesetzt sind, zu Überdruss führen und einen schalen Geschmack hinterlassen. Es ist wie beim Essen, wenn unser biologisch höchst sinnvoller Appetit auf süße Speisen durch überzuckerte Massenware überfordert wird und sich ins Gegenteil verkehrt. Insofern kann die moderne Kunst mit musikalischen und visuellen Disharmonien einen willkommenen Ausgleich bieten. Und sie kann sich Lebensbereichen zuwenden, die ansonsten ausgeblendet werden, wie Krankheit, Alter und Tod.

Eine zweite Antwort ist, dass Schönheit im Sinne von Symmetrie oder Proportion aus evolutionsbiologischer Perspektive kein Selbstzweck ist, sondern durch andere Signale für genetische Qualität wie Einfallsreichtum, Originalität und Mut ersetzt werden kann.[143] Diese Eigenschaften stehen besonders im Vordergrund, wenn ein eindrucksvolles Äußeres nicht der Anlockung, sondern der Abschreckung und Einschüchterung dienen soll. Biologische Beispiele sind grelle Warnfarben oder laute Geräusche. Analog dazu können fratzenhafte Objekte oder ohrenbetäubende Gesänge Abwehr- und Aggressionsbereitschaft signalisieren. In Kriegssituationen spielen diese Formen der

Kunst von alters her eine wichtige Rolle und gerade neuere militärische Geräte wie Hubschrauber oder Geländewagen werden offensichtlich gezielt im Sinne maximaler Hässlichkeit designt. Auch dies ist eine Möglichkeit der ästhetischen Bearbeitung. In der klassischen Kunsttheorie wäre sie wohl dem „Erhabenen" zugerechnet worden.

Und schließlich können die kommerziellen Schwesterbereiche der Kunst – Werbung, Design, Medien – auf enorme materielle und personelle Ressourcen zugreifen. Popart-Künstler wie Andy Warhol, Mel Ramos und Roy Lichtenstein reagierten auf diese Situation, indem sie die Motive und Ästhetik der Waren- und Medienwelt übernahmen und weiterentwickelten. Andere Künstler erprobten neue Nischen: das Einfache, das Experimentelle, das Provokative und das Abstoßende. Insofern war der Verlust des Monopols der Kunst auf Schönheit auch eine Chance, Bereiche der Ästhetik ausloten, in die sich die kommerzielle Schönheitsindustrie nicht vorwagen wollte oder konnte.

Und doch scheinen bei modernen Künstlern und Kunsttheoretikern Enttäuschung und Trauer zu überwiegen, denn die übertriebene, kategorische Ablehnung der Schönheit legt den Verdacht nahe, dass dieser Rückzug nicht allzu freiwillig geschah. Und so gilt für das Verschwinden des Schönen vielleicht, was Adorno über dasjenige der Farbe anmerkte: „Das Schwarz und Grau neuer Kunst, ihre Askese gegen die Farbe ist negativ deren Apotheose [Vergöttlichung]."[144]

Wenn die Evolutionsbiologie Recht hat, dann lassen sich biologisch angelegte Wünsche nicht einfach zum Verschwinden bringen, sondern sie werden sich früher oder später auf oft unerwartete Weise wieder manifestieren. Dies musste der Unternehmer und Kunstsammler Karl Ströher erfahren, der im Jahr 1969 einen Vertrag mit Joseph Beuys über den Ankauf zahlreicher seiner Werke geschlossen hatte. Heute sind sie als Beuys-Block im Hessischen Landesmuseum Darmstadt zu sehen sind. Ströhers Mäzenatentum war nicht ganz unriskant, da er einen Imageschaden für sein Wella-Unternehmen befürchtete: „Kunden und auch Mitarbeiter könnten verärgert werden, weil ‚soviel gutes Geld für diese häßliche Kunst verschwendet worden sei'."[145] Man hat diese ablehnende Haltung, teilweise sicher zu Recht, als Ausdruck kleinbürgerlicher Engstirnigkeit gesehen. Nichtsdestoweniger muss sich jede Kunsttheorie mit der Tatsache auseinandersetzen, dass die Forderung nach einer Verschönerung aller Lebensbereiche so hartnäckig vertreten wird.

Interessanterweise ist es in der zeitgenössischen Kunst mittlerweile zu einer Renaissance der Schönheit gekommen, obwohl doch alles, was an sie erinnerte, tabuisiert und endgültig begraben zu sein schien. Glaubt man Tobias Meyer, der als Auktionator und Direktor für zeitgenössische Kunst bei

Sotheby's den hochpreisigen Kunstmarkt wie kaum ein anderer kennt, so gibt es diese Renaissance tatsächlich: „Die zeitgenössische Kunst war ja immer sehr billig. Warum? Weil sie nicht gemocht wurde vom reichen Bürgertum. [...] Von 1863 an machen die Künstler Dinge, die von der Bourgeoisie nicht mehr verstanden werden. [...] Das macht Duchamp, im Endeffekt macht das auch Beuys: Der ‚Fettstuhl' von 1964 ist ja genau das, was die Bourgeoisie nicht sehen kann – und eine kleine Gruppe von Sammlern kauft, für wenig Geld. [...] Um 1995 beginnt ein gesellschaftlicher Umbruch. [...] jetzt sieht die zeitgenössische Kunst eben anders aus – toll, nett, kreativ, freundlich."[146] Da die Bilder den betuchten Käufern nun wieder gefallen, werden zur Freude der Künstler, Auktionshäuser und Galeristen entsprechend hohe Preise erzielt.

Dass das Konzept der Schönheit sich keineswegs erledigt hat, wird auch deutlich, wenn man ein weiteres Verständnis von Kunst zugrunde legt. Die moderne Kunsttheorie lässt oft nur als Kunst gelten, was die Kunstwelt (die professionellen Kritiker, die Museen und Sammler) als solche anerkennt; historisch und soziologisch ist dies erklärbar, aber sachlich? Warum verstehen sich die Studenten einer Kunstakademie als Künstler, während sich der *creative director* einer Werbeagentur nicht so nennen darf? Da die Evolutionsbiologie gerade nicht selbst Partei sein will, wird sie auch andere Bereiche einbeziehen, die sich mit der ästhetischen Bearbeitung unserer Lebenswelt beschäftigen, beispielsweise mit der Werbung oder mit der Herstellung von Düften.[147] In diesen Lebensbereichen wird die Ästhetik des menschlichen Körpers aber auf hohem Niveau und mit unverkennbarem Willen zur Schönheit zelebriert.

Der Appetit des Publikums scheint in dieser Hinsicht jedenfalls unerschöpflich zu sein, wie der Literaturwissenschaftler Winfried Menninghaus konstatierte: „Heutige Zeitgenossen scheinen dem Versprechen der Schönheit enthusiastischer ergeben zu sein als je ein idealistischer Ästhetiker. Aufwendungen für Schönheitsvermehrung haben ungeahnte Höhen erreicht. [...] Die kulturelle Entfesselung von Schönheitskonsum und Schönheitsarbeit ist eine bestimmende Signatur der Gegenwart".[148]

Die Theorie der sexuellen Auslese erklärt, warum Menschen und andere Tiere auf das Aussehen ihres Körpers Wert legen, warum sie ihn pflegen, schmücken und elegant bewegen. Dabei erweist sich Schönheit als Spezialfall eines allgemeineren Prinzips – des qualitativ Hochwertigen. Das Prinzip des erweiterten Phänotyps wiederum macht verständlich, warum die Aufmerksamkeit nicht nur dem Körper und seinen Bewegungen gilt, sondern auch künstlich zusammengetragenen Verzierungen und Statussymbolen.

Schmuck, Werkzeuge, Kleidung und nicht zuletzt Kunstwerke werden so zu außerkörperlichen Organen, die nach Bedarf für spezifische Einsätze genutzt und danach abgelegt werden können.

Muss Kunst schön sein? Aus evolutionsbiologischer Sicht ist Schönheit im Sinne von Symmetrie, Proportion oder Farbigkeit nicht unter allen Umständen ein Qualitätssignal und damit attraktiv. Dies ist nur der Fall, wenn sie schwierig herzustellen ist und auf diese Weise Talent und Vitalität beweist. Ist dies nicht der Fall, können andere Kriterien wie Originalität und Ausdruckskraft an die Stelle der Schönheit treten.

Warum Kunst teuer und verschwenderisch sein muss

In „der Natur herrscht nicht die Nothlage, sondern der Ueberfluss, die Verschwendung, sogar bis in's Unsinnige."
(Friedrich Nietzsche, *Die fröhliche Wissenschaft*, 1882)

Die These, dass Kunst keinen praktischen Nutzen hat, wird so häufig und so energisch vertreten, dass sie ernst genommen werden sollte. Kunst sei eine der „Erfindungen des Luxus", wie es bei Friedrich Schiller heißt.[149] Ihr einziger Sinn und Zweck soll darin bestehen, Vergnügen zu bereiten. Bei einer ganzen Reihe von Kunstwerken wird die Nutzlosigkeit noch auf die Spitze getrieben, indem sie so kostspielig und aufwändig wie nur irgend möglich gestaltet werden. Dadurch heben sie sich von den Dingen des täglichen Lebens ab und erregen Aufmerksamkeit.[150] Ein aktuelles Beispiel ist die immer bombastischer werdende Feuerwerkskunst, die zum Jahreswechsel und bei anderen Festivitäten mit spektakulären Effekten aufwartet und deren unbestreitbare Ästhetik die moralisierende Kritik an der Verschwendungslust als sauertöpfisches Mäkeln erscheinen lässt. Es scheint, als gewinne die Kunst ihre Fähigkeit, Lust zu spenden, zu einem wesentlichen Teil aus ihrer Kostspieligkeit und ihren verschwenderischen Zügen.

Gerade die neueren Entwicklungen auf dem Kunstmarkt bestätigen dies eindrucksvoll. Selbst Kenner stehen fassungs- und ratlos vor den astronomischen Summen, die auf Auktionen für Werke klassischer und moderner Kunst gezahlt werden. Diese wechseln mittlerweile so häufig für zweistellige Millionenbeträge ihre Eigentümer, dass es nur noch einer Nachricht wert ist, wenn ein neuer Rekordpreis erzielt wird. Und so ist von einem „Hype" die

Rede und man befürchtet oder erhofft, dass die Kunst-Blase platzen wird, wie dies in den letzten Jahren beim Neuen Markt oder bei Immobilien zu beobachten war. Der Kunstmarkt sei zum Tummelplatz der Superreichen und professionellen Spieler geworden, die auf Kunstwerke wie auf Rennpferde wetten und ihren obszönen Reichtum zur Schau stellen.[151]

Wirklich neu ist all dies nicht, wie die prunkvollen Kult- und Repräsentationsbauten früherer Jahrhunderte ebenso belegen wie die Klagen über die Verschwendungssucht des Klerus und der Fürsten. Wie immer man diese Entwicklung aus politischer Sicht bewertet, eines ist unverkennbar: Kunst hat die Tendenz, teuer zu sein. Warum ist dies so?

Handikaps und teure Signale

Wenn man die vielfältigen Schönheitsmerkmale beim Menschen ebenso wie die farbenprächtigen Federn mancher Vögel als Qualitätssignale auffasst, die Kriterien für die Partnerwahl bereitstellen, dann bleibt eine Frage offen: Warum haben sich so extreme und für das andere Geschlecht so kostspielige Vorlieben entwickelt? Warum wird bei der Partnerwahl so großer Wert auf Merkmale gelegt, die für das Überleben eher hinderlich als nützlich sind?

Eine überzeugende Erklärung fand Amotz Zahavi in den 1970er Jahren mit dem „Handikap-Prinzip".[152] Er wies darauf hin, dass ein Tier oder ein Mensch bei der Partnerwahl vor dem Problem steht, dass die Signale, mit denen ein Individuum auf seine Qualitäten aufmerksam macht, trügerisch sein können. So können Männchen durch ein gesträubtes Fell oder eine dichte Mähne Kraft vorspielen. Andere täuschen durch forsches Gebaren Mut und Durchsetzungskraft vor, obwohl sie bei der geringsten Gefahr die Flucht ergreifen. Bei der sexuellen Auswahl kommt es aber darauf an, zuverlässige Indikatoren für den genetischen Status des potenziellen Partners zu finden.

Zahavi argumentierte nun, dass extravagante Präsentationen notwendig sind, weil die Demonstration der körperlichen und geistigen Leistungsfähigkeit nur dann verlässlich ist, wenn sie schwierig und aufwändig ist. Nur bei teuren Signalen ergeben sich Unterschiede zwischen den Individuen und aussagekräftige Kriterien für die Partnerwahl. Wobei mit „teuer" nicht nur materieller bzw. finanzieller Aufwand gemeint ist, sondern auch Risiken für Gesundheit und Leben und nicht zuletzt wertvolle Lebenszeit, die beispielsweise für das Üben eines Musikinstruments aufgewendet wird.

Das Handikap-Prinzip macht verständlich, warum gerade die nicht unmittelbar nützlichen Luxusbildungen aller Art so attraktiv sind: Weil sie Lebenskraft und einen Überschuss an Ressourcen in fälschungssicherer Weise demonstrieren. Frauen werden die Männer bevorzugen, die sich wirklich in Gefahr begeben, gesundheitsschädliches Verhalten überstehen oder großen Aufwand treiben. So ist die Gefahr nicht nur ein unverzichtbares Element diverser Sportarten wie Motorradfahren, Bergsteigen oder Drachenfliegen, sondern auch Teil der Faszination, die gesundheitsschädliches Verhalten wie Rauchen, Drogenkonsum und exzessiver Alkoholgenuss für Jugendliche hat. Und Männer werden diejenigen Frauen bevorzugen, die aufwendige Merkmale aufweisen – glatte Haut, symmetrischen Körperbau oder dichte Haare beispielsweise.[153]

In diesem Sinne lassen sich auch die Kriterien für Kunst und Ästhetik verstehen, die der Kunsttheoretiker Nelson Goodman vorschlug: Vier seiner fünf „Symptome" – syntaktische und semantische Dichte, relative syntaktische Fülle und multiple und komplexe Bezugnahme – zeichnen sich dadurch aus, dass sie auf „feinste Unterschiede" und eine Vielfalt von Anspielungen abheben, also technisch schwierig sind.[154]

Das Handikap-Prinzip erklärt auch die Verachtung von Kitsch, d.h. des Versuchs, wertvolle und teure Dinge auf eine billige Weise zu imitieren.[155] Sobald der Kitsch seinerseits aufwändig und teuer nachgeahmt wird, wie in den riesigen bunten Tulpen und Pudeln aus Stahl von Jeffs Koons, gilt er wieder als Kunst. Es genügt also nicht, dass Objekte schön sind – dies wird auch im Kitsch erreicht –, sondern sie müssen zudem teuer sein. Der Soziologe Thorstein Veblen hatte schon Ende des 19. Jahrhunderts darauf hingewiesen, das Schönheit und Kostspieligkeit psychologisch eng verknüpft sind und dass „die größere Befriedigung, die aus dem Gebrauch und der Betrachtung von teuren und angeblich schönen Dingen herrührt, allgemein in hohem Maße eine Befriedigung unseres Gefühls der Kostspieligkeit ist, die sich unter dem Namen der Schönheit maskiert".[156] Damit ein Objekt unseren Sinn für Schönheit anspricht, muss es also sowohl schön als auch kostspielig oder selten sein.

Wie kritisch das Problem der ehrlichen Signale bei der Partnerwahl ist, lässt sich daran erkennen, dass diese oft mit gravierenden Nachteilen einhergehen. Es handelt sich also um einen Kompromiss zwischen der Überlebenstauglichkeit und der Fälschungssicherheit eines Merkmals. Für eine Frau mag es zwar gleichgültig sein, ob ein Mann durch eine riskante Mutprobe sein Leben verliert, solange andere damit überleben können – wenn sie aber einen der risikofreudigen Männer wählt, erhöht sich die Wahrscheinlichkeit, dass auch ihre Söhne dieses Verhalten zeigen und entsprechend gefährlich leben.

Sexualität und Fortpflanzung sind grundlegende, aber nicht die einzigen Formen der Zusammenarbeit zwischen Menschen. Je nach Lebensbereich werden sich die gewünschten Eigenschaften unterscheiden, aber da aussagekräftige Signale generell wichtig sind, ist das Handikap-Prinzip über den Bereich der Sexualität hinaus für jede Art der Kooperation relevant. So dient riskantes Verhalten bei Männern oft in erster Linie dem Ansehen in einer Gruppe gleichgeschlechtlicher Freunde.[157] Das Handikap-Prinzip lässt sich also in der Weise erweitern, dass eine schwierige und aufwändige Präsentation nicht nur sexuelle Attraktivität, sondern die allgemeinen Qualitäten als Kooperationspartner beweisen soll. Insofern spielt die Selbstdarstellung mit Hilfe ästhetischer, d. h. aufwändiger Dinge und Handlungen nicht nur beim sexuellen Werbeverhalten eine große Rolle. Sie machen eine Person auch zum wertvollen Handelspartner und Verbündeten.

In Verbindung mit der Theorie des erweiterten Phänotyps erklärt das Handikap-Prinzip, warum Menschen sich mit Dingen umgeben, die keinen unmittelbar lebenspraktischen Nutzen haben – warum sie Verschwendung als lustvoll erleben. Prototypen dieser schwierig zu beschaffenden Dinge sind Kunst, Schmuck und Luxusgegenstände im Allgemeinen. Das mit ihrer Herstellung, ihrem Besitz und Gebrauch verbundene Lustgefühl ist ein Indiz, dass es sich um richtiges Verhalten im Sinne der Gene handelt.

Die Parasitentheorie der Readymades

Dem Handikap-Prinzip zufolge werden sich auf Dauer nur Signale durchsetzen, die schwierig zu erzeugen, aufwändig und teuer sind, da sie weniger leicht vorgetäuscht werden können. Dieser Aussage scheint ein Typus moderner Kunstwerke zu widersprechen: Wenig bearbeitete Alltagsgegenstände, die so genannten Readymades, für die Marcel Duchamp zufolge gilt: „Keine Schönheit, keine Hässlichkeit, nichts besonders Ästhetisches daran".[158]

Beim Übergang vom Gebrauchsgegenstand zum Kunstwerk verschwindet der eventuell vorhandene ursprüngliche Nutzen und das Objekt erhält eine neue Bedeutung: Aus dem Urinal wird ein Kunstobjekt. Die Readymades entsprechen also dem Handikap-Prinzip insoweit, als sie für das tägliche Leben nicht mehr unmittelbar nützlich sind. Gefordert wird aber mehr: Kunstwerke sollen nicht nur „nutzlos", sondern schwierig zu produzieren sein, Luxus, Verschwendung und Wagnis signalisieren. Diese weitergehende Erwartung scheinen die Readymades gerade nicht zu erfüllen. Lässt sich dieser Widerspruch auflösen?

Seit Duchamps ursprünglicher Idee, einen handelsüblichen *Flaschentrockner* (1914) bzw. ein Urinal (*Fontaine*, 1917) zu Kunst zu erklären, ist fast ein Jahrhundert vergangen. Noch heute fasziniert dieser Zaubertrick und er wird dem verblüfften Publikum mit leichten Nuancen immer wieder aufs Neue vorgeführt. So wurde Ende des Jahres 2011 auf der Kunstmesse *Frieze Art* in London eine Luxusjacht ausgestellt. Potenzielle Käufer wurden vor die Wahl gestellt, die Jacht entweder als Boot für 65 Millionen Euro oder als Kunstwerk mit dem Titel *The finest art on water* für 75 Millionen Euro zu erwerben. Der Unterschied bestand nur darin, dass sie beim Erwerb der Jacht als Kunstwerk ein Zertifikat des Künstlers Christian Jankowski erhielten und das Recht, sie nach ihm zu benennen. Im Unterschied zu Duchamps Objekten ist die Jacht zwar als solche wertvoll, durch ihre Verwandlung in ein Kunstobjekt soll aber eine zusätzliche Wertsteigerung von 10 Millionen Euro erzielt werden. Wie lässt sich der zusätzliche Wert der Readymades und anderer moderner Kunstobjekte erklären, die zu ihrer Herstellung nur wenig Aufwand erfordern und leicht nachgemacht werden können?

Wie der Kunsttheoretiker Hans Zitko dargelegt hat, erfordern wertlose oder wenig bearbeitete Gegenstände wie die Readymades *spezielle Rahmenbedingungen*, beispielsweise besondere Formen der Präsentation, die erst erkennen lassen, dass es sich um Kunst handelt. Aus diesem Grund machen Museen für moderne Kunst so regelmäßig durch spektakuläre Architektur auf sich aufmerksam. Ein ähnlicher Effekt lässt sich erzielen, wenn die Readymades zusammen mit Kunstwerken gezeigt werden, die nach klassischen Qualitätskriterien hergestellt wurden. Insofern ist das Readymade „im Grunde selbst nur unter der Bedingung der gleichzeitigen Präsenz seiner Antipoden im Ausstellungssystem überlebensfähig".[159] Readymades sind also gewissermaßen „Parasiten", die von dem Ansehen leben, das durch die jahrhundertelange Arbeit an klassischen Kunstwerken aufgebaut wurde.

Das Missverhältnis zwischen dem Wert des Readymades und seinen Produktionskosten besteht also nur, solange man die Herstellung des materiellen Gegenstands durch den Künstler isoliert betrachtet. Wenn man die Readymades und Kunstwerke allgemein aber mit Pierre Bourdieu als „Produkt eines ungeheuren Unternehmens der symbolischen Alchimie" sieht, mit einem „ganzen Gefolge von Kommentaren und Kommentatoren", die zur Produktion beitragen, und die Kosten der Präsentation in einem Kunstmuseum oder in einer Galerie einbezieht, sieht das Verhältnis ganz anders aus.[160]

Ihr historisches Vorbild haben diese Phänomene in der spektakulären Architektur von Kirchenbauten und in den dort präsentierten aufwändigen Gemälden und Kultgegenständen, die den Rahmen abgeben, ohne den der Wert, der den eigentlich zentralen Gegenständen wie Hostien und Reliquien zugesprochen wird, nicht erkennbar wäre. In gewisser Weise imitiert und karikiert die moderne Kunst hier die religiöse Magie.[161] Der reale Luxus der Kultbauten soll die Echtheit anderer, sehr viel billigerer Signale bezeugen. So stehen die Produktionskosten einer weniger als einen Cent kostenden dünnen Teigplatte (einer Oblate) in keinem Verhältnis zu dem ihr zugeschriebenen Wert: Sie soll durch den magischen Akt der Wandlung zum Wertvollsten überhaupt werden, zum Fleisch eines Gottes. Der Wert entsteht auch hier durch den argumentativen Aufwand, der jahrhundertelang betrieben wurde, um dieses Missverhältnis zu kaschieren, und durch die luxuriöse Präsentation.

Ähnliche Phänomene lassen sich bei Aktien, zuletzt beim Neuen Markt, beobachten. Auch hier wurden überzogene und unrealistische Erwartungen geschürt, ohne dass dem ein realer Gegenwert entsprochen hätte. Beim Platzen der Börsenblase im März 2000 wurden dann vor allem die Werte vernichtet, die zuvor in einer Art Wunschmagie erzeugt worden waren. Aber auch hier gab es realen Aufwand: Mit enormen Werbebudgets wurden die Kunden von der Realisierbarkeit der Hoffnungen und von der Echtheit der versprochenen Werte überzeugt. Insofern widersprechen die Readymades der evolutionsbiologischen Theorie gerade nicht: Sie sind zwar nicht handwerklich schwierig herzustellen, erfordern aber einen umso größeren Aufwand der Präsentation und der Rechtfertigung.[162]

Die bisher genannten Elemente der Kunst – die qualitativ hochwertige und kostspielige Form – lassen sich auch bei anderen Tieren nachweisen. Dies spricht dafür, dass die menschliche Kunst in dieser Hinsicht auf biologisch angelegten Verhaltensmustern aufbaut: *Schönheit, Außergewöhnlichkeit, Verschwendung und Luxus sollen die genetischen Qualitäten ihrer Produzenten bzw. Eigentümer beweisen.* Wer immer den Preis für ein teures Signal bezahlt, wird mit seinem Prestige belohnt. Dies kann, muss aber nicht der Künstler bzw. der Architekt sein, sondern es kann auch der Sammler bzw. der Bauherr sein.

Muss Kunst teuer sein? Kunstwerke sind Signale, mit denen Menschen ihre Talente und Ressourcen demonstrieren. Je aufwändiger sie herzustellen sind und je mehr sie sich der lebenspraktischen Nützlichkeit verweigern, umso aussagekräftiger ist das Signal. Von der Evolutionsbiologie wird die Existenz von Luxus, Verschwendung und Wagnis in der Natur und in der Kunst also keineswegs geleugnet, sondern als biologische Notwendigkeit erklärt.

Die Existenz scheinbar nutzloser, aber auffälliger Ornamente und Handlungen lässt sich nur umständlich und unvollkommen durch die natürliche Auslese oder als funktionsloser Nebeneffekt erklären. Andererseits handelt es sich um genau den Typus von Eigenschaften, die zu erwarten sind, wenn es bei einer Tierart sexuelle Wahl gibt. Menschen und andere Tiere legen auf das Aussehen ihres Körpers Wert, sie schmücken ihn, bewegen sich elegant und demonstrieren andere außergewöhnliche Fähigkeiten, weil sie werben müssen. Dies gilt auch für Kunstwerke.[163]

Kunstwerke sind aber mehr als Ornamente und Schmuck. Sie zeichnen sich durch mehr aus als durch eine schöne, interessante und aufwändige Gestaltung – sie vermitteln auch Inhalte. Im Gegensatz zu reinen sexuellen Signalen wollen sie durch ihre wertvolle Form nicht nur für die Person des Künstlers werben, sondern auch für die Dinge, von denen sie erzählen. In diesem Sinne sind alle Kunstwerke Propaganda. Wovon wollen sie überzeugen?

Das Forum der Phantasien

Warum wir eine Sprache der Gefühle brauchen

„Wie die Wissenschaft unser intellectuales Leben ...,
so bereichert und erhöht die Kunst unser emotionales Leben;
Kunst und Wissenschaft sind die beiden mächtigsten Mittel
zur Erziehung des Menschengeschlechtes."
(Ernst Grosse, *Die Anfänge der Kunst*, 1894)

Gefühle sind das vielleicht allgemeinste Thema der Kunst. Dies wurde schon in der Antike von Platon betont (und scharf kritisiert): Malerei und Dichtung fördern den unvernünftigen, emotionalen Teil unserer Seele und befreunden „sich mit diesem zu nichts Gesundem und Wahrem".[164] Indem die Kunst an die Leidenschaften der Menschen appelliert, untergräbt sie die Herrschaft der Vernunft und erschwert es, tugendhaft zu leben und der Wahrheit nachzustreben. Nur wenige spätere Autoren sind Platons harscher Kritik gefolgt; das Misstrauen aber blieb. Und die Beobachtung, dass die Kunst Gefühle anspricht, wurde weithin akzeptiert.[165]

In letzter Konsequenz galten Leidenschaften und Emotionen nicht nur als eines unter vielen möglichen Themen der Kunst, sondern als das sie letztlich charakterisierende Element. In diesem Sinne definierte Leo Tolstoi die Kunst als die Übertragung von Gefühlen vom Künstler auf das Publikum: „Die verschiedenartigsten Gefühle, sehr starke und sehr schwache, sehr bedeutende und sehr geringe, sehr schlechte und sehr gute bilden den Gegenstand der Kunst […]. Sobald die Zuschauer, die Zuhörer von demselben Gefühl, das der Dichter empfunden hat, angesteckt werden, ist dies Kunst."[166] Dies ist sicher zu einseitig. Zum einen ist nicht jede in Gesellschaft erzählte, bewegende Geschichte notwendigerweise Kunst. Zum anderen gibt es Kunstwerke, die gerade nicht an Gefühle appellieren, sondern abstrakte Ideen thematisieren und philosophische, moralische oder politische Einsichten vermitteln wollen.

Die Verfrostung der Künste

Für die Bühne sollte dies Bertolt Brechts episches Theater leisten. Es sollte gerade nicht Einfühlung und Illusionen erzeugen, sondern diese stören, Leidenschaftslosigkeit und Distanz zum Stück und seinen Darstellern herstellen. Als Mittel dienten Verfremdungseffekte, indem die Handlung beispielsweise durch Kommentare oder Lieder unterbrochen wurde. In diesem Zusammenhang zitierte Brecht Darwin, der angemerkt hatte: „Wenn wir irgendein tiefes Gefühl miterleben, wird unser Mitgefühl so stark erregt, dass genaue Beobachtung vergessen oder fast unmöglich wird."[167] Hier, so fuhr Brecht fort, habe der „Künstler einzusetzen und selbst Zustände tiefster Erregung so zu gestalten, daß der ‚Zeuge', der Zuschauer, fähig bleibt, zu beobachten".[168]

Die Gefühle spielen bei Brecht eine zentrale, wenn auch ambivalente Rolle: Wie Platon betrachtet er sie mit Misstrauen und ist bestrebt, sie zu kontrollieren, da sie den verborgenen Interessen der Herrschenden dienen können. Die Verfremdungseffekte bringen die Emotionen aber nicht zum Verschwinden, sondern es werden „Emotionen anderer Art als die des üblichen Theaters" erregt. Und man kann sicher geteilter Meinung sein, ob es Brecht in Stücken wie *Mutter Courage und ihre Kinder* oder das *Leben des Galilei* gelingt, die Zuschauer von der Einfühlung in die Bühnenfiguren abzuhalten. Die vielfältigen Verfremdungstechniken, die nötig sind, um „die Neigung des Publikums, sich in eine solche Illusion zu werfen"[169], zu neutralisieren, belegen, wie schwierig dies ist.

Insofern kann man in Brechts epischem Theater eine indirekte Anerkennung der Macht der Gefühle in der Kunst sehen. Dies gilt auch für die in den 1960er Jahren entstandene Konzeptkunst, die eher gedanklich als sinnlich wirken, eher eine intellektuelle Erkenntnis als ein emotionales Erlebnis bie-

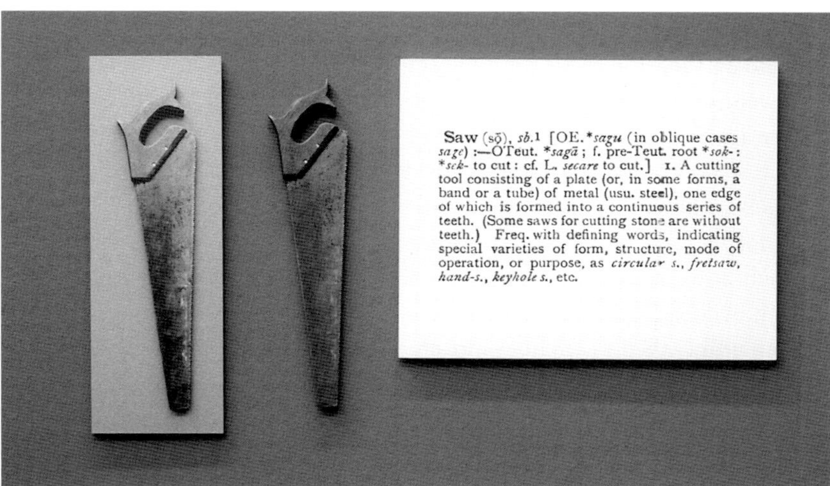

Abb. 4: Joseph Kosuth war einer der Begründer der Konzeptkunst. *One and three saws* (1965) zeigt eine beliebige Säge, ein Foto dieser Säge und die Definition des Wortes „Säge" aus einem Lexikon. Dadurch sollen die Beziehungen zwischen einem Gegenstand und seiner sprachlichen bzw. bildlichen Beschreibung thematisiert werden.

ten will. Selbst wenn Künstler eine Handlung, einen Gegenstand, eine Person, eine Landschaft oder eine Idee neutral abbilden, können sie kaum verhindern, dass ihre Nachahmungen eine emotionale Färbung annehmen. Dies gilt auch für demonstrative Gefühlskälte, die durchaus starke Emotionen hervorrufen kann, wie die teils hitzigen Debatten um einzelne Werke der Konzeptkunst belegen.

Kunstwerke, in denen Leidenschaften keine Rolle spielen, die keine emotional bewegende Geschichte erzählen oder die sich ausschließlich auf abstrakte Ideen konzentrieren, sind Ausnahmen von der Regel geblieben. Und sie leben vom Kontrast zur industriell produzierten Gefühlskunst der populären Musik, Literatur, Filmkunst und Werbung. Durch ihre Seltenheit dokumentieren sie, was die Philosophen und Kunsthistoriker seit jeher beobachtet haben: In der Kunst spielen Gefühle eine so zentrale Rolle, dass sie sich als die Sprache der Gefühle definieren lässt.

In besonderem Maße gilt dies für die Musik. Eine Melodie, schrieb Schopenhauer, „malt jede Regung, jedes Streben, jede Bewegung des Willens, alles Das, was die Vernunft unter den weiten und negativen Begriff Gefühl zusammenfaßt und nicht weiter in ihre Abstraktionen aufnehmen kann. Daher auch hat es immer geheißen, die Musik sei die Sprache des Gefühls und der Leidenschaft, so wie Worte die Sprache der Vernunft".[170]

Der Widerstreit der Emotionen

Aus biologischer Sicht ist die Existenz mehrerer Typen von Sprache nicht ungewöhnlich. Üblicherweise wird nur die Kommunikation mit Hilfe von Lauten als Sprache bezeichnet. Damit ist sie aber nur ein Spezialfall eines extrem weit verbreiteten biologischen Phänomens. Der menschliche Körper beispielsweise könnte nicht existieren, wenn die einzelnen Zellen nicht ständig Informationen austauschen würden. Ihre Kommunikation beruht hauptsächlich auf chemischen Botenstoffen; ähnlich organisieren Ameisen ihre Staaten. Andere Tiere verwenden visuelle Signale – Körperhaltungen, Bewegungen und Farben –, um über ihre emotionalen Zustände und Absichten zu informieren.

Das Signal trägt eine Information, die wahr oder falsch sein und sowohl zur Zusammenarbeit auffordern als auch zur Abschreckung und Einschüchterung dienen kann. Damit soll das Verhalten eines anderen Lebewesens, das nicht unbedingt der eigenen sozialen Gruppe oder Art angehören muss, beeinflusst werden. Aus der Tatsache, dass bei einer Tierart visuelle Signale im Vordergrund stehen, folgt nicht, dass Laute, Berührungen, Gerüche, Geschmack und andere Formen der Kommunikation keine Rolle spielen, sondern die verschiedenen „Sprachen“ überlagern, verstärken und relativieren sich, so dass ein komplexes Gesamtsignal entsteht.

Dies gilt auch für die Kunst. Ihr besonderer Reiz kann darin bestehen, mehrere „Sprachen“ mit ihren jeweils einzigartigen Qualitäten gleichzeitig zur Geltung zu bringen und so die simultane Darstellung sich ausschließender Affekte zu ermöglichen.[171] Die Überlagerung verschiedener künstlerischer Ausdrucksformen wie Musik und Rede ermöglicht eine Mehrdeutigkeit, die den Widerstreit der Gefühle und Wünsche im Individuum und in einer Gemeinschaft abbildet und verstehbar macht. Beispiele sind das Theater mit Rede und Bühnenbild und im Besonderen natürlich die Oper, die mit der Musik noch eine weitere Dimension einbezieht. Da die evolutionär alten Künste des Tanzes und der Musik die Emotionen in tiefer und unmittelbarer Weise aussprechen, können sie in einen spannungsvollen Kontrast zu kulturell vermittelten, symbolischen Kommunikationsformen wie der gesprochen Sprache treten.[172]

Wenn die Kurtisane Violetta im zweiten Akt von Giuseppe Verdis *La Traviata* in bewegenden Worten beklagt, dass sie ihren geliebten Alfredo verlassen muss, dann erzählt die Musik, dass dies nicht die ganze Wahrheit ist. Zunächst zögerlich, dann immer vernehmlicher mischen sich auch heitere Töne in ihre Klage, die sich bis zur Euphorie steigern und von den Verheißungen der Freiheit und von der Rückkehr in den Kreis ihrer Freunde künden. Eindrucksvoller kam man den Zwiespalt der Gefühle im Herzen jedes Menschen kaum auf die Bühne bringen. Die Perfektion, zu der die Oper das Spiel mit emotionalen Ambivalenzen entwickelt hat, erklärt die bleibende Faszination dieser Kunstgattung, der die neuere Film- und Tonproduktion trotz aller technischen Möglichkeiten bislang wenig entgegenzusetzen vermochte.

Die Schule der Leidenschaften

Während Platon die aufputschende Wirkung der Kunst betonte und kritisierte, hat sein großer Gegenspieler, Aristoteles, auf ihren gegenteiligen Effekt hingewiesen. Musik, Tanz und Dichtung können Emotionen nicht nur verstärken, sondern auch abschwächen. Durch eine Entladung der Gefühle soll es gleichsam zu einer medizinischen „Reinigung“ (katharsis) kommen.[173] Die emotional neutralisierende Wirkung der Kunst stand dann bei Arthur Schopenhauer ganz im Vordergrund. Im Gegensatz zu Aristoteles ging er davon aus, dass der beruhigende Effekt nicht auf dem Ausagieren von Gefühlen, sondern auf ihrer Relativierung durch eine höhere Form der Erkenntnis beruht. Da Gefühle und Wünsche immer nur kurzfristig befriedigt werden können und eine stete Quelle des Leidens sind, entsteht durch ihre Abwesenheit automatisch ein Gefühl der Erleichterung.[174] Für Schopenhauer ermöglicht die Kunst also eine tiefere Selbsterkenntnis, die von quälenden Emotionen befreit. Dies gelingt aber, wie er bedauernd feststellt, immer nur für kurze Zeit. Aus biologischer Sicht muss dies so sein, denn Gefühllosigkeit ist mit dem Leben eines Tieres unvereinbar.

Emotionen beeinflussen unser Verhalten. Sie stellen sicher, dass Menschen und andere Tiere für ihr individuelles Wohlergehen und ihre Fortpflanzung sorgen, indem sie ihnen sagen, welches Verhalten richtig, welches falsch ist. Schmerzen und andere Formen von Unwohlsein sind Signale, die davor warnen, sich in Gefahr zu bringen oder zu schädigen. Wie wichtig dies ist, zeigt das Beispiel von Menschen, die keinen Schmerz empfinden. Diese genetische Erkrankung kommt sehr selten vor und Individuen, die unter ihr leiden, sterben meist vor dem 30. Lebensjahr. Ähnliches gilt für seelische Schmerzen, für Angst, Trauer, Verzweiflung und Depression. Auch hierbei handelt es sich um biologische Warnsignale, die uns zeigen, dass wir uns in einer Situation befinden, die unseren Interessen bzw. denen unserer Gene zuwiderläuft. Wie machtvoll der Lust-Unlust-Mechanismus ist, zeigt sich beim Atmen, das man selbst bei größter Willensanstrengung nur für wenige Minuten unterdrücken kann. Etwas länger ist die Leine der Gefühle beim Hunger, noch etwas länger bei sexuellen Bedürfnissen. Wie wenig demgegenüber die Macht der Vernunft auszurichten vermag, wurde oft beschrieben und beklagt.

Eines aber erhoffte man sich von der Kunst trotz alledem: Wenn sie die Gefühle schon nicht dauerhaft zum Verschwinden oder unter Kontrolle bringen kann, dann soll sie zumindest erzieherisch wirken.[175] Eine große Rolle spielte die Erziehung der Leidenschaften durch Kunst bei Friedrich Schiller. Im Theater – heute würde man sagen: im Fernsehen und im Kino – sollen dem Volk „richtigere Begriffe, geläuterte Grundsätze, reinere Gefühle“ vermittelt werden: „der Nebel der Barbarei, des finstern Aberglaubens verschwindet, die Nacht weicht dem siegenden Licht“.[176]

Nicht zuletzt soll Kunst daran gewöhnen, negative Gefühle wie Angst, Aggression, Hass und Neid „in richtiger Weise empfinden zu können“. Dazu muss sie sich den Grausamkeiten, Widrigkeiten und Banalitäten des Lebens zuwenden. Man denke nur an die mit großer Liebe zum Detail ausgearbeiteten Folterszenen auf gotischen Altarbildern, an die Bilder Francisco de Goyas aus dem spanischen Unabhängigkeitskrieg, an Edgar Allen Poes Erzählun-

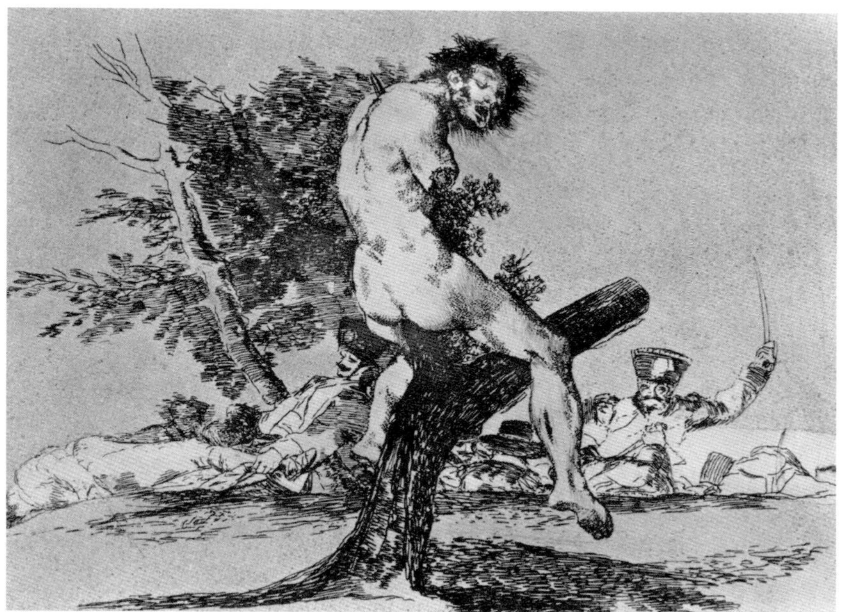

Abb. 5: Francisco de Goya: *Desastres de la Guerra* (Schrecken des Krieges), Blatt 37 (1810–1814)

gen, an Shakespeares *Macbeth*, an die Objektkunst von Edward Kienholz und an moderne Horrorfilme.[177]

Aus biologischer Sicht kann dies eine zweckmäßige Strategie sein. Wenn Angst, Aggression und andere negative Gefühle Warnsignale sind, dann kann ihre „richtige Empfindung" sinnvoll sein, um auf Situationen des Unrechts und der Erniedrigung angemessen reagieren zu können. Wenn die eindringliche Beschreibung der fast lückenlosen Überwachung und geistigen Bevormundung der Hauptfigur Winston Smith in George Orwells Roman *1984* dazu führt, dass die Leser auf ähnliche aktuelle Entwicklungen emotional stärker ansprechen, so kann man dies als einen erwünschten Effekt sehen.

Gedankenlesen

Durch Kunst lassen sich gezielt Gefühle hervorrufen. Insofern ist sie ein neutraler Ansteckungsmechanismus, der wie jedes andere Werkzeug nützlich sein, aber auch Schaden anrichten kann. Aber warum kann sie diese Wirkung haben? Evolutionsbiologisch wird dies mit der Machiavelli'sche-Intelligenz-Hypothese erklärt (nach dem Renaissance-Gelehrten Niccolo Machiavelli). Diese besagt, dass Menschen ihre außergewöhnlichen geistigen Begabungen bei Auseinandersetzungen innerhalb der Jäger- und Sammler-Gruppen oder beim Kampf zwischen den Gruppen erworben haben, also bei Interessenkonflikten zwischen Menschen.[178]

Als soziale Tiere sind Menschen mit Sexualpartnern und Konkurrenten, Verbündeten und Feinden konfrontiert, die eine ähnliche Intelligenz aufweisen wie sie selbst. Um in einer solchen Umwelt überleben und sich fortpflanzen zu können, müssen sie das Verhalten der Gruppenmitglieder richtig einschätzen und voraussehen – sie müssen psychologisches Gespür haben. Menschen haben nicht nur die Fähigkeit, die Gedanken und Gefühle anderer zu „lesen", sondern es ist ihnen ein instinktives Bedürfnis. Besonders gut funktioniert dies, wenn man sich in andere Menschen hineinversetzt und sich mit ihnen identifiziert. Schon Kinder simulieren in ihren Spielen und Phantasien die Perspektiven anderer Personen.[179]

Seit einigen Jahren ist man den hirnphysiologischen Voraussetzungen dieser Fähigkeit auf der Spur. Bei Menschen und anderen Primaten gibt es spezielle Nervenzellen, die so genannten Spiegelneurone, die beim Betrachten eines Vorganges das gleiche Aktivitätsmuster aufweisen, wie wenn das Individuum die Handlung selbst ausführt. Dadurch wird es möglich, sich in andere Personen einzufühlen, sie als Schauspieler darzustellen, als Zuschauer mitzuleiden und sich mitzufreuen.[180]

Nimmt man diese Beobachtungen ernst, dann kann Kunst Gefühle verstärken, abreagieren, neutralisieren und erziehen. Das einzige, was ihr offensichtlich schwerfällt, ist auf Emotionen zu verzichten. Im Gegensatz zur wissenschaftlichen Psychologie beschreibt und analysiert sie die Gefühle nicht sachlich und neutral, sondern sie werden ästhetisch aufbereitet und in einer Weise dargestellt, die sie nacherlebbar macht.[181] Auf diese Weise beeinflusst Kunst unsere Gefühle durch emotionale Informationen, während die Wissenschaft unser Denken durch sachliche Informationen bereichert.

Aus biologischer Sicht stellt sich die Frage, warum mit der Kunst in der Evolution eine spezielle Sprache entstanden ist, mit der sich Menschen vorwiegend über ihre Gefühle verständigen. Warum lässt sich dies nicht oder nur unvollständig durch die normale Rede erreichen? Und warum muss diese spezielle Sprache besondere ästhetische Eigenschaften aufweisen, während dies bei sachlichen Informationen, in der Wissenschaft und im Alltag, so nicht der Fall ist?

Welche Rolle spielen Gefühle in der Kunst? Weil das Verhalten der Menschen überwiegend von ihren Emotionen gesteuert wird, lässt es sich auch am effektivsten auf diesem Weg beeinflussen. Deshalb wird es keine Gemeinschaft geben, die darauf verzichtet, die Leidenschaften der Menschen zu beeinflussen und in die gewünschten Bahnen zu lenken. Dies leistet die Kunst in einzigartiger Weise, indem sie zur Einfühlung und zum Miterleben anregt.

Warum die Wirklichkeit nicht genug ist

„Denn ein Historiker und ein Dichter unterscheiden sich nicht darin, dass sie mit oder ohne Versmaß schreiben ..., der Unterschied liegt vielmehr darin, dass der eine darstellt, was geschehen ist, der andere dagegen, was geschehen müsste."
(Aristoteles, *Poetik*)

Nicht jede Phantasie ist Kunst, aber es gibt wohl kein Kunstwerk, das nicht auch davon erzählen würde, was geschehen könnte.[182] Naturalistische Theaterstücke oder veristische Opern wie die *Cavalleria rusticana* von Pietro Mascagni oder Giacomo Puccinis *La Bohème* sind allein schon durch die dramatische Zuspitzung alles andere als reine Nachahmungen. Auch hyperrealistische Gemälde oder Kunstfotografien sind keine einfache Wiedergabe der Wirklichkeit, sondern sie verfremden diese auf subtile Weise: „In jedem genuinen Kunstwerk", schrieb Adorno, „erscheint etwas, was es nicht gibt".[183]

Mit diesem „Etwas" ist aber nur das absolute Minimum bezeichnet. In vielen Romanen, Theaterstücken und Filmen sind phantastische Elemente ein unverzichtbarer und tragender Teil der Handlung. Dies wird als so selbstverständlich und unproblematisch empfunden, dass es keiner besonderen Erwähnung wert erscheint, wenn Shakespeare oder Goethe in ihren Dramen, Mozart, Wagner und Verdi in ihren Opern Hexen, Teufel, Geister, Götter und andere Fabelwesen auftreten lassen.

Eine „künstliche Welt" zu schaffen, in der „wir die wirkliche hinweg" träumen, war für Friedrich Schiller die vielleicht wichtigste Aufgabe der Kunst.[184] Charles Baudelaire ließ den Liebhaber von Bildern „in einer Zauberwelt der Träume" leben.[185] Und für Darwin war die „Einbildungskraft" (imagination) „eines der höchsten Privilegien des Menschen. Durch diese Fähigkeit verbindet er unabhängig vom [bewußten] Willen frühere Bilder und Ideen und schafft so großartige und neue Ergebnisse". In Anlehnung an den Dichter Jean Paul sprach er vom Traum als einer „unwillkürlichen Kunst der Dichtung" und vermutete, dass Säugetiere und Vögel „eine gewisse Einbildungskraft besitzen", da sie alle Anzeichen für „lebhafte Träume" zeigen.[186]

> Indem die Kunst die Grenzen der Wirklichkeit durchbricht, kann sie die edelsten und kühnsten, aber auch die abwegigsten Wunschvorstellungen darstellen, organisieren, bündeln und aufbewahren. Kunst ist aber nicht nur Phantasie, sondern sie ist ästhetisch bearbeitete Phantasie. Und sie ist nicht nur ein privater Tagtraum, sondern sie ist Teil des kulturellen Erbes. *Insofern lassen sich Kunstwerke als ästhetisch bearbeitete, gemeinschaftliche Phantasien verstehen.*

Warum aber wird die Wunschwelt in dieser einzigartigen Weise kollektiv verherrlicht, warum gibt es Kunst? Eine erste Antwort habe ich bereits gegeben: Alles, was einer Person zugeordnet und von anderen Menschen wahrgenommen werden kann, muss gestaltet werden. Als Teil des erweiterten Phänotyps repräsentieren die körperlichen und geistigen Eigenschaften das Individuum und seine Gene und unterliegen deshalb dem Zwang zur ästhetischen Bearbeitung. Für Wünsche gilt dies in besonderem Maß, da sie den Kern der Identität eines Menschen ausmachen.

Obwohl also zu erwarten ist, dass Phantasien ansprechend präsentiert werden, ist es trotz alledem beeindruckend zu beobachten, mit welcher Hingabe dies geschieht. Durch die lebenspraktische Bedeutung allein ist dies nicht zu erklären, da beispielsweise in der Wissenschaft, die ebenso wichtig für das Wohlergehen ist, ästhetische Ansprüche eine sehr viel geringere Rolle spielen. Warum haben die Menschen mit der Kunst spezielle Arten der Darstellung geschaffen, um ihre Phantasien besonders aufwändig, schön und interessant zu gestalten?

Die bessere Welt

Wenn die Kunst Phantasien darstellt, wird sie zur Verheißung, zum Vorboten und zum Ersatz einer besseren Wirklichkeit. Wie aber sieht diese andere, bessere Welt aus? Für Jean-Jacques Rousseau war es die ursprüngliche Natur und entsprechend scharf hat er die deformierenden Aspekte der Zivilisation gegeißelt.[187] Die bessere Welt kann aber auch die historische Vergangenheit sein, wie in der Renaissance oder im Klassizismus, als man sich an der Antike orientierte. Und nicht zuletzt lassen sich Hoffnungen in fremde Länder oder in die Zukunft projizieren, wie dies in unzähligen Utopien und Science-Fiction-Abenteuern geschieht.

Die Vielfalt der künstlerischen Phantasien, die alle Grenzen des Raumes, der Zeit und der Kausalität sprengt, kann darüber hinwegtäuschen, dass die Zahl der Themen begrenzt ist. In evolutionsbiologisch inspirierten Arbeiten hat man Mythen, Romane, Dramen, Filme, Gedichte und Erzählungen nach inhaltlichen Kriterien untersucht. Im Ergebnis zeigte sich, dass in erster Linie soziale Konflikte und individuelle Lebenskonzepte behandelt werden, deren biologische Relevanz unmittelbar einleuchtet, wie bei Geschichten des Verrats und der Liebe.[188] Folgt man beispielsweise den Wandlungen des *Faust*- und des *Don-Juan*-Stoffes durch die Jahrhunderte, dann kann man sich des Eindrucks kaum erwehren, dass es Themen gibt, die in der Natur des Menschen angelegt sind.[189]

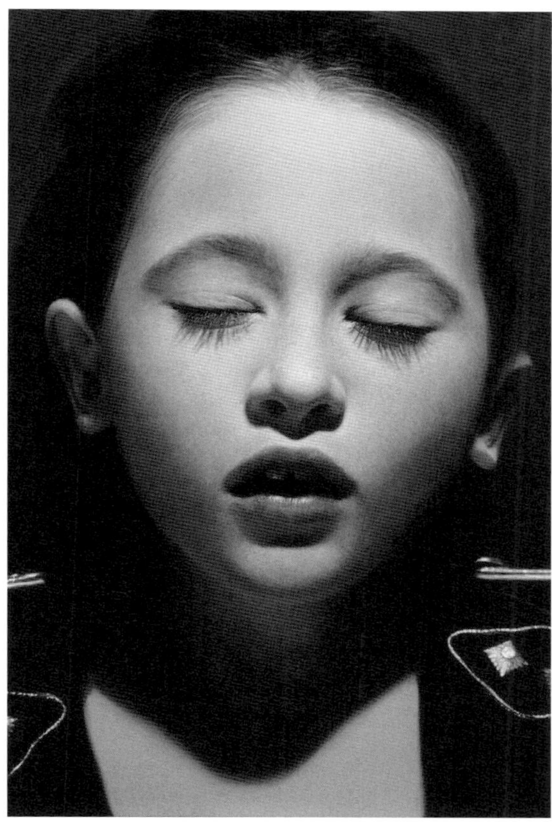

Abb. 6: Auch die äußerst detailtreuen Gemälde des Hyperrealismus verfremden die Wirklichkeit auf subtile Weise. Gottfried Helnwein: *The Murmur of the Innocents 19* (2010). Öl und Acryl auf Leinwand, 162 x 111 cm

Insofern haben die in der Kunst dargestellten imaginären Welten meist mehr mit der Realität zu tun, als dies auf ersten Blick den Anschein hat. Auch religiöse Wundergeschichten, Fantasy und Science Fiction behandeln unter einer phantastischen Oberfläche die bekannten Dramen und Schicksale des Menschseins, reflektieren Normen und Werte und führen zur Einübung in soziales Verhalten. Dies gilt nicht nur für die Erzeugnisse der Trivialliteratur, für Arztromane und Soap operas, sondern auch für Opern, Theaterstücke und Weltliteratur.

„Jeden Tag führt die Gesellschaft […] neue Magier ein, erprobt neue Riten und hört neue Märchen, die immer die gleichen sind“, schrieb der Ethnologe Marcel Mauss.[190] Aus evolutionsbiologischer Sicht ist dies zu erwarten, da Wünsche nicht beliebig sind und Menschen nur bestimmte Lebensentwürfe als sinnvoll erleben, andere dagegen nicht. Chronische Schmerzen, hoffnungsloses Elend oder soziale Missachtung etwa gehören nicht dazu. Jede biologische Art hat einen genetisch determinierten Lebenszyklus, der in den individuellen Schicksalen modifiziert und gestört, aber nicht grundlegend verändert werden kann. Menschen sind hier keine Ausnahme. Entsprechend lässt sich die „Natur des Menschen“ als eine Reihe charakteristischer Fähigkeiten, Verhaltensweisen und Entwicklungen verstehen, die im Rahmen des menschlichen Lebenszyklus ihren Sinn gewinnen.[191] Die Kunst stellt diese in jedem Menschen vorhandenen, aber oft verschütteten biologischen Neigungen dar, macht sie teilweise bewusst und wertet sie durch eine aufwändige Gestaltung auf.

Wenn Kunstwerke Ausdruck der in der Natur des Menschen angelegten Wünsche sind, dann sollten positive Bilder bevorzugt dargestellt werden. Was aber ist mit Alpträumen und Ängsten, mit Tragödien und Horrorfilmen? Dies ist insofern kein Widerspruch, als Phantasien an der realen Situation, am echten Mangel und an den daraus entspringenden Bedürfnissen anknüpfen müssen, um ihren Zweck zu erfüllen. Gerade in Geschichten, die eine Rettung aus hoffnungsloser oder verzweifelter Lage zum Thema haben, steht die Wunscherfüllung ganz im Vordergrund. Dies gilt für traditionelle wie für moderne Märchen, für Telenovelas wie für Actionfilme und Weltuntergangsszenarien.[192]

Der Streit um die Ziele

Um als Ausdruck kollektiver Wunschphantasien dienen zu können, muss die Kunst zwei Hürden überwinden: Zum einen sind Auseinandersetzungen darüber, *welche Lebensziele* dargestellt werden, unausweichlich. Da es in jeder

Gemeinschaft unterschiedliche Interessen gibt, wird es zum Streit darüber kommen, welche Phantasien sich durchsetzen. Aus biologischer Sicht stellt schon das „Festlegen eines gemeinsamen Ziels an sich ein Koordinationsproblem dar, das spezifische Formen der Kommunikation erfordert".[193] Da das Ergebnis auch eine Frage von Ressourcen und Macht ist, kann man erwarten, dass die herrschenden Phantasien überwiegend die Phantasien der Herrschenden sind.[194]

Die Möglichkeit der Auswahl und Manipulation der Phantasien in Verbindung mit ihrer Wirkung auf die Leidenschaften der Menschen macht Kunst im positiven wie negativen Sinn zu einem höchst effektiven Instrument der Propaganda. Populäre Romane, Spielfilme, Serien und Popmusik, die vom Radio und im Fernsehen verbreitet werden, sind auch als „Lockspeise des Guten" konzipiert, wie es bei Johann Georg Sulzer heißt: „Durch die Vorsorge einer weisen Politik werden sie die vornehmsten Werkzeuge zur Glükseligkeit der Menschen."[195] So würden ihre Auftraggeber und Produzenten dies gerne sehen und so kann man es sehen, wenn man davon ausgeht, dass wir in der besten und gerechtesten aller denkbaren Welten leben. Dass sich trefflich darüber streiten lässt, wie gut die Welt im Allgemeinen und die menschliche Gesellschaft im Besonderen eingerichtet sind, hat schon der französische Aufklärer Voltaire in seinem Roman *Candide oder der Optimismus* demonstriert.

Und so lässt sich kaum in Zweifel ziehen, dass die Kunst in den falschen Händen zu einem Instrument der Unterdrückung und der Lüge werden kann. Man sollte in diesem Zusammenhang nicht nur an berüchtigte Hetzfilme wie *Jud Süß* denken, an die Gewalt- und Kriegspropaganda aktueller Actionserien und -filme wie *The Expendables* und *A-Team* oder an Ego-Shooter-Computerspiele wie *Doom*, bei denen es darauf ankommt, möglichst viele Gegner in realistischen Spielwelten zu eliminieren. Dies gilt auch für Opern- und Theaterinszenierungen, für Romane und Lieder, die bestimmte Sichtweisen auf die Welt fördern, andere jedoch ausblenden.

Wenn Kunst die Sprache ist, in der sich Menschen über ihre Gefühle und Wünsche austauschen, dann werden diese Vorlieben und Abneigungen auch die Auseinandersetzungen darüber prägen, was gute Kunst und was Kunst überhaupt ist. Formale Qualitäten spielen auch eine Rolle, aber es fällt schwer, ein handwerklich gut gemachtes Kunstwerk, dessen Inhalt dem Betrachter nicht zusagt, wertzuschätzen. Dies erklärt die Heftigkeit, mit der Fragen des Geschmacks oft diskutiert werden. Teilt man die ästhetisch bearbeiteten Gefühle eines anderen Menschen oder einer anderen Kultur nicht, so kann die Reaktion im Extremfall Abscheu sein. Der Sieg oder die Dominanz einer als fremd empfundenen Kunst wird dann als allgemeine Kulturzerstörung empfunden.

So glaubte der Zoologe Bernhard Rensch in den 1970er Jahren für „weite Kreise von Kunstinteressierten“ zu sprechen, „die für moderne Kunst bis zum Kubismus, Tachismus und sinnvollen Surrealismus aufgeschlossen waren“, wenn er nun „aus der Sorge um den kulturellen Verfall“ die „derzeit oft schon vorherrschenden abstoßenden, morbiden oder völlig formleeren Bilder“ ablehnte.[196] Der Verhaltensforscher Irenäus Eibl-Eibesfeldt kam zu einem ähnlichen Schluss: Die gegenwärtige „Antikunst“, als deren Repräsentanten er Joseph Beuys nennt, „ist offensichtlich auf eine Zerstörung der Kunst“ aus und auf eine allgemeine „Wertzerstörung [...], auf eine Brutalisierung und Entmenschlichung“.[197]

Diese Äußerungen sind aufschlussreiche Zeitdokumente, und sie belegen, dass der Streit über die Kunst unvermeidbar und notwendig ist. In einer wissenschaftlichen Analyse der Kunst sind sie aber fehl am Platz, wenn sie lediglich Gefallen oder Missfallen artikulieren. Da es der Wissenschaft um die möglichst unvoreingenommene Analyse der Phänomene geht, darf sie gerade nicht Partei ergreifen. Für eine biologische Untersuchung spielt es keine Rolle, ob ein Organismus schön oder hässlich ist, ob man seine Lebensweise als angenehm oder abstoßend empfindet, ob er uns Menschen nützt oder schadet. Dies gilt auch für die wissenschaftliche Analyse der Kunst. Wenn Rensch und Eibl-Eibesfeldt recht haben und bestimmte Formen zeitgenössischer Kunst auf eine „Wertzerstörung“ hinarbeiten, dann wäre es die Aufgabe der Wissenschaft zu verstehen, warum es dazu kam und wie die destruktive Wirkung entsteht. Die emotionale Ablehnung kann eine wichtige Motivation sein, sich mit diesen Fragen zu beschäftigen, aber sie sollte den unvoreingenommenen Blick auf die Phänomene nicht verbauen, die es zu verstehen gilt.

Geheime Phantasien

Eine zweite Schwierigkeit bei der Herstellung kollektiver Phantasien besteht darin, dass es Wünsche gibt, die *nicht bewusst* sind. Allgemein ist nur „ein Bruchteil der im Gehirn ständig ablaufenden Prozesse [...] für das innere Auge sichtbar und gelangt ins Bewusstsein“.[198] Bewusste Verabredungen und Pläne sind für Menschen in vielerlei Hinsicht und im Alltag unverzichtbar. Beim Austausch über grundlegende Lebensziele geht es aber auch darum, unbewusste und instinktive Präferenzen in die Entscheidungen einzubeziehen. Auf Nachfrage werden dann Gründe benannt, die wenig mit den echten Motiven zu tun haben müssen. So ist es bekanntermaßen schwer zu sagen, warum etwas besonders gut oder schlecht schmeckt, nach welchen Kriterien die Wahl des Partners erfolgt, oder ob ein Kunstwerk gefällt oder nicht. Dies hat nicht nur etwas mit mangelndem Fachwissen zu tun, sondern auch damit, dass in die Entscheidungen unbewusste Präferenzen einfließen.

Zudem können zahlreiche Wünsche wegen ihrer unverhohlen egoistischen oder rebellischen Tendenzen nicht offen geäußert werden. Aggressive Gedanken beispielsweise müssen in vielen Fällen aus taktischen Gründen oder aus Selbstschutz verborgen bleiben.[199] Wenn diese verborgenen Wünsche dann in Kunstwerken dargestellt werden, kann es den Zuschauern und Zuhörern wie Oscar Wildes Dorian Gray ergehen, der beim Anblick seines realen Ichs von Selbsthass erfüllt sein Porträt und damit sich selbst zerstört.

Wenn „ein Zeitalter physisch und moralisch verderbt ist“, schrieb Karl Rosenkranz, dann weidet sich „die Zerrissenheit der Geister [...] an dem Häßlichen, weil es für sie gleichsam das Ideal ihrer negativen Zustände wird. Thierhetzen, Gladiatorspiele, lüsterne Symplegmen [ausgefallene Positionen des Beischlafs], Caricaturen, sinnlich verweichlichende Melodien, kolossale Instrumentirung, in der Literatur eine Poesie von Koth und Blut [...], sind

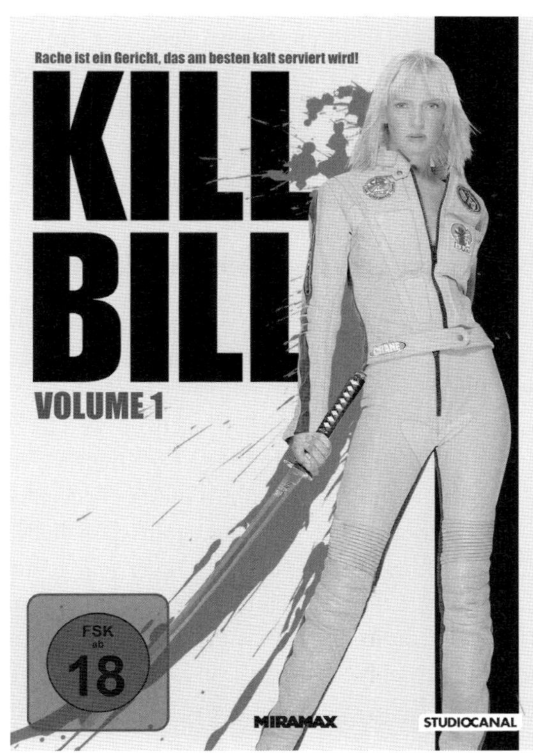

Abb. 7: Die ästhetische Darstellung von Gewalt und Aggression wurde in der modernen Filmkunst perfektioniert. Als Meister dieses Genres gilt der Regisseur Quentin Tarantino. Hier das DVD-Cover zum ersten Teil von *Kill Bill* (2003).

solchen Perioden eigen".[200] Wenn die These von der Kunst als Sprache der Gefühle und der Wünsche richtig ist, dann gilt dies nicht nur für „verderbte" Zeitalter. Dann gilt generell, dass aggressive und andere tabuisierte Wünsche in der Kunst dargestellt werden müssen, da sie zur Natur des Menschen gehören und sich durch bloße Willensentscheidungen nicht beseitigen, sondern höchstens mehr oder weniger effektiv verbergen lassen.[201] Dies lässt sich durch zahlreiche Beobachtungen bestätigen. So spielen Gewaltdarstellungen in Märchen und Sagen eine so große Rolle, dass besorgte Eltern sie am liebsten neu bearbeitet sehen. Auch viele klassische Theaterstücke sind nichts für zarte Gemüter. Selbst wenn man die exzessiven Gewaltdarstellungen in der gegenwärtigen Trivialkunst nicht billigt, muss man doch zugestehen, dass dies kein neues Phänomen ist.

Besonders sicher sind geheime Phantasien, wenn man sie auch vor sich selbst verleugnet, wenn sie, wie es bei Sigmund Freud heißt, verdrängt und dadurch unbewusst werden. Der „Tagträumer" verbirgt seine Phantasien sorgfältig vor anderen, „weil er Gründe verspürt, sich ihrer zu schämen. Ich füge nun hinzu, selbst wenn er sie uns mitteilen würde, könnte er uns durch solche Enthüllung keine Lust bereiten. Wir werden von solchen Phantasien, wenn wir sie erfahren, abgestoßen oder bleiben höchstens kühl gegen sie". Ganz anders ist dies, wenn „der Dichter uns seine Spiele vorspielt oder uns das erzählt, was wir für seine persönlichen Tagträume zu erklären geneigt sind". Dann „empfinden wir hohe, wahrscheinlich aus vielen Quellen zusammenfließende Lust".[202]

Das Interesse an der Interesselosigkeit

Kann und soll Kunst mehr sein als ein lustvoller kollektiver Tagtraum? Joseph Beuys hat sich von ihr eine unmittelbare und konkrete Veränderung der Wirklichkeit versprochen. Eine „Kunst, die nicht die Gesellschaft gestalten kann und dadurch natürlich auch in die Herzfragen unserer Gesellschaft, letztendlich in die Kapitalfrage hineinwirken kann, ist keine Kunst".[203] Im Rückblick wurde die Kunst mit dieser Forderung hoffnungslos überfordert.

Man könnte auch argumentieren, dass die Kunst sich gleichgültig gegenüber der Wirklichkeit verhalten muss und gerade nicht auf einen Nutzeffekt schielen darf. André Breton beispielsweise verwahrte sich dagegen, dass „jene Phantasie, die keine Grenzen kannte," sich nur noch „nach den Gesetzen einer willkürlichen Nützlichkeit" betätigen dürfe und dass die Menschen „mit Leib und Seele einer gebieterischen, praktischen Notwendigkeit unterworfen" werden.[204]

Die Ambivalenz von Nutzlosigkeit und Nützlichkeit der Kunst erinnert an die Grundlagenforschung in der Wissenschaft. Auch dieser geht es nicht darum, unmittelbar nützliche technische Anwendungen zu entwickeln, sondern sie strebt reinen Erkenntnisgewinn an. Es gehört nun zu den interessantesten Ergebnissen der Wissenschaftsgeschichte, dass die scheinbar unnütze, reine Forschung sich als sehr viel effektiver erwies als ein unmittelbar praxisorientiertes Vorgehen, das bei jedem Schritt auf die Verwertbarkeit schielt. Letztlich beruhen die Überlegenheit der neuzeitlichen Wissenschaft und viele technische Errungenschaften der Moderne auf dieser Erfahrung. Mit der Kunst verhält es sich ähnlich: Um zu den wirklich bedeutsamen Wünschen und Lebenszielen vordringen zu können, muss sie von den unmittelbaren Bedürfnissen absehen.

Evolutionsbiologisch relevant ist nun, dass die „Interesselosigkeit" als lustvoll erlebt wird. Da das Lustgefühl in der Regel einen zuverlässigen Hinweis auf die biologische Zweckmäßigkeit einer Verhaltensweise gibt, ist zu erwarten, dass es sich bei der Distanzierung vom unmittelbaren Begehren, das durch Kunst erreicht wird, um eine in der Evolution entstandene Fähigkeit mit einem konkreten Selektionsvorteil handelt.

Das Überschreiten der Realität

Der evolutionäre Vorteil der Phantasietätigkeit liegt auf der Hand: Individuen, die in der Lage sind, zukünftige Ereignisse unvollständig und fehlerhaft, aber einigermaßen realistisch zu simulieren und ihre Eintrittswahrscheinlichkeit abzuschätzen, haben einen Vorteil gegenüber solchen, die jedes Mal wieder mit Versuch und Irrtum arbeiten müssen. Aus diesem Grund spielen Menschen in ihren Phantasien die Verwirklichung ihrer Wünsche durch und simulieren am Beispiel eines vereinfachten Modells der Realität verschiedene Aktionen und Reaktionen. Phantasien lassen sich wie das Denken im Allgemeinen als „ein probeweises Handeln mit kleinen Energiemengen [verstehen], ähnlich wie die Verschiebungen kleiner Figuren auf der Landkarte, ehe der Feldherr seine Truppenmassen in Bewegung setzt".[205]

Die Simulation der Zukunft wird nur erfolgreich sein, wenn sie an die Wirklichkeit anknüpft und sie gleichzeitig überschreitet. Nur dann kann sie realistische Handlungsanweisung bereitstellen, ohne dem unmittelbar Gegebenen sklavisch verhaftet zu bleiben. Die Anbindung an die reale Situation kann unterschiedlich intensiv sein, oft ist es aber von Vorteil, wenn die Wünsche ohne unmittelbaren Zwang zur Realisierung durchgespielt werden. Dadurch können auch weitergehende und zunächst vielleicht unmöglich zu erreichende Lebensziele bewusst werden: Denn „wer sich über die Wirklichkeit nicht hinauswagt, der wird nie die Wahrheit erobern".[206]

Häufig werden die Gedankenspiele und die Versuche ihrer Verwirklichung nicht zum Erfolg führen. Im Gegenteil: In vielen, vielleicht sogar in den meisten Fällen werden sie in Sackgassen und Fehlversuchen enden. Alles in allem ist es aber von Vorteil, wenn Individuen und soziale Gemeinschaften einen Vorrat an Gedanken- und Handlungsoptionen haben, der es ihnen ermöglicht, auf neue und unerwartete Herausforderungen reagieren zu können. Eine kürzlich durchgeführte vergleichende Studie zum Problemlösungsverhalten von Vögeln und Kindern hat einen interessanten Unterschied ergeben: Im Gegensatz zu Raben und Krähen testen Kinder auch physikalisch scheinbar unmögliche Optionen und können so im Einzelfall dann doch zum Erfolg führende, kreative Problemlösungen entwickeln.[207]

Die menschliche Phantasietätigkeit ähnelt der durch Mutation und Rekombination entstehenden genetischen Vielfalt, die eine Voraussetzung für die Evolution der Organismen ist. Die weniger realistischen Szenarien lassen sich mit inaktiven und funktionslosen (Pseudo-)Genen vergleichen, die auf eine Weise mutiert sind, die zunächst keine sinnvolle Funktion ermöglicht. Sie stellen aber ein evolutionäres Reservoir dar und werden vermutlich aus diesem Grund nicht aus dem Genom entfernt, obwohl ihre Weitergabe wertvolle Ressourcen bindet. Ein ebenso aufwändiger, aber letztlich ebenso effektiver Pool aus Szenarien und Strategien ist die Kunst.

Warum benötigen wir die kollektiven Tagträume der Kunst? Es ist alles andere als einfach, sich in einer Gemeinschaft über unbewusste, unausgesprochene und widersprüchliche Wünsche auszutauschen und zu einem für alle Seiten zufriedenstellenden Resultat zu kommen. Um dies zu erreichen, ist in der Evolution der Menschen ein spezielles Werkzeug entstanden: die Kunst. Indem sie kollektive Phantasien auf wertvolle Weise präsentiert, erleichtert sie es den Individuen, sich mit den gemeinsamen Zielen zu identifizieren.

Können, Vertrauen und strategisches Wissen

Warum wir künstlerische Talente schätzen

„*Kunst* ist in einer hartnäckigen Weise gebunden
an einen Künstler, der sich darin persönlich ausdrückt, und
an einen Betrachter, der sich davon persönlich beeindrucken lässt."
(Hans Belting, *Das Ende der Kunstgeschichte*, 1995)

Gegenstände oder Handlungen, die natürlich oder zufällig entstehen, gelten nicht als Kunst. Ein Berg oder Fluss, ein Baum oder ein Hai, Wolken oder Wellen sind keine Kunst. Dies gilt auch für den menschlichen Körper und seine Bewegungen. Naturphänomene können schön, elegant oder eindrucksvoll sein, aber zu Kunst werden sie erst, wenn sie dargestellt oder in irgendeiner Weise bearbeitet wurden.[208] Noch heute gilt dies als unproblematischer Anfang einer Definition der Kunst, „denn sicher ist", dass sie eine „Tätigkeit des *Menschen* und nicht eine Hervorbringung der Natur ist. Und sie ist eine *bewusste* Tätigkeit, kein Reflex und kein Werk des Zufalls [...]. Die Abgrenzung der Kunst von der Natur ist einfach".[209] Wie wir sehen werden, ist dies alles andere als einfach. Betrachtet man die Abgrenzung von Kunst und Natur näher, so lassen sich drei Aussagen unterschiedlicher Allgemeinheit erkennen:

- Die Forderung, dass es sich um eine *Tätigkeit* handeln muss, unterscheidet Dinge, die durch physikalische und chemische Kräfte entstehen, von den zweckgerichteten Produkten von Lebewesen. Ein Beispiel für Ersteres wäre Basaltgestein, das sich bei einem Vulkanausbruch bildet, ein Beispiel für Letzteres das von manchen Schimmelpilzen produzierte Penicillin, mit dem sie sich gegen Bakterien zur Wehr setzen.
- Diese Forderung wird insofern präzisiert, als nur von *Menschen* bearbeitete Dinge in Betracht kommen. Damit werden die Produkte und Verhaltensweisen anderer Lebewesen ausgeschlossen, also die belebte äußere Natur.
- Und schließlich werden nur *bewusst* erzeugte Werke akzeptiert. Damit wird die unbewusste und instinktive Ebene ausgeblendet, d. h. die innere Natur der Menschen.

Das Bedürfnis, von Menschen hergestellte Dinge besonders auszuzeichnen, prägt die Praxis vieler Lebensbereiche und den Sprachgebrauch.[210] Es spiegelt sich beispielsweise in den Unterscheidungen von Naturlandschaften und Gärten, von wilden Tieren und Haustieren, von Naturkundemuseen, Zoos und botanischen Gärten auf der einen und Kunst- und Technikmuseen auf der anderen Seite wider. Die Tatsache, dass Menschen Wert darauf legen, die von ihnen hergestellten Dinge von Naturgegenständen abzugrenzen, ist aber keineswegs selbstverständlich, sondern erklärungsbedürftig, da es für den möglichen Nutzen einer Sache unerheblich ist, auf welche Weise sie entstand.

Natur als Kunst

Der Forderung, dass Kunst nur durch eine menschliche Tätigkeit entstehen kann, scheint auf den ersten Blick zu widersprechen, dass wenig oder nicht bearbeitete Naturgegenstände wie Steine, Pflanzenteile oder Tiere als Kunst gelten können. Als wichtiges Kunstwerk der 1990er Jahre gilt der in Formaldehyd eingelegte Tigerhai des englischen Künstlers Damien Hirst mit dem Titel *The physical impossibility of death in the mind of someone living* (1991). Der Hai soll an traditionelle medizinische und naturkundliche Präparate erinnern, wird aber im Kontext der Kunst präsentiert. Hirst nimmt hier eine ähnliche Umdeutung vor wie Duchamp mit der eingangs beschriebenen *Fontaine*. Ein Unterschied besteht darin, dass im einen Fall ein Industriepro-

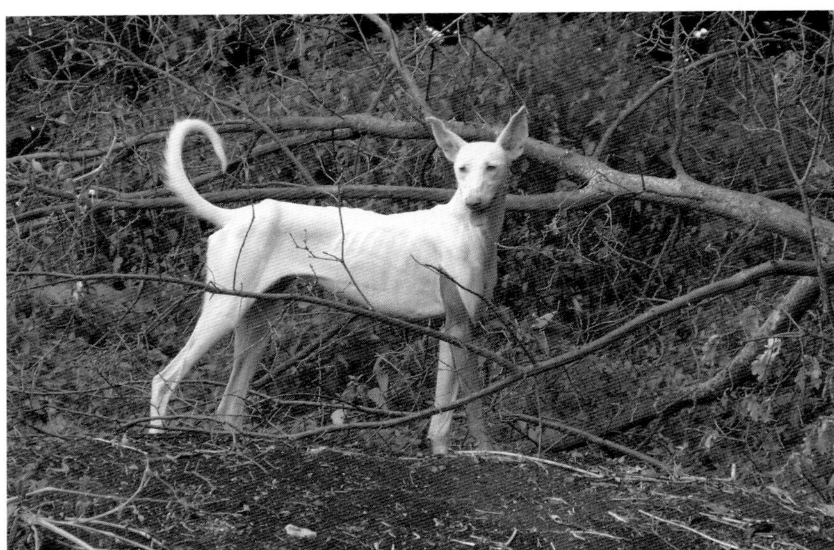

Abb. 8: Die spanische Windhündin „Human" mit einem rosa bemalten Vorderbein war Teil einer Installation des Künstlers Pierre Huyghe auf der DOCUMENTA (13) 2012.

dukt, im anderen ein Naturgegenstand nur geringfügig bearbeitet wird und im Wesentlichen durch die Ortsveränderung zu einem Kunstwerk wird.

Dass die Art der Präsentation eines Gegenstandes ausschlaggebend sein kann, macht auch der Vergleich mit den Hai-Plastinaten deutlich, die im Rahmen der *Körperwelten*-Ausstellungen gezeigt wurden. Gunther von Hagens' Plastinate sollen in erster Linie anatomisches Wissen vermitteln und dementsprechend werden sie in Zoos und Naturkundemuseen ausgestellt. Da sie Hirsts Tigerhai weder im handwerklichen Können noch in der Ästhetik nachstehen, sind es offensichtlich nicht die Eigenschaften der Objekte selbst, die den Unterschied machen, sondern der Rahmen, in dem sie präsentiert werden.

Bei der Verwandlung eines Naturgegenstandes in ein Kunstobjekt kann die direkte Bearbeitung also minimiert sein und durch die Art und den Ort der Präsentation ersetzt werden. Dies bedeutet indes nicht den Verzicht auf eine zielgerichtete Tätigkeit, sondern lediglich ihre Verschiebung vom Objekt auf den Rahmen im weitesten Sinn.

Ein Werk der Instinkte

Schwieriger zu entscheiden ist, ob die Bearbeitung durch Menschen erfolgen muss. Denn worin unterscheiden sich der Gesang eines Vogels, das Netz einer Spinne, ein Bienenstock oder ein Termitenbau von den entsprechenden menschlichen Tätigkeiten und Produkten? Durch ihre geringere Komplexität oder Ästhetik? Dies kann nicht ausschlaggebend sein, da von Tieren hergestellte Gegenstände wie beispielsweise Spinnennetze ausgearbeiteter und ästhetischer sein können als anerkannte Kunstwerke. Und so könnte man umgekehrt mit Schopenhauer sagen, dass „die Werke thierischer Kunsttriebe und das Schaffen des Instinkts überhaupt, so unendlich besser und vollkommener ausfallen, als […] alle bewußten und beabsichtigten Leistungen und Werke der Menschen".[211] Aus der Form und Ästhetik der Objekte ergeben sich also keine eindeutigen Kriterien, anhand derer man zwischen den Werken der Menschen und denen anderer Tiere unterscheiden kann. Wie verhält es sich bei der Art der Herstellung?

Hier hat man einen wesentlichen Unterschied gesehen, da Menschen eher vom Intellekt bestimmt sein sollen, während bei Tieren die Instinkte (die „Kunsttriebe") eine größere Rolle spielen. In Anknüpfung an entsprechende Aussagen bei Johann Gottfried Herder (1772) wurden die Menschen noch bis in unsere Zeit, beispielsweise in der philosophischen Anthropologie von Arnold Gehlen, als „Mängelwesen" charakterisiert, die sich durch einen „lebensgefährlichen Mangel an echten Instinkten" auszeichnen sollen.[212]

Interessanterweise wird die These von der Instinktreduktion der Menschen nun gerade durch die Kunst vor Schwierigkeiten gestellt. Wie eingangs beschrieben, wurde schon in klassischen philosophischen Texten die Ansicht vertreten, dass das Interesse der Menschen an Kunstwerken und die schöpferische Begabung der Künstler angeborene Fähigkeiten sind. Eine große Rolle spielten entsprechende Überlegungen bei Friedrich Nietzsche. In seinem Frühwerk *Die Geburt der Tragödie aus dem Geiste der Musik* (1872) beschwor er „künstlerische Mächte [...], die aus der Natur selbst, *ohne Vermittelung des menschlichen Künstlers*, hervorbrechen, und in denen sich ihre Kunsttriebe zunächst und auf directem Wege befriedigen: einmal als die Bilderwelt des Traumes [...] andererseits als rauschvolle Wirklichkeit".[213] Ein Traum oder ein Rauschzustand sind zwar noch keine Kunst, sondern sie werden dies erst, wenn die in ihnen zutage tretenden Wahrheiten verklärt und gebändigt werden; nichtsdestoweniger beruht die künstlerische Kreativität der Menschen Nietzsche zufolge auf ihren natürlichen Trieben: Bei „allen productiven Menschen [ist] der Instinct gerade die schöpferisch-affirmative Kraft", während „das Bewusstsein kritisch und abmahnend sich gebärdet".[214]

In den 1920er Jahren propagierten die Surrealisten dann in Anlehnung an Sigmund Freuds Methode der freien Assoziation das „Automatische Schreiben und Malen", um aus dem Unbewussten auftauchende traumhafte und spontane Bilder, Gefühle und Worte möglichst frei und unzensiert in den Dienst künstlerischer Kreativität zu stellen. Die Surrealisten operierten mit Intuition und Inspiration, d. h. mit Mitteln, die Künstler aller Zeiten verwendet hatten. Aber sie verfochten den Vorrang der unbewussten Antriebe in der Dichtung und Malerei in radikaler Weise. Wie es bei André Breton, dem Wortführer des Surrealismus, heißt, zielt dieser auf die „künstliche Reproduktion" des „Augenblicks, da der Mensch, im Banne einer ganz besonderen Gemütsbewegung plötzlich ergriffen wird von etwas, „was stärker als er" ist und ihn, gegen allen Widerstand, ins Unsterbliche wirft".[215]

Die aus dem Unbewussten hervorbrechende Kraft fasste Breton trotz ihres Anscheins des Übernatürlichen gerade nicht als solches auf, sondern als das eigentlich Natürliche im Menschen. Auch an diesem Punkt folgte er Sigmund Freud (und damit indirekt Darwin), der den Inhalt des Unbewussten mit „einer psychischen Urbevölkerung" verglichen hatte: „Wenn es beim Menschen ererbte psychische Bildungen, etwas dem Instinkt der Tiere Analoges gibt, so macht dies den Kern des *Ubw* [Unbewussten] aus."[216]

Die Betonung der unbewussten, triebhaften Aspekte der Kunst bei Nietzsche, den Surrealisten und vielen anderen ist nicht die einzige Inter-

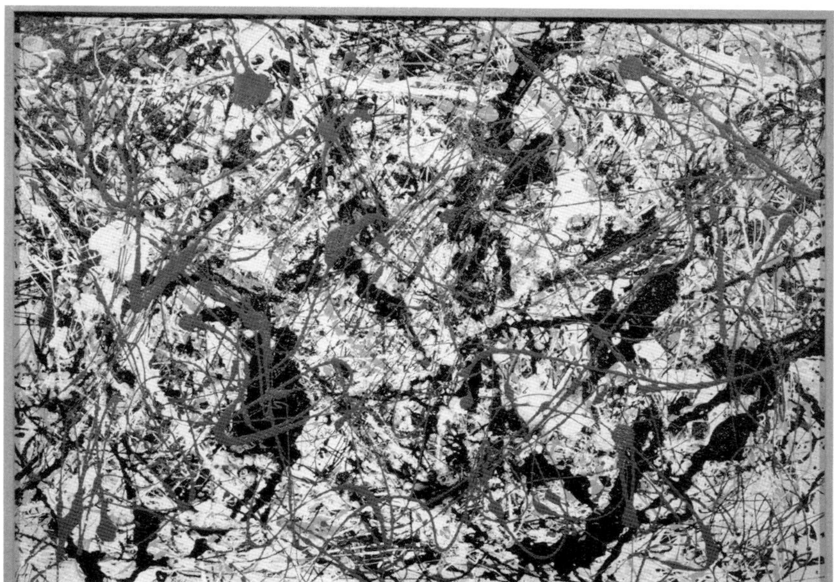

Abb. 9: Jackson Pollock: *Ohne Titel* (1948), Musée national d'Art moderne Paris. Beim Action Painting wird Farbe auf die am Boden ausgebreitete Leinwand getropft oder geschleudert, um die bewusste Beeinflussung durch den Künstler möglichst weitgehend auszuschalten.

pretationsmöglichkeit und sie war nicht unumstritten; aber sie dokumentiert, dass einige der wichtigsten Kunsttheoretiker zu ähnlichen Ergebnissen kommen wie die Evolutionsbiologie: Es ist nicht gerechtfertigt, die bewusste Arbeit an einem Kunstwerk ausschließlich oder einseitig in den Vordergrund zu rücken, sondern man kann das Wesen der Kunst nur verstehen, wenn man auch die instinktiven Antriebe, die innere Natur der Menschen, würdigt.

Alles in allem ist es also keineswegs einfach, Werke der Kunst von denjenigen der Natur abzugrenzen, wenn man die Objekte selbst und die Art ihrer Herstellung betrachtet. Und so bleibt das scheinbar willkürliche Kriterium, dass nur von Menschen hergestellte Dinge Kunstwerke sein können. Wir nehmen diese Unterscheidung vor, *weil von Menschen hergestellte Gegenstände auch als innerartliche Signale dienen, die wichtige Informationen über die Fähigkeiten und Absichten der anderen Gruppenmitglieder vermitteln.* Wenn wir die menschliche Kunst als etwas Außergewöhnliches betrachten, „so einzig und allein weil sie, da sie nun einmal de facto die unsrige ist, für uns – aber nur für uns – eine besondere Bedeutung gewinnt".[217]

Auf der Suche nach den besten Genen

Das menschliche Bemühen, Gegenstände und Verhaltensweisen nicht nur nach funktionellen Überlegungen zu gestalten, sondern mit sozialen Signalen zu verbinden, ist nicht ungewöhnlich. So gibt es bei allen Tierarten, bei denen die sexuelle Auslese durch Partnerwahl erfolgt, so genannte Fitnessindikatoren. Dabei handelt es sich um Merkmale, die als Anzeiger für die Qualität der Gene ihrer Träger dienen. Die Qualität der Gene wiederum bemisst sich danach, ob sie den Fortpflanzungserfolg fördern. Fitnessindikatoren müssen keinen Nutzen für das Überleben und Wohlergehen der Individuen haben. In erster Linie sollen sie Leistungsfähigkeit und die damit zusammenhängenden genetischen Qualitäten beweisen und sie können dies auch durch überflüssige Luxusbildungen erreichen.[218]

Da Kunstwerke die Fähigkeiten, Ziele und letztlich die genetischen Qualitäten ihrer Produzenten demonstrieren, können sie wie sportliche oder wissenschaftliche Leistungen als Fitnessindikatoren dienen. Wie Giorgio Vasari in seinen *Lebensbeschreibungen berühmter Künstler* (1568) bemerkte, pflegen die Künstler, „getrieben von einem brennenden Verlangen nach Ruhm, in allen ihren Handlungen keine noch so große Mühe zu scheuen, um ihre Werke zu jener Vollendung zu führen, die sie der ganzen Welt herrlich und wundervoll erscheinen lassen würde".[219] Dies gilt auch für arbeitsteilig hergestellte Werke, für ägyptische Pyramiden, mittelalterliche Kathedralen und moderne Spielfilme, sobald sich die Beteiligten mit der Gemeinschaftsleistung identifizieren. Herbert G. Wells, der in Deutschland vor allem als Science-Fiction-Autor bekannt wurde, glaubte, dass „ein verrückter Millionär, der Meisterwerke in Auftrag geben würde, um sie zu verbrennen, es unmöglich finden würde, sie zu kaufen". Denn „kaum ein Künstler wird bei der Wahl zwischen Geld und Aufmerksamkeit zögern", sich für Letzteres zu entscheiden.[220]

Da das Wohlbefinden und das Überleben aller Mitglieder einer Gruppe von den handwerklichen Fähigkeiten, dem Einfallsreichtum und den Absichten der einzelnen Individuen abhängen, haben schon unsere Vorfahren ihnen besonderes Augenmerk geschenkt. Daran hat sich bis heute nichts geändert. Die Wertschätzung handwerklich gut gemachter Produkte lässt sich in allen Lebensbereichen, bei Werkzeugen und Nahrungsmitteln, aber auch bei Romanen, Filmen und Bildern beobachten. Die Kunst kann in dieser Beziehung keine Ausnahmestellung beanspruchen, sondern sie muss denselben Anforderungen gerecht werden wie andere Tätigkeiten oder Produkte.

Aus biologischer Sicht lässt sich die alte Streitfrage, wie viel Können in der Kunst stecken sollte, mit einem „möglichst viel" beantworten. Je schwieriger und aufwändiger etwas ist, umso besser eignet es sich zur Demonstration der individuellen und gemeinschaftlichen Fähigkeiten.

Meinungsverschiedenheiten wird es aber darüber geben, welcher Aspekt besonders wichtig ist, da Menschen unterschiedliche Talente haben. Und so wird der Streit darüber, ob in der Oper die Musik oder die Worte wichtiger sind, ob in der bildenden Kunst der Idee oder der handwerklichen Ausführung der Vorrang gebührt, ob es in der Literatur auf den Inhalt oder die sprachliche Umsetzung ankommt und dergleichen mehr, nie zu einem Ende kommen, solange Menschen um Anerkennung ringen.

Schon die frühesten bekannten Kunstwerke, die Höhlenmalereien und Figuren der Eiszeit, repräsentieren ihre Erzeuger auf eine faszinierend unmittelbare Weise. Eine bevorzugte Methode der Malerei war das „Versprühen". Dabei wurden roter Ocker oder Kohle zu Pulver zerrieben, im Mund

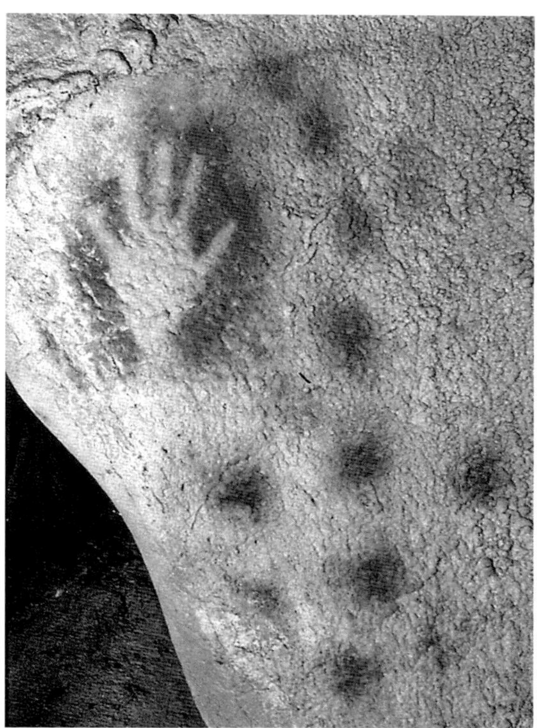

Abb. 10: Handnegativ aus der Höhle von Pech Merle (ca. 20 000 Jahre vor heute)

mit Speichel vermischt und auf die Wand gespuckt. Dieses Verfahren kam u.a. bei der Herstellung von Handnegativen zum Einsatz.[221] Mit dieser scheinbar simplen Methode lässt sich ein höchst eindrucksvolles Gefühl von Präsenz erzeugen, das Tausende von Jahre überdauerte und das sich in voller Intensität nur am Original, beispielsweise in der Höhle von Pech Merle, erschließt. Unmittelbarer kann ein bildender Künstler kaum mit seinem Kunstwerk verschmelzen.

Das Verhalten der Künstler und der Vergleich mit anderen Tieren legen nahe, dass künstlerische Fähigkeiten ganz wesentlich durch die sexuelle und soziale Konkurrenz innerhalb der Jäger- und Sammler-Gruppen entstanden. Diese Funktion – durch ästhetische Präsentationen auf die eigenen genetischen Qualitäten aufmerksam zu machen – haben sie nie verloren. Die Frau, so heißt es bei Baudelaire, sei das „Wesen, das für die meisten Männer die Quelle der lebhaftesten und sogar, zur Beschämung der philosophischen Wonnen sei es gesagt, der dauerhaftesten Genüsse ist; das Wesen, dem zuliebe oder zunutz sie sich mühen und anstrengen". In den Frauen habe man *„ein schönes Tier"* gesehen, „für das, doch vor allem *durch* das, die Künstler und Dichter ihre zartesten Kleinodien hervorbringen".[222] Da bei Menschen beide Geschlechter eine sorgfältige Wahl der Partner vornehmen, ist zu erwarten, dass der Wunsch nach sexueller und sozialer Anerkennung bei weiblichen Künstlern eine vergleichbare Bedeutung hat.

Die Künstler und ihr Publikum

Da Kunstwerke keine Selbstgespräche, sondern soziale Signale sind, können Gegenstände und Handlungen nur in dem Maße zu Kunst werden, in dem sie von einem Publikum als solche akzeptiert werden. Wenn dies zutrifft, kann es ebenso wenig eine Privatkunst geben, wie es eine Privatsprache gibt.[223] Auch ein Geräusch wird nur zu einem Wort, wenn andere Menschen seine Bedeutung verstehen. Die tragischen Beispiele verkannter Künstler widersprechen dem nicht, denn sie demonstrieren ja gerade, wie elementar der Wunsch nach Anerkennung ist. „Wörter, die totenstill und unbemerkt vom Rest der Menschheit in der Schublade dämmern, erlösen nicht", bemerkte der Reisereporter Andreas Altmann in seinen autobiographischen Erinnerungen. Denn, so fährt er fort: „Nie verschafften sie mir das, wonach ich so innig hungerte: Lob, das Wissen, einen Wert zu haben, diesen aberwitzigen Rausch, kein Versager mehr zu sein. Erst die öffentliche Wertschätzung – und was symbolisiert sie mehr, als viel veröffentlicht zu werden und viel Geld dafür zu bekommen – macht aus dem Schreiben eine Wunderwaffe."[224]

Findet sich unter den Zeitgenossen kein geeignetes Publikum, dann lässt sich das künstlerische Signal auch an zukünftige Leser oder an wenige Auserwählte richten: „Es ist nicht gut", warnte der Autor der *Gesänge des Maldoror*, „daß jedermann die folgenden Seite lese; nur einzelne werden diese bittere Frucht gefahrlos genießen.[225] Damit wird die Anerkennung schwieriger und zugleich ehrlicher. Vereinsamt und vergessen aber möchte wohl kein Künstler sein.

Da die Herstellung und der Erwerb von Kunstwerken immer mit einem gewissen Aufwand verbunden sind, da sie im weitesten Sinn „teuer" sind, sind sie automatisch auch Statussymbole. Umgekehrt trifft dies nicht zu: Nicht jedes Statussymbol ist auch ein Kunstwerk. Solange ästhetisch aufwändige Dinge *nur* der Selbstdarstellung ihrer Produzenten dienen, sind sie in ihrer Funktion nicht von einem durchtrainierten Körper oder einem teuren Auto zu unterscheiden. Kunstwerke sind aber mehr. Im Gegensatz zum Pfauenschwanz oder zum Gesang der Amseln haben sie weitere Funktionen.[226] Andernfalls wäre nicht zu erklären, warum es nicht entscheidend ist, ob die Künstler anwesend sind oder nicht, ob sie leben oder lange tot sind.

Dramen, Gedichte und Romane, Bilder, Tänze und Melodien erzählen Geschichten und berichten von Lebensträumen. Gelingt dies in einer für das Publikum ansprechenden Weise, dann wird es die künstlerische Leistung würdigen und mit sozialer Anerkennung belohnen – aber nur dann. Wer einem herausragenden Konzert (oder einem besonderen Sportereignis) beigewohnt hat, der weiß, dass die Zuschauer sich dabei auch selbst feiern. Nur wenn der Transfer privater Tagträume und Obsessionen in den kulturellen Pool von Handlungs- und Bewertungsoptionen gelingt, werden individuelle Leistungen zu Kunstwerken. Insofern ist der Statusgewinn der Künstler und Sammler auch von ihrer Fähigkeit abhängig, eine sozial wertvolle Leistung zu erbringen.

Warum gelten nur von Menschen hergestellte Dinge und ihre Handlungen als Kunst? Kunstwerke vermitteln nicht nur emotionales und soziales Wissen, sondern sie repräsentieren auch die technischen und kreativen Fertigkeiten der Künstler. Diese Informationen sind wichtig, da das Wohlbefinden und das Überleben aller Mitglieder einer Gruppe von den handwerklichen Fähigkeiten und vom Einfallsreichtum der Individuen abhängen.

Warum Kunst magische Kraft hat

„In der Bewegung ihres Tanzes und
im Fieber ihrer Erregung durcheinander gewürfelt
bilden sie nur noch einen einzigen Leib
und eine einzige Seele."
(Marcel Mauss, *Soziologie und Anthropologie*, 1950)

Als der Ethnologe Marcel Mauss die magischen Riten bei Naturvölkern beschrieb, merkte er an, dass kollektive Gefühlszustände von dieser Intensität „in unseren Gesellschaften nicht mehr, nicht einmal von den erregtesten unserer Massen, realisiert werden". Ob er diese Einschränkung aufrechterhalten hätte, wenn er die Möglichkeit gehabt hätte, Popkonzerte, Techno-Partys, das Münchner Oktoberfest, Fußballweltmeisterschaften und evangelikale Gottesdienste zu besuchen? Bei der Kunst im engeren Sinn, im Theater, in der Oper, in Ausstellungen oder bei Lesungen ist die Begeisterung der Besucher meist verhaltener und beherrschter, aber sie ist deutlich spürbar, sei es beim Applaus, sei es in der konzentrierten Ruhe.

Findet man in einem Roman oder auf einem Bild die eigenen Wünsche und Gefühle wieder, so kommt es zu einem intensiven Lustgefühl. Ein noch stärkerer Effekt wird erzielt, wenn dieses Erlebnis in Gemeinschaft stattfindet, bei einem Konzert, im Theater oder in einer öffentlichen Kunstausstellung.[227] Das Gemeinschaftserlebnis mag mehr oder weniger intensiv sein, aber für Ernst Grosse ist eine „individuelle Kunst [...], selbst wenn sie denkbar wäre, nirgends nachweisbar. Die Kunst tritt unter allen Völkern und in allen Zeiten als sociale Erscheinung auf, und man verzichtet von vornherein auf das Verständniss ihres Wesens und ihrer Bedeutung, wenn man sie nur als individuelle Erscheinung betrachtet".[228]

Die soziale Wirkung von Gesang und Tanz wurde auch von den Ethnologen des 19. Jahrhunderts beschrieben: „Die Kaffern, die besten Krieger Afrikas, singen und tanzen den Kriegstanz mit so großer rhythmischer Präzision, dass der ganze Stamm [...] den Eindruck einer einzigen großen Maschine macht, die mit mechanischer Präzision arbeitet." Diese Wirkung der Musik sei leicht überprüfbar: „Man versuche einen Marsch, einen Tanz oder einen öffentlichen Aufzug ohne die organisierende Kraft der Zeit (im musikalischen Sinne) zu organisieren und man wird sofort erkennen, wie groß und wichtig diese Kraft ist und wie sie einem praktischen Zweck zu dienen vermag."[229] Wie effektiv diese Mittel sind, lässt sich noch heute im Alltag beobachten, bei den Gesängen der Fußballfans und in den Kursen der Fitnessstudios.

Ähnliche Phänomene gibt es auch bei anderen Tieren. So hat Steven Brown gezeigt, dass die komplexesten Gesänge bei Singvögeln und Primaten (Gibbons) nicht Teil des Balzverhaltens sind, sondern der territorialen Abgrenzung und der Aufrechterhaltung sozialer Bindungen dienen. Die Gesänge sind also nicht in erster Linie Ausdruck sexueller Konkurrenz, sondern eine Demonstration kooperativer Stärke.[230] Zur Konkurrenz kommt es auch hier, aber sie ist nach außen verlagert. Dient Kunst in diesem Zusammenhang der Rivalität und Abschreckung, dann soll sie gerade nicht schön und verführerisch sein, sondern hässlich und drohend. Bekannte Beispiele sind die fratzenartigen Wasserspeier gotischer Kirchen und die Bemalungen von Waffen und Kriegsgeräten.

Übereinstimmungen

Menschen können wie die Mehrzahl der Primaten nur in einer Gruppe überleben. Der stärkste soziale Kitt ist die genetische Verwandtschaft; dies gilt für Mikroorganismen, die sich zu Milliarden zusammentun, um die vielzelligen Tiere und Pflanzen zu bauen. Und dies gilt für staatenbildende Insekten, für Ameisen, Termiten und Bienen, ebenso wie für viele Säugetiere und Vögel. Wie aber werden die Verwandten erkannt? Menschen gehen instinktiv von genetischer Übereinstimmung aus, wenn sie folgende Situationen bzw. Merkmale antreffen: a) räumliche Nähe und persönliche Vertrautheit vor allem während der Kindheit und Jugend, b) an die Familie erinnernde Gruppenstrukturen, c) Ähnlichkeit und d) vielfältige Zeichen, die Verwandtschaft symbolisieren.[231]

Kunst kann nun die sozialen Bindungen stärken, indem sie diese biologischen Anzeichen für Verwandtschaft imitiert. Gemeinsame ästhetische Überzeugungen und ein einheitlicher Kunststil fördern die Gruppenidentität, da sie durch Ähnlichkeiten der Kleidung, der Häuser, der Lieder und der Geschichten eine vertraute Umgebung herstellen. Auch Armeen und Religionsgemeinschaften erwecken durch einheitliche Kleidung und Haartrachten den Anschein, als seien die Individuen genetisch verwandt. Handelt es sich dabei um eine Täuschung, eine Manipulation? Ja und nein. Ja, denn die künstlich hergestellten Übereinstimmungen täuschen genetische Nähe oft nur vor. Dadurch lässt sich das im engsten Verwandtschaftskreis biologisch sinnvolle, „altruistische" Verhalten auch in Gruppen aus nicht-verwandten Individuen abrufen.

Es handelt sich aber nicht um eine Täuschung, wenn die Gemeinsamkeiten echt sind. Auch nicht-verwandte Individuen können gemeinsame Ziele verfolgen. Dies ist der zweite, fast ebenso effektive soziale Kitt: Kooperation zu beiderseitigem Nutzen. Im Falle nicht-verwandter Individuen können die Ähnlichkeiten im äußeren Erscheinungsbild oder bei den Überzeugungen also für die Gemeinsamkeit der jeweiligen Ziele stehen. Sind diese Übereinstimmungen real, dann ist die äußere Ähnlichkeit ein zutreffendes Signal, sind sie es nicht, dann handelt es sich um eine Täuschung.

Die Ambivalenzen des sozialen Lebens

Selbst wenn die Gruppenmitglieder miteinander verwandt sind, sind sie genetisch nicht identisch und haben von daher abweichende Interessen. Dies gilt auch für Kooperationen zu beiderseitigem Nutzen, da die Ziele in den seltensten Fällen völlig deckungsgleich sind. In der dadurch unvermeidbar auftretenden Konkurrenz sieht die Evolutionsbiologie einen wesentlichen Antrieb für die Entwicklung der besonderen geistigen Fähigkeiten der Menschen (Machiavelli'sche-Intelligenz-Hypothese). Die Gruppe bietet den Indi-

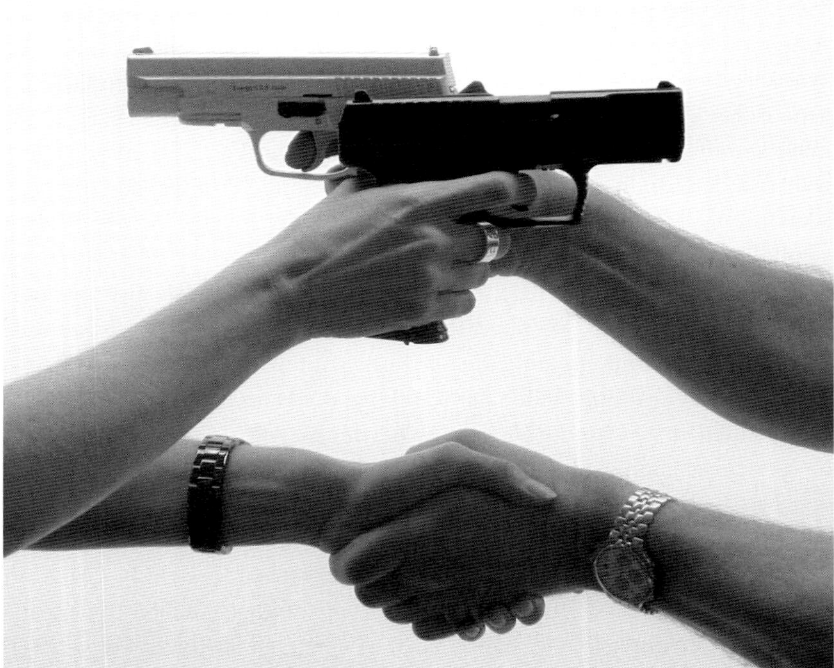

Abb. 11: Als soziale Tiere konkurrieren die Menschen mit anderen Individuen ihrer sozialen Gruppe. Gleichzeitig sind sie aus Eigeninteresse gezwungen, mit ihnen zusammenzuarbeiten und sich auf gemeinsame Ziele zu einigen.

viduen Hilfe und Schutz gegen äußere Feinde, gleichzeitig wird die innere Konkurrenz zum maßgeblichen Selektionsfaktor. Je knapper Nahrung, Paarungspartner und andere Ressourcen sind, desto eher kommt es zu Konflikten. Die Folgen können dramatisch sein – „die Hölle, das sind die andern", wie es bei Jean-Paul Sartre heißt.[232] Aber, so wäre zu ergänzen, nicht nur die Hölle, sondern auch der Himmel, das sind die anderen. Dass es unter diesen Voraussetzungen zu kooperativem Verhalten kommt, ist keineswegs selbstverständlich, selbst dann nicht, wenn es allen Beteiligten Vorteile bringen würde.

Mindestens ebenso wichtig wie der Versuch, besser und erfolgreicher zu sein als die anderen Gruppenmitglieder, ist in dieser Situation etwas anderes: Um zu verhindern, dass die innere Konkurrenz den Zusammenhalt zerstört, muss es Mechanismen geben, mit deren Hilfe sich Konflikte beilegen und gegenseitiges Wohlwollen und Vertrauen aufbauen lassen. Wie der Soziologe Émile Durkheim bemerkte, kann es wegen der Ambivalenzen des sozialen Lebens „keine Gesellschaft geben, die nicht das Bedürfnis verspürt, in regelmäßigen Abständen die gemeinsamen Gefühle und die gemeinsamen Ideen, die ihre Einheit und ihre Persönlichkeit ausmachen, zu pflegen und zu bestätigen".[233]

Bei den Affen und Menschenaffen wird dies überwiegend durch gegenseitige Fellpflege erreicht (grooming), bei Bonobos haben sexuelle Kontakte eine ähnliche Funktion. Die Menschen haben eine ganze Reihe weiterer Methoden der Gemeinschaftsbildung entwickelt: Eine ist die Sprache, die es erlaubt, mit mehreren Personen gleichzeitig zu kommunizieren, andere sind Gemeinschaftsrituale – Mahlzeiten, Tänze, Schauspiele und Feste – oder gemeinsame Phantasien (Mythen). Wie Leo Tolstoi anmerkte, ergänzen sich diese Mittel in ihrer Wirkung: „Wie das Wort, das die Gedanken und Erfahrungen der Menschen wiedergibt, als Mittel zur Einigung der Menschen dient, so wirkt auch die Kunst. [...] durch das Wort [teilt] ein Mensch dem andern seine Gedanken mit [...], durch die Kunst aber teilen die Menschen einander ihre Gefühle mit."[234]

Die Synchronisation der Gehirnaktivitäten

Eine verlässliche Kommunikation über Gefühle und Wünsche ist alles andere als einfach. Die menschliche Sprache ist wegen der Willkürlichkeit der Wortbedeutungen und wegen der Möglichkeit, nicht-existente und nicht-anwesende Dinge zu thematisieren, in hohem Maße anfällig für Täuschungen und bedarf der Interpretation. Die Kommunikation über längst Vergangenes, über ferne Ziele und kühne Träume befreit die Gedankenspiele, das „Probehandeln", aus den Fesseln der Wirklichkeit und ermöglicht weitreichende Planung und Voraussicht. Damit geht aber eine Einbuße an Verlässlichkeit einher – bezieht sich eine Aussage auf eine Tatsache oder auf einen Wunsch, auf ein wirkliches oder auf ein erfundenes Ereignis?

Um einen zuverlässigen Austausch zu ermöglichen, muss noch eine weitere Schwierigkeit überwunden werden: Viele Wünsche und Gefühle sind nicht bewusst. Wie kann es zur Verständigung kommen, wenn die Individuen nichts mitteilen können oder wollen? Hier spielt die Kunst eine wichtige Rolle. In der Überwindung der Schranken, die sich wegen der verborgenen Gedanken „zwischen jedem einzelnen Ich und den anderen erheben", hat schon Sigmund Freud die eigentliche poetische Kunst, die *Ars poetica*, gesehen.[235]

Warum aber kann und darf man in der Kunst, was sonst untersagt ist: verbotene Wünsche darstellen und in der Phantasie ausleben? Dadurch, dass die unterdrückten Gefühle der Aggression, Angst, Eigenliebe und Sexualität verfremdet und auf der Bühne oder in einem Bild nachgeahmt werden, wird es möglich, sich *indirekt* über sie auszutauschen, ohne dass sie bewusst werden müssen. Die Betrachter können ihre „eigenen Phantasien nunmehr ohne jeden Vorwurf und ohne Schämen" genießen und über sie sprechen.[236]

Dass es beim gemeinsamen Betrachten emotionaler Filmszenen zu einer Synchronisierung der Gehirnaktivität der Zuschauer u. a. in dem für die Verarbeitung von Gefühlen zuständigen limbischen System kommt und dass dies eine effektive Möglichkeit ist, sich über Absichten und Handlungsoptionen auszutauschen, ließ sich auch in hirnphysiologischen Untersuchungen demonstrieren. Die Autoren der Studien weisen ausdrücklich darauf hin, dass diese Vorgänge oft ohne Bewusstsein ablaufen und dass eine „solche Synchronisation der Gehirnaktivität zweier Individuen tatsächlich im buchstäblichen Sinne vorkommen kann".[237]

Warum wird die spezielle Sprache der Kunst besonders schön, aufwändig und verschwenderisch gestaltet? Dieser Sicherungsmechanismus ist notwendig, weil die Verständigung über Gefühle nicht nur ausgesprochen wichtig für den Zusammenhalt der Gruppe, sondern auch täuschungsanfällig ist. In Anbetracht des Risikos von Verrat und Schmarotzertum, das wegen der Interessenunterschiede unvermeidbar ist, bildet die Kostspieligkeit der Kunstwerke durch den mit ihr verbundenen Aufwand einen gewissen Schutz vor eigennützigen Fehlinformationen einzelner Gruppenmitglieder.[238] Sie ist ein Sicherungsmechanismus, der den Zweck hat, die Ernsthaftigkeit der Solidarität der Individuen mit der Gemeinschaft zu garantieren. Zudem erleichtert

Abb. 12: Abstrakte Bilder regen die Phantasietätigkeit der Betrachter an, ohne sie durch ein klares Motiv in eine bestimmte Richtung zu lenken. Dadurch können sie als Projektionsfläche für Gedanken dienen, die sich nur schwer in Worte fassen lassen. Lucie Beppler (Bleistift, Gravurnadel auf grundiertem Karton, 23 × 29 cm, 2011).

sie es, sich mit den Inhalten eines Kunstwerks zu identifiziert. In der Sprache der Biologie: Die Individuen sind aus Eigeninteresse bereit, ein beeindruckendes Kunstwerk als Teil ihres erweiterten Phänotyps zu akzeptieren, da es sich um ein wertvolles Qualitätssignal handelt.

Wird durch ein Kunstwerk emotionale Übereinstimmung erreicht, dann kann es „magische“ Kraft und reale Macht gewinnen. „Kunst ist Magie“, heißt es bei Adorno, „befreit von der Lüge, Wahrheit zu sein.“[239] Wie die Rituale der Naturvölker ruft sie „kollektive Gefühlszustände hervor“.[240] In dieser Hinsicht hat die Kunst, so Freud, das Erbe der Magie angetreten, aus dem Magier wurde der Künstler.[241] Betrachtet man die von den Massenmedien transportierte populäre Kunst der Lieder, Romane, Fernsehserien und Spielfilme, so wird man zu dem Schluss kommen, dass die Wirkungen auf das Publikum, die „magischen“ Effekte der Kunst, so effektiv sind wie eh und je. Zwar bleibt auch kollektives Wunschdenken letztlich Wunschdenken und hat als solches keine direkte Macht über die Dinge; indirekt, über die Gemeinsamkeit der Ziele, kann aus den phantasierten Wirkungen magischer und künstlerischer Rituale dann aber doch echte Macht erwachsen.

Kunst ist nicht die einzige Technik der Gemeinschaftsbildung beim Menschen, aber sie ist eine der mächtigsten. Und sie ergänzt andere Formen wie Sprache, Moral, Spiele und Feste auf einzigartige Weise. Insofern lässt sie sich aus Sicht der Evolutionsbiologie als eine Antwort auf das Problem der Ambivalenzen des sozialen Lebens verstehen. Dass es in menschlichen Gruppen vielfältige Konflikte gibt, belegt nicht nur die Lebenserfahrung, sondern es ist auch Thema vieler Kunstwerke. Insofern ist die evolutionsbiologische These nicht neu. Sie legt aber nahe, dass die zentralen Streitpunkte nicht aus individuellen Charaktermängeln herrühren und sich durch moralische Appelle überwinden lassen, sondern dass sie aus unvermeidbaren Interessenkonflikten entstehen. Insofern ermöglicht sie ein realistischeres Bild des menschlichen Zusammenlebens und betont die Bedeutung der Kunst für die Lösung sozialer Konflikte.

Wie stärkt Kunst das Gemeinschaftsgefühl? Kunstwerke helfen den Individuen, sich trotz unterschiedlicher Interessen auf gemeinsame Ziele zu einigen. Indem sie unbewusste Wünsche und Gefühle auf der Bühne oder in einem Bild darstellen, wird es möglich, sich indirekt über sie auszutauschen. Dadurch eröffnet die Kunst die Chance, tiefgreifende Interessenkonflikte auszutragen, ohne dass sich dies negativ auf das Gemeinschaftsgefühl auswirken muss.

Von was Kunst erzählt

„Alles, was irgend eines Menschen Herz bewegt hat, und was die menschliche Natur [...] aus sich hervortreibt [...] – ist sein Thema und sein Stoff [...] [Der Dichter] ist der Spiegel der Menschheit."
(Arthur Schopenhauer, *Die Welt als Wille und Vorstellung I*, 1859)

Kunst ist oft, aber nicht immer ein Gemeinschaftserlebnis. Ebenso wichtig ist der private Kunstgenuss. Der Begründer der wissenschaftlichen Kunstgeschichte Johann Joachim Winckelmann wollte die Künste im 18. Jahrhundert gerade nicht „als gesellschaftliches bzw. höfisches Ereignis mit Spektakel- und Unterhaltungscharakter“ oder als „Anlass für eine geistreiche Konversation“ sehen, sondern als „aktiven Partner in einer streng exklusiven Zweierbeziehung".[242] Auch für Arthur Schopenhauer hat Kunst nichts mit Geselligkeit zu tun, sondern sie soll im Gegenteil aus der Welt hinausführen, weg von den anderen Menschen, an die wir durch Interessen, Wünsche und Zwecke gekettet sind.[243] Aber auch für Schopenhauer war Kunst eine Form der Kommunikation.

Die Gemeinschaft, von der Winckelmann und Schopenhauer sprechen, ist eine andere Art von „Geselligkeit". Sie erschöpft sich nicht im hier und jetzt, in der Gegenwart, in der es „mächtige Gesellschaften, Regierungen, Religionen, öffentliche Meinungen" gibt, wie Nietzsche schrieb. Wie die Philosophie eröffnet die Kunst „dem Menschen ein Asyl, wohin keine Tyrannei dringen kann, die Höhle des Innerlichen, das Labyrinth der Brust: und das ärgert die Tyrannen".[244] Die Gemeinschaft, um die es hier geht, ist das „Gespräch" über die Generationen hinweg. Mit seinen Bildern, Geschichten und Melodien richtet sich der Künstler zunächst an seine Mitmenschen.[245] Damit ist aber nur eine erste Stufe bezeichnet, denn die „Nachrichten" der Künstler können vom Publikum aufbewahrt, weitergegeben und fortentwickelt werden. Dadurch wird das Kunstwerk zum „allgemeinen Gut" und zum „Werk Aller": „Jede Generation überliefert es verschönert der folgenden […]. Was sie [die Künstler] produciren, ist nicht ihre Erfindung, sondern die Erfindung des *ganzen* Volkes".[246]

Eine kollektive Leistung

Die systematische Weitergabe von Wissen über die Generationen wird als „Kultur" bezeichnet. Sie ermöglicht es, die Erfahrungen einer sehr viel größeren Zahl von Menschen zu speichern und verfügbar zu machen, als zu einer Zeit leben. Seit der Erfindung der Schrift können wir auf diese sogar direkt zugreifen, die Gedanken von Aristoteles oder Darwin in ihren Texten bzw. von Mozart in seiner Musik aufspüren. Dadurch kann jeder Einzelne den Zumutungen der Gegenwart etwas entgegensetzen: die virtuelle Gemeinschaft mit den Menschen ferner Länder und Zeiten.

Evolutionsbiologisch lässt sich die Kulturfähigkeit als eine biologische Anpassung verstehen, die die Vorteile der genetischen Information mit denen der individuellen Erfahrung verbindet und zugleich einige ihrer Nachteile vermeidet. Was ist damit gemeint? Da jedes Lebewesen von einer ununterbrochenen Reihe erfolgreicher Vorfahren abstammt, sagt die im genetischen Programm gespeicherte Erfahrung immer nur, wie richtiges Verhalten in der Vergangenheit aussah. Gene haben kein Gedächtnis für Misserfolge und keinen Sinn für die Zukunft, sie produzieren relativ schematische Reaktionen und sie können sich nur langsam durch Mutation, Rekombination und Selektion von einer Generation zu nächsten verändern.

Unter bestimmten Lebensbedingungen sind diese Eigenschaften von Nachteil, und so entstand in der Evolution eine zweite, schneller veränderliche, aber auch flüchtige Form des Wissens – die in den Nervenzellen des Gehirns gespeicherten individuellen Erfahrungen. Verglichen mit instinktiven, genetisch fixierten Verhaltensweisen sind erlernte Reaktionen flexibler, was sich vor allem für bewegliche Lebewesen in einer veränderlichen Umwelt auszahlt. Individuelles Lernen hat aber auch einen gravierenden Nachteil: Die Erfahrungen müssen von jedem Individuum immer wieder aufs Neue gemacht werden, das Rad muss immer wieder aufs Neue erfunden werden. Dies ist mit großem Aufwand und mit Risiken verbunden.

Als Antwort auf dieses Problem ist in der Evolution eine dritte Art des Wissens entstanden, die flexibler ist als genetisches, aber beständiger als individuelles: kollektives Wissen, das systematisch von einer Generation zur nächsten weitergegeben wird. Wie beim individuellen Lernen erfolgt die Speicherung ursprünglich in den Nervenzellen des Gehirns, sie ist also vergleichsweise flexibel; auf der anderen Seite gehen die Erfahrungen beim Tod des Individuums nicht notwendigerweise verloren, sondern sie können – ähnlich wie Gene, aber unabhängig von ihnen – von einer Generation zur nächsten weitergegeben werden.[247]

Diese systematische Weitergabe von Wissen wird in der Evolutionsbiologie als kulturelle Vererbung bezeichnet. Die einzelnen Überlieferungen und Gebräuche nennt man Traditionen. Sie reichen von der Vorliebe für bestimmte Speisen über Bekleidungsregeln und Tischsitten bis hin zu Sprache, Technik, Recht, Religion, Wissenschaft und Kunst. Mit dem Wort „Kultur" ist also keine Wertung verbunden, sondern es steht für einen neutralen Mechanismus zur Speicherung von Erfahrungen. Die Überlieferungen selbst können richtig oder falsch sein, die Bräuche und Gewohnheiten ethisch gut oder schlecht, sinnvoll oder schädlich. Das Besondere an der Kultur ist also nicht in erster Linie ihr Inhalt – eine bestimmte Sprache, Kunst, Wissenschaft oder Moral –, denn dieser ist austauschbar. Das wirklich Einzigartige ist die Möglichkeit, Erfahrungen über viele Generationen weiterzugeben und zu speichern.

Verglichen mit dem ungeheuren Schatz an richtigen und falschen Vorstellungen, den die Menschheit angesammelt hat, kann die individuelle Erfahrung einen geringen, aber entscheidenden Beitrag leisten. Sie ist ein wichtiges Korrektiv, wenn sie unzutreffende kollektive Überzeugungen kritisiert, und sie produziert Innovationen, neues Wissen. Die Tatsache als solche ist so geläufig, dass sie kaum der Rede wert erachtet wird: Der größte Teil unseres Wissens ist kollektiv und wird durch systematisches Lehren und Lernen erworben. Wenn Kinder nicht durch Erwachsene unterrichtet würden, dann wären ihre sprachlichen Ausdrucksmöglichkeiten äußerst begrenzt und sie würden „genauso viel über Dinosaurier wissen wie Platon und Aristoteles, nämlich überhaupt nichts".[248] Das kollektive Wissen wird überwiegend mit Hilfe beliebig gewählter Zeichen, sprachlicher und anderer Symbole, weitergegeben und gespeichert.

Insofern ist Ernst Cassirer zuzustimmen, wenn er es für unbestreitbar hält, dass „symbolisches Denken und symbolisches Verhalten zu den charakteristischen Merkmalen menschlichen Lebens gehören und daß der gesamte Fortschritt der Kultur auf diesen Voraussetzungen beruht".[249] Aber ist auch seine weitergehende Behauptung zutreffend, dass die Menschen auf Gedeih und Verderb in der Welt der Kultur und der Symbole gefangen sind und die Möglichkeit der unmittelbaren Wahrnehmung der Wirklichkeit verloren haben? Die Meinungen gehen hier auseinander.[250]

Gefangen in der Welt der Symbole

Schon in den Anfängen der Kunst gab es sowohl naturalistische als auch symbolische Darstellungen. So haben genetische Untersuchungen gezeigt, dass es zur Entstehungszeit der gepunkteten Pferde von Pech Merle, d. h. vor rund 20 000 Jahren, in Frankreich tatsächlich gescheckte Pferde gab.[251] Auf der anderen Seite haben die weiblichen Figuren wie die berühmte Venus von Willendorf keine ausgearbeiteten Gesichter und ihre sexuellen Merkmale werden sowohl überzeichnet als auch auf das Wesentliche reduziert. Die Figuren scheinen also keine individuellen Frauen abzubilden, sondern für ein allgemeines Prinzip, für Weiblichkeit und Fruchtbarkeit, zu stehen.

Die vermittelnde Ansicht, dass es sowohl eine unmittelbare Wahrnehmung der Wirklichkeit als auch symbolisch verschlüsseltes, erlerntes Wissen und vielfältige Übergänge gibt, wurde im 20. Jahrhundert von einer einflussreichen Strömung in den Kulturwissenschaften aufgekündigt. Ein wichtiger Vertreter dieser Richtung, für die kulturelles Wissen zum alles bestimmenden Faktor wurde, war Ernst Cassirer. Er glaubte, dass die Menschen „nicht mehr in einem bloß physikalischen, sondern in einem symbolischen Universum [leben]. [...] Statt mit den Dingen hat es der Mensch nun gleichsam ständig mit sich selbst zu tun. So sehr hat er sich mit sprachlichen Formen, künstlerischen Bildern, mythischen Symbolen oder religiösen Riten umgeben, dass er nichts sehen oder erkennen kann, ohne dass sich dieses artifizielle

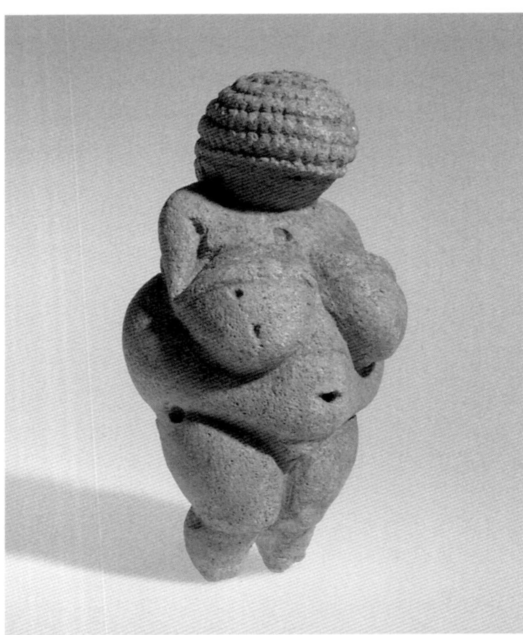

Abb. 13: Venus von Willendorf (Niederösterreich, rund 24 000 Jahre vor heute)

Medium zwischen ihn und die Wirklichkeit schöbe".[252] In diesem Sinne definierte der Kulturanthropologe Clifford Geertz den Menschen dann später als „ein Tier, das in Bedeutungsgeweben schwebt, die es selbst gesponnen hat", wobei er die „Kultur als diese Gewebe" ansah.[253] Und Ludwig Wittgenstein konstatierte: „*Die Grenzen meiner Sprache* bedeuten die Grenzen meiner Welt."[254]

Was ist zur These zu sagen, dass die Menschen sich in der Kunst ausschließlich mit kulturellen Inhalten, den Symbolen, beschäftigen und sowohl den Zugang zur äußeren Natur und als auch zur inneren Wirklichkeit ihrer Instinkte verloren haben?

Die Sprache der Gene

Wenn in den Künsten unbewusste Gefühle und Wünsche thematisiert werden, dann wäre die Abkoppelung von der äußeren Natur fatal. Emotionen – Angst und Schmerz, Begehren und Lust – entstehen immer in einer konkreten Umwelt und die Wünsche müssen in eben dieser Wirklichkeit realisiert werden. Insofern ist es aus Sicht der Evolutionsbiologie schwer verständlich, warum und wie die Menschen die ursprüngliche Fähigkeit der Tiere, direkte Erfahrungen der Umwelt zu machen, wieder verloren haben sollten.[255] Diese

Fähigkeit ist überlebensnotwendig, zumindest aber wäre ihr Verlust mit gravierenden Nachteilen verbunden. Lässt sich das Gefühl der Frühlingsonne auf der Haut nach einem langen, kalten Winter tatsächlich durch Symbole vermitteln? Wie verhält es sich mit Schmerzen? Und inwiefern schiebt sich bei der Erfahrung körperlicher Nähe zwischen zwei Menschen notwendigerweise das „artifizielle Medium" der Symbole zwischen sie? Schon Säuglinge müssen Berührungen erlebt haben, bevor sie symbolisches Denken und Verhalten erlernen können, und bei Erwachsenen kommt es zu massiven psychischen Störungen, wenn sie es verlernen, ihren Körper als solchen zu erleben. Gerade Künstler (und Liebende) haben sich immer wieder bemüht, die ursprüngliche Weltverbundenheit zurück zu gewinnen.[256]

Diese und viele andere Beobachtungen legen nahe, dass Menschen wie alle anderen Tiere in der Lage sind, grundlegende Außenreize wie Licht und Wärme, Berührung und Geschmack unmittelbar sinnlich wahrzunehmen. Es ist richtig, dass diese Erfahrungen sekundär mit kulturellen, d. h. erlernten Inhalten abgeglichen werden, aber sie werden von diesen nicht hervorgerufen. Ein Beispiel aus einem anderen Lebensbereich mag dies verdeutlichen. So ist eine handelsübliche Fertigmahlzeit, die als „Hühnersuppe" deklariert wird, aber kein Hühnerfleisch, sondern nur künstliche Aromen und Geschmacksverstärker enthält, Teil unseres „symbolischen Universums". Aber selbst wenn der Konsument nicht bewusst zwischen dem Symbol (der Beschriftung „Hühnersuppe") und der Wirklichkeit unterscheidet – sein Körper kann das sehr wohl und er wird den Mangel an Nährstoffen eher früher als später signalisieren.

Gilt dies auch für Kunstwerke? Lassen sie sich nur durch den Filter des erlernten, kulturellen Wissens verstehen? Viele Kunstwerke sprechen hier eine andere Sprache. So ist es wahrscheinlich noch untertrieben zu sagen, dass sexuelle Eifersucht in 90 Prozent aller Opern und vielen Theaterstücken eines der Hauptthemen ist. Shakespeares *Othello* ist der vielleicht berühmteste, aber nur einer unter vielen literarischen Versuchen, ihre Macht zu dokumentieren und ihre Motive zu ergründen. Definiert wird Eifersucht als leidenschaftliches Streben, einen Sexualpartner ausschließlich zu besitzen, was oft mit Aggression sowohl möglichen Konkurrenten als auch dem begehrten Partner gegenüber einhergeht. Der biologische Sinn dieses Verhaltens ist offensichtlich: Neben den Anpassungen, die das Überleben des Individuums sichern, sind solche, die auf die Reproduktion zielen, zentral.

Betrachtet man die konkreten Ausformungen, die sexuelle Eifersucht in den verschiedenen Kulturen (und Tierarten) annimmt, so findet sich eine erstaunliche Bandbreite. Auf der einen Seite kann man kunstvolles Werbeverhalten beobachten; hierher gehört der weite Bereich der Anlockung und Verführung. Eifersucht kann aber auch weniger positive Formen annehmen. Das Spektrum reicht hier vom Bekleidungszwang über Einkerkerung bis hin zu Mord. Diese und viele andere Formen der Eifersucht werden auf Gemälden, auf der Bühne, im Film, in Kriminal- und Liebesromanen immer und immer wieder in den unterschiedlichsten Konstellationen und Situationen durchgespielt. Kulturelle Einflüsse prägen die konkrete Ausgestaltung, aber das Grundgefühl, das den künstlerischen Darstellungen Tiefe und Intensität gibt, ist davon weitgehend unabhängig.

Man muss nicht so weit gehen wie Steven Pinker, der den biologischen Sinn des Lebens auf Fortpflanzung und Überleben reduzierte (und das Wohlergehen übersah) und dementsprechend die meisten der in der Kunst behandelten Themen mit den Worten „Kiss Kiss Bang Bang" (sex and crime) zusammenfasste.[257] Künstlerisch bearbeitete Träume von einem schönen Leben, von Luxus, Gesundheit und Erfolg, vom Triumph nach bestandenen Abenteuern und überwundenem Leiden sind fast ebenso beliebt.

Die Macht der Biologie über das „symbolische Universum" lässt sich auch an religiösen Mythologien demonstrieren. Was sieht man, wenn man Gemälde, die Maria mit dem kindlichen Jesus zeigen, unvoreingenommen betrachtet? Dass diese Form sozialer Interaktion nicht vom Christentum erfunden wurde, sondern ein Ausdruck der in der Evolution entstandenen Brutpflegeinstinkte der Säugetiere ist. Diese entfalten ihre emotionale Kraft nur zum geringsten Teil aus ihrem kulturellen Symbolgehalt, sondern mehr aus der Tatsache, dass hier eine für alle Menschen höchst bedeutsame Urszene dargestellt wird.[258]

Wenn dies zutrifft und die in der Kunst dargestellten Emotionen und Wünsche Ausdruck der biologischen Natur der Menschen sind, dann ist zu erwarten, dass kulturspezifische Symbole in ihr eine geringere Rolle spielen als in der gesprochenen Sprache. In der Tat fällt es deutlich leichter, der Musik eines fremden Landes etwas abzugewinnen als einer Durchsage oder Zeitungsmeldung. Es ist bemerkenswert, dass wir die Kunst anderer Kulturen erstaunlich zutreffend als solche erkennen können. Man denke nur an afrikanische Masken, die uns faszinieren, auch wenn wir ihre Bedeutung nicht kennen. Auf der anderen Seite zeigt der globale Erfolg westlicher Kino- und Fernsehfilme, dass Menschen aus anderen Kulturen unserer Kunst durchaus etwas abgewinnen können. Dieses kulturübergreifende Erkennen und Wertschätzen lässt sich nur schwer erklären, wenn man in der Natur der Menschen angelegte, gemeinsame emotionale und ästhetische Vorlieben leugnet.

Gene und Götter

Da die Kunstproduktion und -rezeption überwiegend unbewusst erfolgen, scheinen die künstlerischen Intuitionen aus dem Nichts aufzutauchen. Wie andere unerklärliche Phänomene schlug man sie deshalb häufig der Religion zu. So kam Platon zu der Aussage, dass „diese schönen Gedichte nicht Menschliches sind und von Menschen, sondern Göttliches und von Göttern, die Dichter aber nichts sind als Sprecher der Götter".[259] Wenn die Evolutionstheorie Recht hat, dann wurden die Menschen aber durch die natürliche Auslese „erschaffen" und sie werden in vielerlei Hinsicht durch die Gene beherrscht, die ihnen den Sinn des Lebens vorgeben.[260] Wenn der biblische Gott zu Noah und seinen Söhnen sagt: „Seid fruchtbar, vermehrt euch und bevölkert die Erde!"[261], so lässt sich dies biologisch als Ausdruck der Intentionalität der Gene verstehen, die einem außerweltlichen Gott zugeschrieben wird, da ihre eigentliche Entstehung den Menschen des vor-darwinschen Zeitalters verborgen bleiben musste.

Aus biologischer Sicht ist die Unbewusstheit weder verwunderlich noch problematisch, sondern der von der Verhaltensforschung beschriebene Normalfall für zielgerichtete Handlungen von Tieren: „In der Regel wird ein Tier [durch genetisch bedingte Mechanismen] über viele Handlungsschritte einem Endziel zugeführt, von dem es zwar in vielen Fällen sicher nichts weiß, das aber der Beobachter durchaus feststellen kann."[262] Auch die Kunst kann ihre Funktionen erfüllen, ohne dass den beteiligten Individuen die Mechanismen und Zwecke bewusst sein müssen. Die eingangs erwähnte Abneigung vieler Künstler und Kommentatoren einer wissenschaftlichen Analyse gegenüber lässt vielmehr den Schluss zu, dass das „Endziel" der Kunst ohne Bewusstsein vielleicht sogar leichter zu erreichen ist. Die „Beobachter" können die zugrundeliegenden Mechanismen aber sehr wohl untersuchen und es gibt keinen Grund, die Illusionen und Rationalisierungen der beteiligten Künstler und des Publikums ungeprüft zu übernehmen.

Was also ist gemeint, wenn der Archäologe und Kunsthistoriker Antonio Beltrán in Bezug auf die Höhlenmalereien der Eiszeit schreibt: „Wahrscheinlich waren die Darstellungen Mittler zwischen den Welten; die Kunst verband die Welt des Alltäglichen mit den immer präsenten übergeordneten Kräften und Mächten."[263] Um welche „Kräfte und Mächte" kann es sich handeln, wenn es keine Geister und Dämonen gibt? Betrachtet man die konkreten Inhalte der Kunstwerke, dann zeigt sich, dass die andere, die „nicht-alltägliche" Welt nichts anderes ist als die Welt der unbewussten Gefühle und Wünsche, die dem Individuum als „immer präsent" und „übergeordnet" erscheint, weil sie auch die biologischen Instinkte widerspiegelt. Insofern lassen sich Kunstwerke als Sprecher der Gene verstehen.

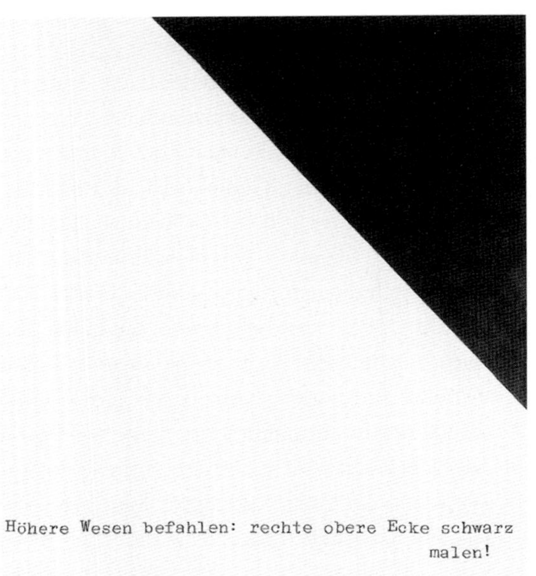

Abb. 14: Sigmar Polke: *Höhere Wesen befahlen: rechte obere Ecke Schwarz malen!* (1969)

Wenn von einigen Kulturanthropologen postuliert wird, dass Menschen im „symbolischen Universum" der Kultur gefangen sind, dann sind Kunstwerke nicht die Botschafter der Gene, sondern die Überbringer der Gedanken und Erfahrungen der Vorfahren. Dies sind sie sicher auch, aber damit ist die Frage noch nicht beantwortet, woher diese Gedanken ursprünglich stammen. Die kulturellen Inhalte werden ja nicht frei erfunden, sondern sie beruhen auf inneren und äußeren Erfahrungen, die eng mit Gefühlen und Lebenswünschen verflochten sind. Insofern gewinnt auch das „symbolische Universum" viele seiner Inhalte und seine Kraft aus der unversiegbaren Quelle der Wünsche in jedem Menschen, aus ihrer inneren Natur und aus ihren Instinkten, zu deren Verwirklichung es Lösungsstrategien bereitstellt.

Die Behauptung, dass in der Kunst ausschließlich oder hauptsächlich kulturelle Inhalte in Form von Symbolen dargestellt werden, war und ist auch unter Kunsthistorikern und Philosophen umstritten. Arthur Schopenhauer beispielsweise sah die Verwendung von Symbolen und Allegorien kritisch. In der bildenden Kunst hielt er sie für „ein fehlerhaftes, einem der Kunst ganz fremden Zwecke dienendes Streben". Das Besondere an den Künsten sah er gerade darin, dass sie „die naive und kindliche Sprache der Anschauung, nicht die abstrakte und ernste der *Reflexion*" reden.[264]

Leo Tolstoi ging soweit, „alle so genannten symbolischen Bilder, in denen die Bedeutung selbst des Symbols nur den Personen eines bestimmten Kreises verständlich ist" als „Erzeugnisse schlechter Kunst" zu bezeichnen.[265] Tolstoi fordert hier zu viel. Es gibt wahrscheinlich kein Kunstwerk, das allen Menschen in allen seinen Facetten intuitiv verständlich ist, weil es frei von kulturell vermittelten, d. h. symbolischen Inhalten ist. Wenn in Kunstwerken Wünsche und Phantasien dargestellt werden, dann müssen diese mit der Realität abglichen werden. Die Wirklichkeit der Menschen besteht aber nur zum Teil aus der äußeren, natürlichen Umwelt, sondern schon bei den Jägern und Sammlern der Altsteinzeit war sie vor allem auch soziale und kulturelle Umwelt. Dieser vermittelnde Blick unterscheidet die evolutionäre Kunsttheorie von sozialkonstruktivistischen Positionen, in denen nur dem zweiten, dem kulturellen Faktor Bedeutung zugesprochen wird.

Denkspiele

Wissenschaft, Recht und Kunst decken jeweils andere Bereiche des Wissens ab. Während die Wissenschaft zur Lösung lebenspraktischer und technischer Schwierigkeiten beiträgt und das Recht Interessenkonflikte beilegen soll, werden in der Kunst Szenarien durchgespielt, die zeigen, wie sich emotionale und soziale Probleme lösen lassen. Insofern ist die Kunst die Machiavelli'sche Technik schlechthin. Wenn Mozart seinen Helden in der *Hochzeit des Figaro* die rebellische Arie „Se vuol ballare, Signor Contino" anstimmen lässt, dann ist dies der Auftakt zu einer meisterhaft erzählten Geschichte von Macht, Verrat, Streit, Enttäuschung, Eifersucht und Resignation, aber auch von Mut, Beharrlichkeit, Hoffnung und Versöhnung.

Die Erzählungen der Künstler sind von existenzieller Bedeutung für die geistige und emotionale Reifung. Indem sie die großen und kleinen Probleme und Konflikte des Alltags ebenso wie Lebensschicksale aufgreifen, stellen sie einen reichen Pool an Handlungs- und Bewertungsstrategien bereit. Durch die Verdichtung und Zuspitzung komplexer Situationen und zeitlich ausgedehnter Prozesse in einer Erzählung, einem Roman, Spielfilm oder Drama werden diese einprägsam und erinnerbar. Die ästhetische Bearbeitung macht diesen Lernprozess lustvoll, lustvoller als es der reine Inhalt sein könnte. Es gibt wahrscheinlich kein Kunstwerk, das nicht eine Geschichte erzählen würde. Und es gibt kaum eine bessere, angenehmere und effektivere Art des Lernens sozialer Strategien als die Beschäftigung mit den Künsten.

Theater, Oper und Film, Romane, Gedichte und Erzählungen, Bilder und Skulpturen sind ein schier unerschöpfliches Reservoir an Lösungsstrategien, die im Laufe vieler Generationen durchgespielt und auf ihre Tauglichkeit geprüft wurden. Insofern dient die Darstellung von Gewalt, Ekel, Angst und

Langeweile, von Leidenschaft, Euphorie und Lust, von Ruhe und Wohlbehagen einer tieferen Erkenntnis. Das Leben sei, schrieb Steven Pinker, „wie ein Schachspiel, und Geschichten sind wie die Bücher mit berühmten Schachpartien, die ernsthafte Spieler studieren, damit sie vorbereitet sind, falls sie sich jemals in ähnlichen Schwierigkeiten befinden".[266] Von diesem Wissen kann jeder Einzelne für sich profitieren, bei der Lektüre eines Buches, beim Betrachten eines Bildes. Wenn die in einem Kunstwerk dargestellten Lösungsstrategien aber von vielen Menschen übernommen werden, kommt es zu dem beschriebenen Gemeinschaftsgefühl und zur Koordination der Ziele.[267]

Die individuelle Selbstentfaltung und das Einüben von Manipulationstechniken scheinen auf den ersten Blick der gemeinschaftsbildenden Funktion der Kunst zu widersprechen.[268] Welche Wirkung ist zu erwarten, wenn narzisstische Phantasien verherrlicht, Situationen der Konkurrenz betont und die Erfolgsaussichten verbrecherischer Handlungen erwogen werden? Dass ein beträchtlicher Teil der Kunstproduktion aus der Darstellung eben dieser anti-sozialen Tendenzen besteht, belegen nicht nur die Dramen Shakespeares, sondern auch die gegenwärtige Kriminalliteratur. Wie kann die Kunst trotz allem die Gemeinschaft befördern, anstatt sie zu zerstören?

Zum einen versorgt sie die Individuen und damit die ganze Gruppe bei Auseinandersetzungen nach außen, bei der Jagd, im Krieg und im Handel, mit hilfreichen Strategien. Zum anderen macht sie klar, dass alle Mitglieder einer Gruppe gleichermaßen asoziale Wünsche und Tendenzen hegen, die sie in den Künsten befriedigt sehen wollen. Und schließlich stellt sie den Individuen zwar Informationen bereit, die üblicherweise geheim sind, aber sie macht diese allen zugänglich und stellt so ein gewisses Gleichgewicht her. Typischerweise werden deshalb in Kriminalromanen nicht nur allerlei ausgeklügelte Strategien zur erfolgreichen Ausführung von Verbrechen vorgestellt, sondern auch die Möglichkeiten ihrer Aufdeckung. Ähnliches gilt für die Darstellung von Konflikten. Auch bei diesen werden nicht nur Techniken der Auseinandersetzung, sondern ebenso die Möglichkeiten des Ausgleichs und der Versöhnung thematisiert.

Woher kommen die Themen der Kunst? Die Künste sind eine spezielle Sprache, in der sich Menschen indirekt über ihre Lebensziele austauschen. Diese Lebensziele sind weder anerzogen noch beruhen sie auf individuellen Erfahrungen, sondern sie sind in erster Linie Ausdruck der Natur des Menschen. Da Menschen „soziale Tiere" sind, gibt die kulturelle Umwelt aber den Rahmen vor, in dem die Ziele verwirklicht werden müssen.

Warum Kunst vielfältig ist

„Was Menschen sind, mehr als alles andere, ist vielfältig."
(Clifford Geertz, *The interpretation of cultures*, 1973)

„Die Untersuchung aller Aspekte der Vielfalt des Lebens ist eines der wichtigsten Anliegen in der Biologie."
(Ernst Mayr, *The role of systematics in biology*, 1968)

Zu den faszinierendsten Kennzeichen der Kunst gehört ihre Vielfalt, die Einzigartigkeit und Individualität der Kunstwerke, ihre schier unglaubliche Wandlungsfähigkeit und nicht zuletzt die Hartnäckigkeit, mit der sie an den unerwartetsten Orten in Erscheinung tritt. Diese Eigenschaften teilt sie mit dem Leben, das ebenso einzigartig, vielfältig, wandlungsfähig und hartnäckig, aber um ein Vielfaches älter ist. Es scheint, als hätten die Menschen mit der Kunst das kreative Prinzip wiederentdeckt, das die Evolution seit unermesslichen Zeiten mit höchst eindrucksvollen Resultaten vorantreibt.

In Anbetracht der frappierenden Ähnlichkeiten zwischen dem Leben und der Kunst ist es eigenartig, dass der Eindruck entstehen konnte, dass mit der biologischen Perspektive eine verengte Auffassung der Kunst einhergehen muss. Selbst Autoren, die biologischen Fragestellungen aufgeschlossen sind, wie der Kulturanthropologe Clifford Geertz, beklagen: „Die große, enorme Vielfalt der Unterschiede zwischen den Menschen, bei Überzeugungen und Werten, Gebräuchen und Institutionen, sowohl über die Zeit hinweg als von Ort zu Ort, ist im Wesentlichen ohne Bedeutung, wenn es darum geht, ihre Natur zu definieren." Stattdessen würde ein starres Bild der menschlichen Natur gezeichnet, das an Platonische Ideen erinnere und bestenfalls eine erste Annäherung, oft aber eine grobe Verzerrung darstelle.[269]

Richtig ist, dass die Evolutionsbiologie das Hauptaugenmerk auf das allgemein menschliche Interesse an Kunstwerken richtet und von den nach Zeit und Ort unterschiedlichen Stilen und Richtungen absieht. Die Vielfalt ihrerseits ist aber ein allgemeines Charakteristikum der Kunst und fällt als solches in den Bereich der Evolutionsbiologie. Dass sich unterschiedliche Perspektiven nicht ausschließen müssen, sondern ergänzen und bereichern können, zeigt ein Blick auf die Situation innerhalb der Biologie. Hier gibt es auf der einen Seite die vergleichende Betrachtungsweise in der Anatomie, der Genetik, der Verhaltensforschung usw., deren Ziel darin besteht, *Gemeinsamkeiten* zwischen den Tier- und Pflanzengruppen zu identifizieren. Diese Methode hat sich als außerordentlich erfolgreich erwiesen und führte beispielsweise zu der erstaunlichen Erkenntnis, dass Menschen in ihrem anatomischen Bauplan nicht nur mit anderen Säugetieren, sondern auch mit Vögeln und Fischen übereinstimmen. Auf der Ebene der Zellen und der Gene gibt es sogar weitgehende Gemeinsamkeiten mit Insekten, ja selbst mit Pflanzen. Auf der anderen Seite stehen die Systematik und die Ökologie, die ihr Augenmerk auf die *Vielfalt und Einzigartigkeit* der Arten und Ökosysteme richten.

Beide Sichtweisen ergänzen sich nicht nur, sondern sie sind von den Ergebnissen der jeweils anderen Methode abhängig. So wenig die Tatsache, dass es Millionen verschiedener biologischer Arten gibt, der Beobachtung widerspricht, dass die Anzahl der anatomischen Baupläne und der Genfamilien überschaubar ist, sowenig ist die Vielfalt der Kunstrichtungen ein Argument gegen die Existenz einer biologisch angelegten Kunstfähigkeit und einer überschaubaren Anzahl ästhetischer Präferenzen.

Das gemeinsame Erbe

Objekte und Handlungen anderer Kulturen werden oft als Kunst bezeichnet, auch wenn nicht bekannt ist, warum sie hergestellt wurden und ob sie einen ähnlichen Zweck erfüllten wie die Kunst der Gegenwart. Woher kann man wissen, dass es sich um Kunst handelt, wenn keine erläuternden Informationen erhalten geblieben sind, wie bei den Höhlenmalereien der Eiszeit? In solchen Fällen geht man von der intuitiven Wahrnehmung kulturübergreifender Gemeinsamkeiten aus, die auf der engen genetischen Verwandtschaft aller Menschen beruhen. Wir wissen nicht nur, dass Menschen vor 400 000 Jahren Pferde gejagt haben, um sie zu essen, weil wir noch heute Hunger haben und Fleisch essen, sondern wir verstehen auch, dass Menschen vor 20 000 Jahren Pferde auf eindrucksvolle Weise zeichneten, um etwas mitzuteilen, weil Bilder noch heute diese Funktion haben.[270]

Um die Kunst fremder Kulturen als solche erkennen zu können, muss eine ästhetische Bearbeitung, d. h. gedankliche oder handwerkliche Mühe, erkennbar sein. Bei vielen Kunstwerken sind diese Voraussetzungen nicht gegeben oder nur mit Vorwissen wahrnehmbar. Dann besteht die Gefahr, dass sie unbeachtet bleiben, vergessen werden und verloren gehen. Dieses Schicksal teilen viele Kunstwerke von Naturvölkern und sozialen Minderheiten (Graffiti) mit modernen Werken wie Marcel Duchamps *Flaschentrockner* (1914) oder Joseph Beuys' *Badewanne* (1960). Der Kunstcharakter dieser Werke kann intuitiv oft nicht erkannt werden, sondern erfordert einen erläuternden Text oder eine sachkundige Führung. So war es ohne Vorwissen schwierig zu erraten, dass es sich bei den in einer Zimmerecke der Düsseldorfer Kunstakademie befestigten fünf Kilogramm Butter um ein Kunstwerk von Joseph Beuys handelte. Insofern kann man der Reinigungskraft, die die *Fettecke* im Jahr 1988 entfernte, keinen Vorwurf machen; in einem anderen kulturellen Umfeld hatte die Fettecke aber durchaus Bedeutung und so wurden ihrem Eigentümer 40 000 DM Schadensersatz zugesprochen, den das Land Nordrhein-Westfalen bezahlte.

Schwierig ist es auch, die Bedeutung der abstrakten Zeichen, Punkte und Linien zu verstehen, die sich zusammen mit Tierbildern in Eiszeithöhlen finden. Man geht davon aus, dass es sich zumindest teilweise um Symbole handelt, d. h. um willkürlich gewählte Zeichen, die für Gegenstände, Vorgänge oder abstrakte Begriffe stehen. Da die Bedeutung von Symbolen auf „Verabredung" beruht, ist sie nicht allgemein verständlich, sondern muss erlernt werden und kann für immer verloren gehen.

Dies muss allerdings nicht für alle Symbole gelten; ein Teil des kulturellen Wissens könnte sich seit der Eiszeit erhalten haben. So hat der Kunsthistoriker Max Raphaël darauf hingewiesen, dass grundlegende „Formgestalten und Zeichen" der Altsteinzeit „einen langen Fortbestand in der Geschichte" hatten und in der volkstümlichen Überlieferung noch bis in die neuere Zeit

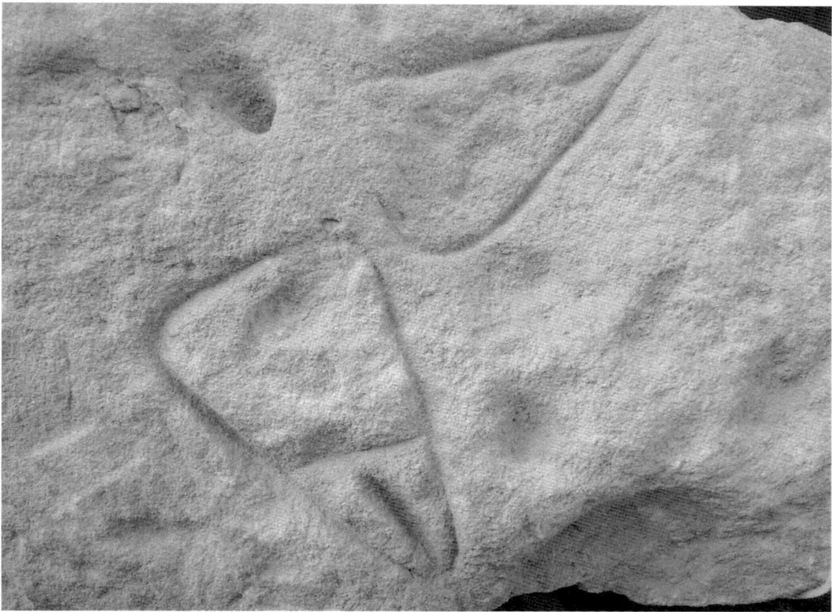

Abb. 15: In der Kunst der Eiszeit gibt es sowohl nachahmende als auch symbolische Darstellungen. In einigen Fällen, wie bei den in einen Felsblock geritzten Vulven von La Ferrassie, machen es Mischformen möglich, die Bedeutung der Zeichen zu rekonstruieren.

nachweisbar sind. Als Beispiel nennt er den Stier als Symbol für männliche Sexualität.[271] In einigen Fällen lässt sich die ursprüngliche Bedeutung auch erkennen, da die Symbole aus realistischen Darstellungen entstanden, die zunehmend vereinfacht und schematisiert wurden. Übergangsformen zwischen den realistischen Abbildungen und den aus ihnen hervorgegangenen abstrakten Zeichen machen dann eine Rekonstruktion möglich.[272]

Auch wenn die Bedeutung einzelner Symbole also oft rätselhaft bleiben muss, gilt dies nicht für die allgemeine Funktion der Symbole. Diese lässt sich sehr wohl verstehen, da in jeder menschlichen Kultur Symbole eine Rolle spielen und alles darauf hindeutet, dass sie überall in derselben Weise verwendet werden. Auf indirekte und negative Weise spiegelt sich dieses intuitive Verständnis fremder Kunstwerke auch in ihrer Ablehnung wider. Die Angst der christlichen Konquistadoren vor der „teuflischen" Kunst der Indianer Südamerikas oder der Hass der islamischen Taliban auf die als Götzenbilder verdammten Buddha-Statuen von Bamiyan in Afghanistan lassen sich nur verstehen, wenn man davon ausgeht, dass sie diese unersetzlichen Kunstschätze in ihrer Bedeutung durchaus verstanden haben und gerade deshalb vernichteten. Die Kunst einer anderen Kultur ist wie eine fremde Sprache oder Schrift; selbst wenn man nicht weiß, was die Worte oder Zeichen bedeuten, so kann man doch häufig erkennen, dass es sich um eine Sprache oder Schrift handelt.[273] Die Überzeugung, dass es sich bei den Höhlenmalereien und Figuren aus der Eiszeit um Kunst handelt, ist also durchaus plausibel.

Obwohl es in der Kunst also zahlreiche kulturübergreifende Gemeinsamkeiten gibt, wird unsere Aufmerksamkeit besonders von den Unterschieden gefesselt. Dies könnte seine Ursache darin haben, dass es in der Evolution wichtig war, feine soziale und kulturelle Unterschiede wahrzunehmen.[274] Wie entstehen diese kulturellen Verschiedenheiten?

Genetische Mutationen und geistige Innovationen

Die Vielfalt der Organismen ist in erster Linie ein Ausdruck genetischer Vielfalt. Daneben spielt die Umwelt eine geringere, modifizierende Rolle, indem sie die Ausprägung der Gene beeinflusst. Je nach Nährstoffzufuhr und Lichteinstrahlung können beispielsweise Pflanzen trotz übereinstimmender Gene recht unterschiedliche Gestalt annehmen. Diese (phänotypischen) Unterschiede werden nicht genetisch vererbt und verschwinden wieder, sobald die Umwelt sich ändert.

Die genetische Vielfalt entsteht durch Mutationen, d. h. durch chemische Veränderungen des Erbmaterials (DNA), die in Bezug auf die Bedürfnisse des jeweiligen Organismus zufällig sind. Ob sich eine Mutation als nützlich, neutral oder schädlich erweist, stellt sich immer erst nachträglich heraus. Den Mutationen entsprechen auf der kulturellen Ebene die Werke der Künstler. In beiden Fällen handelt es sich um die mehr oder weniger tiefgreifende Veränderung einer bestehenden Sache, eines Gens oder eines Kunststils.

Bei künstlerischen Neuerungen spielt der Zufall eine ähnlich große Rolle wie in der Evolution. Selbst im Zeitalter von Marktforschung und Werbemacht ist der Erfolg von Romanen, Fernsehserien, Kinofilmen und populärer Musik nur teilweise planbar. Eine besondere Rolle spielt die mangelnde Planbarkeit bei innovativen, unkonventionellen Kunstwerken. Sie sind ebenso selten wie erfolgreiche Groß-Mutationen; aus diesem Grund ziehen es die meisten Künstler vor, sich an erprobten Erfolgsmodellen zu orientieren.

Wie die Mutationen müssen sich auch Kunstwerke in einer bestimmten Umwelt, in der Konfrontation mit den Kritikern, den Sammlern und der Öffentlichkeit bewähren. Wenn es unterschiedliche Kunstwerke gibt, dann konkurrieren diese um Anerkennung ebenso wie Mutationen um Überlebenschancen konkurrieren. Insofern unterliegen Kunstwerke wie die Gene einer Selektion. Und so lässt sich Karl Poppers Bemerkung über wissenschaftliche Theorien auch auf die Kunst übertragen: „Ganz wie [...] Organe und ihre Funktionen [sind Theorien und Kunstwerke ...] versuchsweise Anpassungen an die Welt, in der wir leben."[275]

Die Verschiedenheit der Arten und der Kulturen

Ein zweiter Bereich biologischer Vielfalt ist die Vielfalt der Arten. Im Gegensatz zu Charles Darwins ursprünglicher Vermutung spielt die natürliche Auslese bei der Entstehung der Arten der höheren Tiere und Pflanzen nur eine untergeordnete Rolle. Entscheidend ist vielmehr die räumliche Trennung zweier oder mehrerer Populationen einer ursprünglich einheitlichen Art durch eine geografische Barriere. Entsteht ein solches Hindernis, dann sammeln sich in den getrennten Populationen abweichende Mutationen an. Irgendwann sind die genetischen Unterschiede so groß, dass es nicht mehr zu erfolgreicher Paarung kommt, wenn die geografische Barriere wegfällt – aus einer Ursprungsart sind zwei Tochterarten geworden. Die Aufspaltung biologischer Arten ist also kein aktiv herbeigeführter Vorgang, sondern ein ungewollt auftretender Effekt, der nichtsdestoweniger weitreichende Folgen hat.

Den Mutationen entsprechen die originellen Ideen einzelner Individuen, die spontan entstehen und in den Erfahrungsschatz einer Gemeinschaft übernommen werden können. Bei räumlicher Entfernung sammeln sich nicht nur genetische Mutationen, sondern auch kulturelle Besonderheiten an. Irgendwann sind die Unterschiede der Sprache, der Gebräuche und der Kunst so groß, dass die Mitglieder zweier Gruppen sich nicht mehr verstehen, wenn sie wieder aufeinander treffen. Analog zur Entstehung getrennter biologischer Arten durch räumliche Isolation hat sich so eine Vielfalt unterschiedlicher Kulturen herausgebildet. Symbole sind damit nicht nur Zeichen für etwas, sondern zugleich Unterscheidungszeichen zwischen den Gruppen. Indirekt und ungewollt entsteht so ein geschützter Raum, in dem sich neue kulturelle Modelle entwickeln und entfalten können.

Wie die Vielfalt der Arten entsteht auch die Vielfalt der Kulturen zunächst als passive Folge räumlicher Trennung. Im Gegensatz zu biologischen Arten werden die Unterschiede zwischen den Kulturen aber zudem oft *aktiv* hergestellt und stabilisiert. Völker, Generationen, soziale Klassen und alle möglichen Vereinigungen grenzen sich bewusst von konkurrierenden Gruppen ab und betonen die echten oder oberflächlichen Differenzen. Der Hauptzweck dieses Verhaltens scheint darin zu bestehen, den inneren Zusammenhalt zu festigen, indem künstlich Fremdheit und Ablehnung erzeugt werden. Die Leichtigkeit und der Automatismus, mit der die in-group/out-group-Unterscheidung in der Regel erfolgt, spricht dafür, dass es sich um einen evolutionär vorteilhaften Mechanismus handelte.[276]

Ein weiterer Unterschied zwischen der Bildung der Arten und der Kulturen ist die *Geschwindigkeit*, mit der beide Prozesse ablaufen. Die Fähigkeit, Erfahrungen in den Nervenzellen des Gehirns statt in den Genen zu speichern, hat den Vorteil, dass erlernte Reaktionen schneller veränderbar sind als genetisch fixierte Instinkte. Die Veränderung kultureller Inhalte erfolgt zwar langsamer als das individuelle Lernen, da sie sich erst in einer Gruppe von Menschen durchsetzen müssen, aber sie ist immer noch deutlich schneller als der genetische Wandel. Während die Auftrennung zweier Arten bei Säugetieren rund eine halbe bis eine Million Jahre erfordert, entstehen trennende kulturelle Unterschiede, beispielsweise bei der Sprache, schon nach wenigen hundert Jahren.

Die kulturelle Evolution läuft also mit einer etwa tausendfach höheren Geschwindigkeit ab als die biologische Evolution. Dadurch haben sich trotz der engen biologischen Verwandtschaft aller heutigen Menschen auffällige kulturelle Unterschiede ausgebildet. Diese Unterschiede können sich unabhängig davon, ob sie unbeabsichtigt als Folge räumlicher Trennung entstanden sind oder aktiv verstärkt wurden, sekundär als schädlich oder vorteilhaft erweisen.

Welche Auswirkungen hat die Vielfältigkeit der Kunst? Kulturelle Fremdheit ist eine schwer überwindbare Quelle der Missverständnisse, des Misstrauens und der Ablehnung zwischen den Menschen verschiedener Herkunft. Andererseits gäbe es ohne sie nicht die Chance, die fremde und exotische Kunst anderer Völker für die eigene Kultur verwertbar zu machen. Alles in allem ist die Vielfalt der künstlerischen Ausdrucksformen nichts, was der Biologie fremd wäre.

3 Welches Problem soll Kunst lösen?

Selektionsvorteile der Kunst

> Wenn die Fähigkeit der Menschen,
> „von der Kunst angesteckt zu werden, fehlen würde,
> dann würden sie wahrscheinlich noch wilder sein und
> vor allem würden sie uneinig und feindselig sein."
> (Leo Tolstoi, *Was ist Kunst?* 1898)

Um die evolutionäre Entstehung einer Verhaltensweise erklären zu können, muss ihr Zweck, d. h. ihr biologischer Selektionsvorteil, nachgewiesen werden. Wie andere komplexe Merkmale erfüllen auch künstlerische Aktivitäten diese Forderung in mehrerlei Hinsicht. Die Federn der Vögel sind nicht nur ein Schutz vor Kälte und Verletzungen, sondern sie ermöglichen auch das Fliegen und können als sexuelle Signale dienen. Damit haben sie mehrere Selektionsvorteile. Analog dazu fördern künstlerische Talente und Interessen das Überleben, das Wohlergehen und die Fortpflanzung der Individuen in vielerlei Weise.

- Künstlerisches Verhalten ist ein aussagekräftiger *Indikator für Talente und Ressourcen*. Dadurch kann es die Attraktivität eines Individuums bei der sexuellen Wahl und seinen sozialen Status erhöhen. Dies muss nichts mit Kunst im engeren Sinne zu tun haben, sondern es geht ganz allgemein um die Demonstration von Kreativität und Geschick, die in vielen lebenspraktischen Bereichen von der Werkzeugherstellung bis zur Jagd ausschlaggebend sind.
- Durch künstlerische Darbietungen werden gemeinsame Erlebnisse wie Mahlzeiten, Feste und Feiern aufgewertet und zu einem Signal *kollektiver Stärke und Talente*, was den Einzelnen dazu bewegen kann, sich einer Gruppe anzuschließen und für ihre Ziele einzusetzen.

Analog zur Werbung in der sexuellen Wahl präsentieren sich hier mehrere Individuen als Einheit. Durch uniforme Kleidung, Tätowierungen, Abzeichen, Haartrachten und Verhaltensweisen entsteht ein gemeinsames Erscheinungsbild, so dass die Gruppe wie ein Individuum höherer Ordnung wirkt. Bekannte Beispiele für solche Gruppen-Phänotypen sind Mannschaften im Sport und militärische Verbände. Kollektive künstlerische Darbietungen sind in diesem Sinne Indikatoren für die Talente und Ressourcen einer Gruppe. Ein Team, das sich ansprechend präsentiert, ist attraktiver und wird die besseren Spieler und Spielerinnen anziehen und umgekehrt. Ethnologische und paläoanthropologische Beobachtungen machen wahrscheinlich, dass es einen solchen „Spielermarkt" bereits in den Zeiten der Jäger und Sammler gab. Bis heute spielen kollektive Darbietungen bei Umzügen, bei überregionalen kulturellen Treffen aller Art wie bei der Biennale in Venedig und bei Sportfesten wie bei den olympischen Spielen eine große Rolle.

Bei gemeinsamen (künstlerischen) Aktivitäten wird die kollektive Attraktivität immer wieder überprüft und bestätigt, so wie der Einzelne sich im Spiegel bewundert und im Training glänzen will. Fällt dies zur Zufriedenheit aus, entsteht ein positives Gemeinschaftserlebnis und eine Identifikation mit der Gruppe. Wie bei der sexuellen Wahl gibt es auch hier Gewinner und Verlierer. Wie entscheidend dies ist, wird eindrucksvoll durch die negativen emotionalen Reaktionen bei einem Wechsel der Gruppe bestätigt: Brandmarkung als Verrat und Androhung massiver Sanktionen. Fahnenflucht wurde nicht selten mit dem Tod bestraft und wenn der Soldat Don José in Georges Bizets Oper *Carmen* seine Truppe verlässt und sich den Zigeunern anschließt, dann muss er bereit sein, einen hohen Preis zu bezahlen.

- Indem künstlerische Aktivitäten eine Vielzahl von körperlichen und geistigen Fähigkeiten üben und trainieren, fördern sie die *individuelle Leistungsfähigkeit*.
- In den Objekten, Erzählungen und Melodien wird ein enormer Fundus an *sozialem und emotionalem Wissen* aufbewahrt, das im Kampf um Einfluss und Ressourcen von unschätzbarem Wert ist. Diejenigen, die diese Sprache besser verstehen und beherrschen, werden die anderen Gruppenmitglieder eher davon überzeugen können, dass ihre Interessen berücksichtigt werden müssen. Wenn man annimmt, dass die Sprachfähigkeit sich entwickelt hat, weil sie einen Selektionsvorteil für die sprachbegabten Individuen mit sich brachte, dann lässt sich dies für die Sprache der Gefühle, die Kunst, kaum bestreiten.
- Eine partielle Ausnahme stellt die *Vielfalt der Kunststile* bei den verschiedenen Völkern, Generationen und sozialen Gruppen dar. Sie tritt teilweise als passiver Effekt der räumlichen Trennung auf und muss als solcher keinen Selektionsvorteil haben. Unter bestimmten Umständen kann die aktive Abgrenzung von anderen Gruppen, durch den damit verbundenen Zwang sich festzulegen, den Zusammenhalt stabilisieren. Auf der anderen Seite erschwert die Abschottung nach außen den geistigen Austausch. Die Frage, ob die kulturelle Isolation als solche einen Vorteil bedeutet oder nicht vielmehr das Gegenteil, erlaubt also keine allgemeine Antwort.

Alles in allem lassen sich mehrere Selektionsvorteile für künstlerische Talente und Interessen benennen. Dies könnte erklären, warum die Evolutionsbiologen sich bislang nicht einigen konnten, welcher Faktor der entscheidende ist. Und wenn die Kunst mehrere biologische Funktionen erfüllt, die einzeln und in Kombination genügen, um ihre Entstehung plausibel zu machen, dann könnte man es dabei bewenden lassen. Vielleicht ist dies aber nicht die ganze Antwort. Am Beginn des letzten Abschnitts habe ich die Frage gestellt, ob Kunst mehr ist als ein Bündel einzelner Teile. Ist durch die Kombination unterschiedlicher Funktionen ein *evolutionär neues, „emergentes" Werkzeug mit einem eigenen Selektionsvorteil* entstanden?

Ein vernetztes Ganzes

Für einen übergeordneten Zweck spricht, dass es vielfältige Wechselwirkungen zwischen den einzelnen Teilfunktionen der Kunst gibt. Es ist oft schwierig, die verschiedenen Aspekte isoliert zu betrachten und die Grenzen erweisen sich als künstlich. Bevor wir uns der Frage zuwenden, ob es einen allgemeinen Selektionsvorteil der Kunst gibt, der durch das Zusammenspiel der einzelnen Elemente entsteht, möchte ich einige der Querverbindungen Revue passieren lassen.

Die Künste sind *spezielle Sprachen*, in denen sich Menschen über ihre Gefühle und Wünsche austauschen. Dabei wird keine grundsätzlich neue Art der Kommunikation erzeugt, sondern die Wort-, Zeichen-, Laut- und Körpersprachen werden durch zusätzliche Bedeutungsebenen ergänzt.[277] Wenn in einem Lied ein Text mit einer Melodie kombiniert wird, dann tritt der Sinn der Worte in den Hintergrund. Aber er verschwindet nicht, sondern er erhält eine emotionale Färbung, durch die seine ursprüngliche Bedeutung verstärkt, aber auch dementiert werden kann. Insofern machen Kunstwerke Aussagen darüber, wie Situationen und Dinge emotional bewertet werden, geben Einblicke in die Gemütszustände anderer Menschen und fördern so das soziale Miteinander.

Kunstwerke und künstlerische Darbietungen ermöglichen es nicht nur, über Emotionen zu sprechen, sondern sie helfen auch, *diese Informationen zu speichern*. Ästhetische Formen wie Reim, Rhythmus, Proportion und Symmetrie unterstützen die Merkfähigkeit. Durch häufige Wiederholung kann die Verbindung zwischen einzelnen Bildmotiven, Sätzen bzw. Melodien und emotionalen Bewertungen psychologisch unauflöslich werden. Wie effektiv dieses Lernen anhand einfacher ästhetischer Signale und Symbole ist, lässt sich allen Lebensbereichen, von den Religionen bis hin zur Produktwerbung beobachten.

Die ästhetische Bearbeitung hat noch eine zweite Funktion: Sie signalisiert *Qualität und Ehrlichkeit*. In Anbetracht der Tatsache, dass es in der Kunst um die Abstimmung der oft gegensätzlichen und unbewussten Gefühle und Wünsche vieler Menschen geht, muss die Ernsthaftigkeit der vermittelten Inhalte besonders betont werden. Stärker jedenfalls als bei technischen Kenntnissen und beim Wissen über die Natur, deren praktischer Nutzen unmittelbar einleuchtet.

Menschliche Gruppen mit ihrem ständigen Wandel der Interessenslagen und Machtstrukturen sind so komplex, dass schematische Verhaltensregeln allein oft nur unzulängliche Handlungsanweisungen bereitstellen. Dadurch wird die *spielerische Simulation* unterschiedlicher Szenarien, wie dies auch in anderen Strategiespielen, beispielsweise im Schach, realisiert wird, zu einer unverzichtbaren Ergänzung.

In den Künsten werden soziale Strategien nicht nur dargestellt, sondern die Anerkennung eines Objekts als Kunst ist seinerseits das *Resultat eines Aushandlungsprozesses*. Dies setzt einen Ausgleich zwischen den Interessen der Künstler und den Wünschen des Publikums voraus. Als schwierig zu erzeugende Objekte und Tätigkeiten sind Kunstobjekte zunächst Statussymbole ihrer Produzenten und Eigentümer und dienen so der Konkurrenz. Die anderen Individuen werden die Aufwertung der Objekte als Kunst nur mittragen, wenn sie auch selbst davon profitieren. Sie tun dies in mehrerlei Hinsicht: a) Kunstwerke vermitteln subtiles „Geheimwissen" über Machtstrategien, emotionale Konflikte und ein gelungenes Leben; b) das Überleben und Wohlergehen aller Mitglieder einer Gruppe hängt letztlich von den individuellen Talenten ab; c) wenn die Zuschauer und Zuhörer ein wertvolles Objekt oder eine schwierige Tätigkeit als Teil ihres erweiterten Phänotyps akzeptieren (sich mit den Künstlern identifizieren), dann übertragen sich deren Qualitäten auf das Publikum; d) diese Identifikation ermöglicht zusammen mit der Gewissheit, dass ein Kunstwerk erst durch die gemeinschaftliche Leistung von Künstlern und Publikum als solches entstehen, ein intensives Gemeinschafterlebnis.

Der neue Superorganismus

Verlässliche Kommunikation, dauerhafte Wissensspeicherung, emotionales und strategisches Training, narzisstische Aufwertung und gemeinsame positive Erlebnisse machen die Kunst zu einem leistungsfähigen gemeinschaftsbildenden Mechanismus. Darin, so die Hauptthese meines Buches, besteht ihr zusätzlicher biologischer Selektionsvorteil:

> Kunst ist ein Werkzeug, das in einzigartiger Weise die Verständigung über unbewusste Gefühle und Wünsche ermöglicht und dieses Wissen speichert. Die aufwändige Form signalisiert die Ernsthaftigkeit der Informationen und erregt Aufmerksamkeit. Wenn Menschen sich möglicher Gemeinsamkeiten versichern bzw. diese herstellen wollen, wird die Kunst aktiviert. Ist dies nicht nötig, wird sie „abgeschaltet". Der allgemeine Selektionsvorteil der Kunst besteht darin, dass sie menschliche Gruppen durch die intensivere Zusammenarbeit in der Gegenwart und über die Generationen hinweg zu evolutionär erfolgreichen Superorganismen macht.

Mit dem Wort „Superorganismus" bezeichnen Biologen höhere Einheiten, die durch die enge Kooperation vieler Individuen entstehen. Wenn man beispielsweise eine Ameisenkolonie „aus ein bis zwei Metern Entfernung anschaut und das Bild leicht verschwimmen lässt, scheinen die Körper der einzelnen Ameisen zu einem überdimensionalen, kaum abgrenzbaren Organismus zu verschwimmen".[278] Auch der menschliche Körper ist eine Form von Superorganismus, in dem ursprünglich selbstständige Einzelorganismen (die Zellen) zusammenarbeiten.

Mit der Benennung eines Gegenstandes oder Verhaltens als „Kunst" ist also keine Wertung verbunden, sondern ein neutraler Mechanismus der Verständigung und Erfahrungsspeicherung in einer sozialen Gruppe gemeint. In dieser Hinsicht ähnelt sie der Kultur, die sich als allgemeiner Mechanismus zur Weitergabe und Aufbewahrung von Wissen über die Generationen verstehen lässt. Ebenso wie diese Informationen richtig oder falsch sein können, können die durch Kunst geförderten Gefühle angemessen oder unangebracht, die verfolgten Ziele ethisch gut oder schlecht, sinnvoll oder schädlich sein. Immer aber ist Kunst den Menschen wichtig, andernfalls würden sie sich nicht diese Mühe machen.

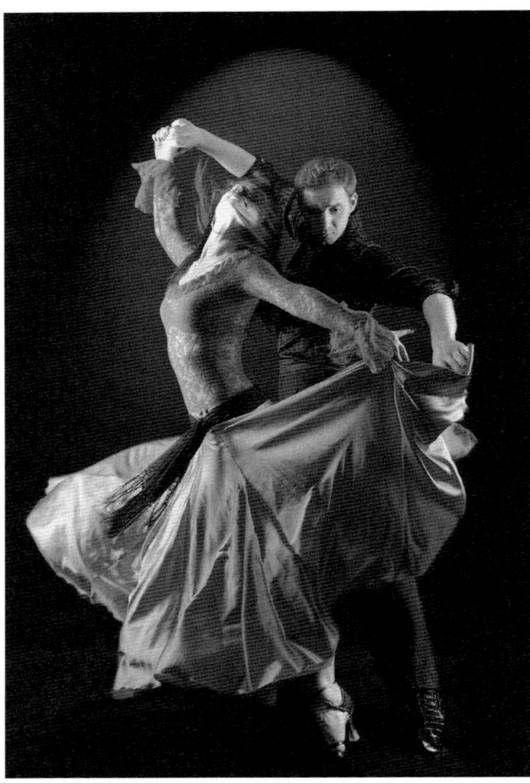

Abb. 16: Musik, Tanz, Schauspiel und andere Künste ermöglichen es den Menschen, sich über ihre unbewussten Gefühle und Ziele zu verständigen und diese zu koordinieren.

Dass Kunst ein effektiver Mechanismus der Gemeinschaftsbildung ist, wurde schon von den Kunsttheoretikern früherer Jahrhunderte registriert. Friedrich Schiller beispielsweise rühmte die verbindenden Wirkungen des Theaters mit überschwängliche Worten: Hier können die „Menschen aus allen Kreisen und Zonen und Ständen, abgeworfen jede Fessel der Künstelei und der Mode, herausgerissen aus jedem Drange des Schicksals, durch *eine* allwebende Sympathie verbrüdert, in *ein* Geschlecht wieder aufgelöst […], ihrem himmlischen Ursprung sich nähern".[279] Von einem himmlischen Ursprung war bei Friedrich Nietzsche nicht die Rede, sondern von kollektiven Rauschzuständen: Unter dem Zauber der dionysischen Rausch-Kunst der Musik, „zerbrechen alle die starren, feindseligen Abgrenzungen, die Noth, Willkür oder ‚freche Mode' zwischen den Menschen festgesetzt haben. […] Singend und tanzend äußert sich der Mensch als Mitglied einer höheren Gemeinsamkeit".[280]

Insofern lässt sich auf Geoffrey Millers Frage, warum die Menschen „Kunst oder Rituale benötigen sollten, die uns helfen, uns in Gruppen zu

‚binden'", während andere Primaten ohne diese Mechanismen auskommen, zunächst antworten, dass ethnologische, psychologische und Alltags-Beobachtungen zweifelsfrei belegen, dass Kunst (und Rituale) eben diese Wirkung haben können. Damit ist weder gesagt, dass es nicht noch andere gemeinschaftsbildende Mechanismen gibt, noch dass es im Notfall auch ohne Kunst geht. Und wenn Schimpansen es nicht nötig haben sollten, „ihre kulturellen Identitäten auszudrücken oder ein kollektives Bewusstsein herzustellen, um in Gruppen leben zu können",[281] dann lässt sich daraus schließen, dass Menschen ihre Gemeinschaften eben teilweise anders organisieren. Die Tatsache, dass Löwen und Wölfe auch ohne die besonderen geistigen Fähigkeiten der Menschen effektive Jäger sind, ist ja auch kein Argument gegen die These, dass unsere Jäger- und Sammler-Vorfahren bei der Jagd auf ihre Intelligenz vertrauten, und dass dies einen guten Teil ihres Erfolges ausmachte.

Damit ist aber noch nicht beantwortet, warum Menschen mehr und andere gemeinschaftsbildende Mechanismen benötigen bzw. nutzen als andere Primaten. Eine erste Antwort ist, dass das menschliche Sozialverhalten schon bei Jägern und Sammlern auf der intensiven Zusammenarbeit von nicht-verwandten Individuen beruhte.[282] Dann kann sich die Wirkung der Kunst erst im Zusammenspiel besonderer geistiger Fähigkeiten entfalten. Hier gilt, was sich auch über die Intelligenz der Menschen sagen lässt, deren Selektionsvorteil kaum bestritten wird. Intelligenz und Kunstfähigkeit sind biologisch „teure" Merkmale, die aufwändig gebaute Gehirne voraussetzen. Unter anderen Voraussetzungen und in anderen Umwelten werden deshalb zusätzliche Investitionen in den Geruchssinn oder in Muskeln die evolutionär bessere Lösung sein. Intelligenz, kulturelles Lernen und Kunstfähigkeit sind effektive, aber teure Merkmale, die nur unter bestimmten Voraussetzungen biologisch sinnvoll sind.

Eine dritte Antwort ist, dass Kunst eine evolutionäre Antwort auf Probleme darstellt, die durch die Verfeinerung der Machiavelli'schen Manipulationstechniken beim Menschen aufgetreten sind. Nicht nur viele Künstler sondern auch die Soziobiologen haben überzeugend belegt, dass unsere Gemeinschaften auch durch ein Netz aus Selbsttäuschungen, eigennützigen Verzerrungen und Lügen zusammengehalten werden. In dem Maße, in dem Menschen geschickter täuschten, entwickelte sich ihre Fähigkeit, Täuschungen zu erkennen. Dies gilt ebenso für Schimpansen und andere soziale Tiere, aber Menschen sind in dieser Hinsicht unbestrittene Meister.[283] Um in dieser Situation zu verhindern, dass das Wettrüsten von Täuschungen und ihrer Entlarvung in einer Negativspirale aus Misstrauen und Enttäuschung endet, muss es ein Gegengewicht aus vertrauensbildenden Maßnahmen und positiven gemeinsamen Erlebnissen und Erfolgen geben.[284]

Beim Menschen haben sich die vielen gemeinschaftbildenden Mechanismen also nicht nur herausgebildet, weil Zusammenarbeit oft die erfolgreichere Strategie ist, sondern auch, weil sie Meister der Täuschung und der Lüge sind. Bei Tieren, schrieb Michael Tomasello, „die ständig miteinander konkurrieren, hätten sich kollektive Handlungen gar nicht erst entfalten können. An irgendeiner Stelle müssen also zunächst Toleranz und Vertrauen entstanden sein [...], um die Selektion komplexer Fähigkeiten zur Kooperation bei unseren Vorfahren zu ermöglichen".[285] Einer dieser vertrauensbildenden Mechanismen ist die Kunst. Insofern ist es nicht richtig, dass „in dem heitern Reiche der Kunst nur Kampf, Tod und Zerstörung die herrschenden Mächte" sind.[286] Konkurrenz ist eine allgegenwärtige und „herrschende" Triebkraft des Lebens – dies gilt aber auch für die Kooperation. Ohne sie gäbe es weder Zellen noch Symbiosen, noch Sexualität, noch höhere Tiere und Pflanzen, noch soziale Gemeinschaften, noch Kunst.

Wie man sich die Evolution der Kunst aus diesem Blickwinkel vorstellen kann, möchte ich an einem körperlichen Merkmal verdeutlichen, das eine ähnliche Funktion erfüllt: am Weißen im Auge der Menschen. Es lässt sich leicht überprüfen, dass dadurch ein präzises Nachverfolgen der Augenbewegungen möglich wird, was wiederum genaue Auskunft über die Aufmerksamkeit eines Menschen und einer Gruppe gibt.[287] Insofern gewährt es einen schwer zu fälschenden, „ehrlichen" Einblick in die Gefühls- und Gedankenwelt der Mitwirkenden. Pokerspieler wissen dies und verdecken ihre Augen mit dunklen Sonnenbrillen. Warum aber hat sich dieses Merkmal evolutionär herausgebildet, wenn es Täuschungen doch schwerer macht und so für den Einzelnen mit Nachteilen verbunden sein kann? – Weil Menschen sich lieber mit jemandem verbünden, der offen kommuniziert und sich nicht hinter einer Maske oder einer Sonnenbrille versteckt. Letztlich hatten diejenigen unserer Vorfahren, die vertrauenerweckender wirkten, weil sie auch mit ihren Augen „sprachen", einen Selektionsvorteil. Andernfalls hätte sich diese Eigenschaft nicht herausgebildet.

Etwas Ähnliches leistet die Kunst: Indem sie die geheimen, egoistischen Wünsche aller Individuen öffentlich macht, verschwinden diese zwar nicht, aber man kann lernen, mit ihnen zu leben. Und wenn Interessenkonflikte schon nicht restlos zu überwinden sind und die kollektiven Phantasien immer Kompromissbildungen bleiben, dann müssen sie zumindest verlässlich und attraktiv präsentiert werden. Im Gegensatz zur Wissenschaft und zu unmittelbar lebenspraktischen Dingen kann die Kunst deshalb nicht dauerhaft auf eine aufwändige Form verzichten.

Gruppenselektion und Teamgeist

In der Evolutionsbiologie gibt es seit einigen Jahrzehnten eine kontroverse Debatte über die Frage, ob es eine „Gruppenselektion“ gibt. Darunter versteht man die These, dass durch die Selektion Merkmale gefördert werden können, bei denen das Individuum die Kosten, die Gruppe den Nutzen hat. Dies ist nicht der Ort, um die Argumente für und wider aufzurollen, aber einige kurze Anmerkungen sind nötig, um meine eigene Position klarzustellen. Wie die meisten neueren Autoren bin ich der Ansicht, dass sich altruistische Eigenschaften, die den biologischen Interessen der Individuen schaden, einer Gemeinschaft aber nützen würden, in der Evolution *nicht* durchsetzen können. Der Grund ist, dass Individuen, die Energien in eine für sie selbst nutzlose Aktivität stecken, anderen gegenüber, die dies nicht tun, im Nachteil sind.[288]

Wie aber lassen sich dann die unzweifelhaften Akte von Selbstlosigkeit bei Menschen und anderen Tieren erklären? Eine biologische Antwort ist, dass ein Individuum, das seinen Verwandten hilft, nicht gegen, sondern für seine Interessen handelt, da es so indirekt die Verbreitung seiner Gene fördert. Selbstlosigkeit Verwandten gegenüber ist also eine Form des Gen-Egoismus. Auch für andere Formen scheinbar selbstschädigenden Verhaltens gibt es biologische Erklärungen. So wird generöses Verhalten als Signal gedeutet, das dem Ansehen in einer sozialen Gemeinschaft dient und damit letztlich doch seinen Zweck erfüllt.[289] Echte Selbstaufopferung kann es also nur als kulturelles Artefakt und als seltene Ausnahme geben.

Wenn dies richtig ist, dann konnten künstlerische Talente nur entstehen, wenn sie den Individuen genützt haben. Es genügt nicht, einen Vorteil für die Gemeinschaft aufzuzeigen, wenn gleichzeitig die individuelle Kosten-Nutzen-Bilanz negativ wird. Am Anfang dieses Abschnitts habe ich gezeigt, dass künstlerische Talente mit einer ganzen Reihe von Selektionsvorteilen für die Individuen verbunden sind. Auch für den zusätzlichen Nutzen, der dadurch entsteht, dass Kunst die Zusammenarbeit in vielerlei Hinsicht verbessert, ist es nicht nötig, eine Gruppenselektion im oben genannten Sinne anzunehmen. Es genügt zu sagen, dass funktionierende Gemeinschaften einer zerstrittenen Gruppe unabhängig von den Fähigkeiten ihrer Mitglieder meist überlegen sind.

Dass dies der Fall ist, lässt sich an vielen Beispielen zeigen. Hervorragende Einzelspieler werden einem Orchester oder einer Fußballmannschaft nicht den erhofften Erfolg bringen, wenn der Teamgeist fehlt. Dies bedeutet aber, dass die einzelnen Spieler *zusätzlich* zu ihren technischen Qualitäten noch die Fähigkeit und Bereitschaft besitzen müssen, sich in eine Mannschaft einzufügen. Andernfalls werden sie viele ihrer „Spiele“ verlieren und dies hat in der Menschheitsgeschichte oft bedeutet, dass sie keine oder weniger Nachkommen hinterlassen haben.[290]

Michael Tomasello hat als erste und wichtigste Voraussetzung, die den Übergang von den „Gruppenaktivitäten der Affen zu menschlicher Kooperation“ ermöglichte, die intensivierte Kommunikation genannt: Die Verfolgung gemeinsamer Ziele erfordert „Fähigkeiten und Motivationen für geteilte Intentionalität“.[291] Die These meines Buches ist nun, dass wir eine dieser Fähigkeiten als „Kunst“ bezeichnen. Oder umgekehrt: Mit der Kunst haben die Menschen ein höchst effektives Mittel entdeckt, mit dem sich gemeinsame Werte und Handlungen erzeugen lassen. Denn ohne die Kunst könnten Menschen in Anbetracht unterschiedlicher Interessen nur schwer über die entscheidenden Lebensziele sprechen.

Teamgeist war und ist in der Evolution auf vielen Ebenen gefordert, von der Freundschaft zweier Menschen bis hin zur Identifikation mit den Werten einer größeren Gruppe. Immer aber ist die Fähigkeit, positive Gemeinschaftserlebnisse zu haben, sich über Gefühle und Ziele auszutauschen und Gemeinsamkeiten herzustellen, von entscheidender Bedeutung für die Durchsetzung sowohl der individuellen Interessen als auch für den gemeinsamen Erfolg, der dann letztlich wieder den Individuen zugutekommt.

Wenn es zutrifft, dass die Kunstfähigkeit eben dies in der Evolution geleistet hat, dann hat sie den evolutionären Erfolg der Individuen gefördert und ist eine Anpassung im biologischen Sinn. Wer sich an diesem Gemeinschaftswerk nicht beteiligen konnte oder wollte, der hatte einen Selektionsnachteil. Wer nicht mit anderen spricht oder sich dem kulturellen Wissen verweigert, der hat es heute schwer und der hatte es mit Sicherheit auch bei unseren Vorfahren schwer.

Mit der Kunst erreichen und feiern die Menschen die partielle Lösung eines der größten Probleme, vor denen jede Gemeinschaft aus Individuen mit unterschiedlichen Interessen steht: die Koordination und Synchronisation der divergierenden Lebensziele als Voraussetzung für eine erfolgreiche Kooperation. Damit verdanken die Menschen viel von ihrem evolutionären Erfolg der Kunst, sie wurde ihre Geheimwaffe und sie ist so tief in ihrem Wesen verankert, dass ein Ende der Kunst nur als Ende der Menschheit denkbar ist.

4 Wie ist Kunst entstanden?

Evolutionäre Zwänge

„Damit aus dem Bekannten etwas Erkanntes werden kann, [...]
muß mit der Gewohnheit gebrochen werden,
das betreffende Ding bedürfe keiner Erläuterung.
Es wird, wie tausendfach, bescheiden, populär es sein mag,
nunmehr zu etwas Ungewöhnlichem gestempelt."
(Bertold Brecht, *Kurze Beschreibung einer neuen Technik der Schauspielkunst*, 1940/41)

Komplexe biologische Organe und Verhaltensweisen sind nie plötzlich da, sondern sie entstehen durch allmähliche Optimierung aus einfacheren Vorstufen. Der evolutionäre Wandel wird durch die natürliche Auslese vorangetrieben, die aus dem Rohmaterial der zufälligen Erbänderungen das zweckmäßige Endprodukt formt. Aus diesen Grundannahmen der modernen Evolutionsbiologie lassen sich folgende Voraussagen ableiten:

- Da aufwändige biologische Eigenschaften nur entstehen und auf Dauer erhalten bleiben, wenn sie einen Nutzen für den Organismus haben, muss die *Zweckmäßigkeit von Anfang an* vorhanden sein.
- Wird ein Organ oder ein Verhalten nicht mehr benötigt, *bildet es sich zurück* und die für seinen Bau und seine Erhaltung aufgewendeten Stoffe und Energien werden für andere, lohnendere Aufgaben verwertet.
- Die Funktion eines Merkmals kann sich im Laufe der Evolution *wandeln* und es kann neben seinem primären Zweck noch *weitere sekundäre Aufgaben hinzugewinnen*, die dann unter Umständen zur Hauptfunktion werden. Man spricht in diesem Zusammenhang von Funktionswechsel bzw. von Funktionserweiterung.[292]
- Da eine neue Funktion mit den anderen Aufgaben eines Merkmals mehr oder weniger gut harmonieren kann, kommt es zu so genannten Designkompromissen. Allgemein kann ein biologisches oder anderes „Werkzeug", das mehreren unterschiedlichen Anforderungen gerecht werden muss, die einzelnen Aufgaben nicht so perfekt ausführen wie ein spezialisiertes Instrument.[293]

Die Prinzipien der Funktionserweiterung und des Funktionswechsels lassen sich am Beispiel des Vogelflügels verdeutlichen. Die Armknochen sind in der Evolution aus Fischflossen entstanden, dienten nach der Eroberung des Landes zum Laufen auf vier Beinen, später auch zum Greifen, bevor sie als Fluggeräte optimiert wurden. Ähnliches gilt für die Federn. Die ältesten bekannten Exemplare stammen von gefiederten Dinosauriern, die vor 160 Millionen Jahren lebten. Das ursprüngliche Federkleid war daunenartig, eignete sich also nicht zum Fliegen, sondern diente wahrscheinlich der Wärmeisolation oder als sexuelles Signal, ähnlich dem bunten Gefieder heutiger Vögel. Diese Funktionen haben sich erhalten, zusätzlich ermöglichen spezialisierte Federn wie die Schwungfedern den aktiven Flug. Aus dem zufälligen Zusammentreffen verschiedener, unabhängig voneinander entstandener Merkmale – der Arme, der Federn usw. – ist eine neue Fähigkeit entstanden: das Fliegen. Diese neue Funktion wurde anfänglich nur unvollkommen ausgeführt, wie man an den rund 150 Millionen Jahre alten Überresten von *Archäopteryx* sehen kann. Im Lauf der Zeit hat die natürliche Auslese die einzelnen Komponenten dann für die neue Aufgabe optimiert, so dass die beeindruckenden Flugfähigkeiten heutiger Vögel entstanden.

Ein Beispiel für einen Designkompromiss ist der menschliche Mund- und Rachenraum. Wir verwenden ihn nicht nur zum Atmen und Essen, sondern auch zum Sprechen. Der dadurch nötige Umbau erhöht die Gefahr des Verschluckens. Designkompromisse gibt es nicht nur bei Organismen, sondern es handelt sich um ein allgemeines technisches Problem, das bei der Konstruktion von Werkzeugen und Maschinen unvermeidlich auftritt.

Betrachtet man die evolutionäre Entstehung der Kunstfähigkeit aus dieser Perspektive, dann lassen sich folgende Voraussagen machen:

- Bevor das ausgebildete Merkmal präsent war, sind seine einzelnen Elemente unabhängig voneinander und zu teils unterschiedlichen Zeiten entstanden.
- Die einzelnen Elemente haben ursprünglich verschiedene Zwecke erfüllt, die sich dann als zufällig vorteilhaft für das neu entstehende Merkmal der Kunstfähigkeit erwiesen.
- Mit der Entstehung der Kunstfähigkeit haben die ursprünglichen Elemente einen Funktionswechsel bzw. eine Funktionserweiterung erfahren.
- Damit gingen Designkompromisse und Funktionsmängel einher.
- Die Kunstfähigkeit wurde allmählich durch die natürliche Auslese optimiert.

Wie kann man sich die evolutionäre Entstehung der Kunstfähigkeit unter diesen Voraussetzungen konkret vorstellen? Da es in der Evolution um Veränderungen in der Zeit geht, werde ich die Elemente nicht wie im Abschnitt 2 in ihrem funktionellen Zusammenhang, sondern in der Reihenfolge ihres zeitlichen Auftretens diskutieren. Das allgemeine Raster und die genannten Zeiten sind grobe Annäherungen, die einen Eindruck von der historischen

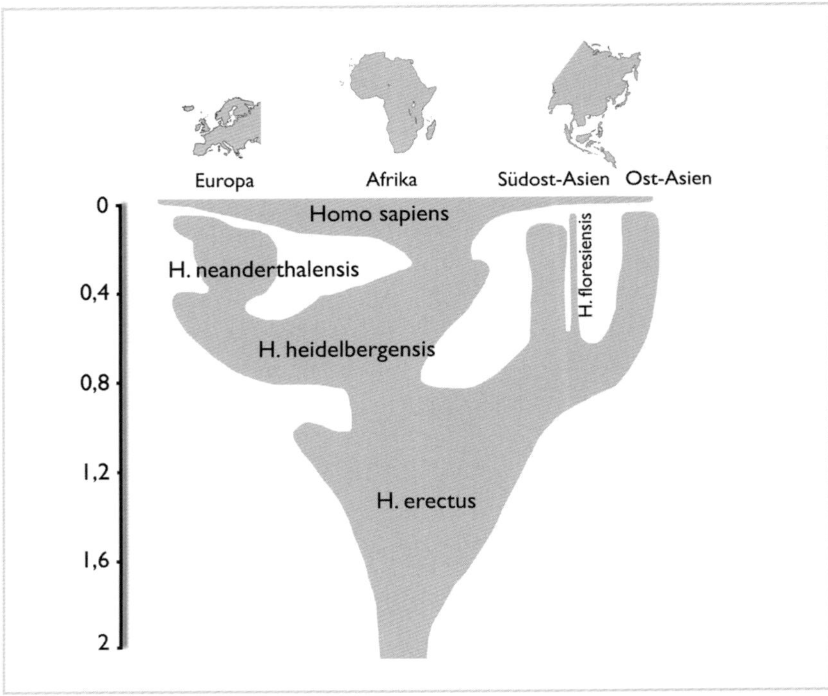

Abb. 17: Stammbaum der Menschen (Gattung *Homo*). Zeitskala in Millionen Jahre

Tiefe dieser Vorgänge vermitteln sollen und Phasen des Umbruchs in einem langen, kontinuierlichen Prozess markieren.

In einigen Fällen ist man auf Vermutungen angewiesen, da sich Verhaltensweisen wie Tanzen oder Singen fossil nicht nachweisen lassen und genetische Daten bislang ausstehen. Die teils fehlenden Einzelbelege ändern aber nichts an der Tatsache, dass die für die Kunstfähigkeit relevanten körperlichen und geistigen Voraussetzungen irgendwann in der Evolution entstanden sein müssen. Die Unsicherheit bezieht sich also auf das konkrete Szenario – hier wird es sicher zu Korrekturen kommen – nicht auf den evolutionären Ansatz als solchen.

Vor 4 Milliarden Jahren: Der Siegeszug der Kooperation beginnt

Das mit Abstand älteste Element der Kunst ist die Gemeinschaftbildung. Es lässt sich bis zum Beginn des Lebens vor rund 4 Milliarden Jahren zurückverfolgen. Bald nach der Entstehung der ersten Replikatoren (selbst vervielfachender (RNA-)Moleküle) begannen diese arbeitsteilig beim Bau einer schützenden Hülle und bei der Reproduktion zusammenzuarbeiten. Dadurch waren sie einzelnen RNA-Molekülen überlegen und verdrängten diese. Aus diesem Grund treiben die Nachfahren der frühen Replikatoren, die Gene, nicht einzeln im Meer, sondern sind zu vielen Tausenden auf den Chromosomen vereint und in Zellen verpackt.

Ein weiteres biologisches Beispiel für die Vorteile der Kooperation und der Arbeitsteilung ist die Entstehung der Vielzelligkeit vor mehr als einer Milliarde Jahre, durch die es zur Evolution der Tiere und Pflanzen kommen konnte. Und schließlich seien noch die sozialen Insekten erwähnt – Ameisen, Termiten, Bienen. Schon bei Genen, Zellen und vergleichsweise einfach gebauten Tieren gilt also, dass schlaue Egoisten kooperieren. Sie tun dies selbstverständlich nicht aus Überlegung, sondern weil diese Strategie unter bestimmten Umweltbedingungen erfolgreich ist und die nicht-kooperativen Varianten aussterben.

Unter welchen Umweltbedingungen bringt ein intensives Gruppenleben einen Selektionsvorteil gegenüber einer loseren Kooperation oder einem solitären Leben? Bei sozialen Insekten ist die Konkurrenz zwischen den Kolonien (verschiedener oder derselben biologischen Art) der wichtigste Faktor, der eine enge Zusammenarbeit erzwingt.[294] War dies auch in der Evolution der Menschen der Fall? Charles Darwin war dieser Meinung: „Alles was wir über Naturvölker wissen oder [...] ableiten dürfen, zeigt, dass von den frühesten Zeiten an erfolgreiche Stämme andere Stämme ersetzt haben." Als wichtigste Voraussetzung für den Erfolg bestimmte er den Gemeinschaftssinn: Ein „Stamm mit vielen Mitgliedern, die in einem hohen Grad den Geist des Patriotismus, der Treue, des Gehorsams, des Mutes und des Mitgefühls besaßen und deshalb immer bereit waren, einander zu helfen und sich für den gemeinsamen Vorteil aufzuopfern, würde über die meisten anderen Stämme siegreich sein".[295]

Menschen sind von Natur aus soziale Tiere mit einer ganzen Reihe biologischer Anpassungen an das Gemeinschaftsleben. Viele davon sind Teil des evolutionären Erbes aller Säugetiere, andere typisch für Primaten und einige kamen erst in der Evolution der Menschen hinzu.[296] Wenn Menschen zusammenarbeiten, dann halten sie sich also an ein uraltes evolutionäres Erfolgsrezept. Sie haben aber neue Methoden entdeckt, wie sich dies praktisch umsetzen lässt: Eine davon ist die Art, wie sie Erfahrungen weitergeben (die Kultur), eine andere die Art, wie sie ihre Handlungen koordinieren (hierzu zählt die Kunst).

Vor 500 Millionen Jahren: Lust und Unlust bestimmen das Verhalten

Ein weiteres schon früh in der Evolution entstandenes Element der Kunst sind die Gefühle. Das Lust-Unlust-Prinzip ist der grundlegende Mechanismus, der Tiere dazu motiviert, sich im Sinne der Verbreitung der eigenen Gene richtig zu verhalten. Es ist also eine klassische Anpassung.[297] Dass schon die ersten komplexeren vielzelligen Tiere vor 700 Millionen Jahren ein inneres Belohnungs- und Bestrafungsprogramm hatten, ist wahrscheinlich. Sicher kann man davon ausgehen, dass die Vorfahren der heutigen Tiere, die vor mehr als 500 Millionen Jahren lebten und schon ein Nervensystem besaßen, auch einfache Emotionen wie Schmerz und Lust empfinden konnten.

Zur Kunst gehört aber mehr als individuelle Gefühle: Sie ist Kommunikation über Empfindungen. Diese Fähigkeit haben alle sozialen Tiere gemeinsam. Da Menschen „soziale Tiere" sind,[298] ein „Geschöpf der Heerde, der Gesellschaft", ist ihnen „die Fortbildung einer Sprache [...] natürlich, wesentlich, nothwendig".[299] Die bei Insekten wie Ameisen und Bienen im Vordergrund stehenden chemischen und visuellen Signale wie die Bienensprache belegen, dass die Kommunikation schon bei vergleichsweise einfach gebauten Organismen eine beträchtliche Komplexität erreichen kann. Wirbeltiere wie Vögel und Fische signalisieren Aggression, Begehren, Hunger oder Zufriedenheit in vielfältiger Weise. Wie der Zoologe Hubert Markl anmerkte, ist „Stimmungsübertragung [...] schon bei Tieren die Grundlage aller Kommunikation; beim Menschen vorsprachlich vielleicht nicht anders, ob durch Kraulen, Streicheln, Küssen, Lachen, Singen, oder Tanzen oder eben Sprechen".[300]

Die Kommunikation über Gefühle jedenfalls ist sehr viel älter als die Menschheit und reicht bis in die Anfänge der Säugetierevolution und weiter zurück. „Schon als Thier, hat der Mensch Sprache", schrieb Johann Gottfried Herder: „Alle heftigen und die heftigsten unter den heftigen, die schmerzhaften Empfindungen seines Körpers, alle starke Leidenschaften seiner Seele äußern sich unmittelbar in Geschrei, in Töne, in wilde, unartikulirte Laute."[301]

Gefühle sind unverzichtbar für das Überleben der Individuen und für ihr Wohlergehen. Der emotionale Austausch wiederum ist eine Voraussetzung für die Stabilisierung sozialer Gruppen bei höheren Tieren. An diesen biologischen Grundbedingungen hat sich durch die Kunst nichts geändert. Sie bilden vielmehr die Voraussetzung, die der Kunst erst ihren Sinn gibt, indem sie ihr einen konkreten biologischen Zweck zuweist. Kunst bearbeitet, verfeinert, verstärkt und kommuniziert Emotionen. Aber sie kann diese nicht von Grund auf neu erzeugen oder dauerhaft zum Verschwinden bringen. Insofern kann man sie als eine neue Technik verstehen, mit Gefühlen umzugehen und sie zu vermitteln.

Vor 2 Millionen Jahren: Unsere Vorfahren werden wählerisch

Der Vergleich mit anderen Tieren zeigt, dass die ästhetische Bearbeitung des Körpers, seiner Bewegungen und Funktionen sowie von Gegenständen ursprünglich der Signalisierung der eigenen Qualitäten in der sexuellen Wahl diente. Das Vorkommen entsprechender Schönheitsmerkmale bei einer Tierart hängt also davon ab, ob die sexuelle Auslese durch Wahl erfolgt und nicht in erster Linie durch den direkten Kampf innerhalb eines Geschlechts.[302] Wann in der Evolution der Menschen bzw. ihrer Vorfahren wurde die sexuelle Wahl zum bestimmenden Faktor?

Die sexuelle Auslese durch Partnerwahl ist ein stammesgeschichtlich altes Merkmal, das mehrfach unabhängig entstanden ist. Sie lässt sich bei vielen Vogelarten, bei Insekten und bei einigen Säugetierarten beobachten.[303] Ein eindrucksvolles Beispiel aus der Gruppe der Primaten sind die farbenprächtigen Gesichter der Mandrille. Bei den nächsten Verwandten der Menschen, den großen Menschenaffen, spielt die weibliche Wahl eine geringere Rolle und sie findet häufig im Verborgenen statt. Hier dominiert die direkte Konkurrenz der Männchen. Bei Gorillas und Orang-Utans wird diese über die körperliche Kraft ausgetragen, bei Schimpansen kommt die an der Hodengröße erkennbare Spermienkonkurrenz hinzu. Diese und weitere Indizien sprechen dafür, dass die sexuelle Auslese bei den äffischen Vorfahren der Menschen, die vor rund 6 bis 7 Millionen Jahren lebten, in erster Linie über die Konkurrenz der Männchen und weniger durch Partnerwahl erfolgte.[304] Wann änderte sich dies?

Ein aussagekräftiger Hinweis sind Größenunterschiede zwischen den Geschlechtern (sexueller Dimorphismus).[305] Wenn die sexuelle Auslese über die direkte Konkurrenz der Männchen erfolgt, lassen sich teils erhebliche Unterschiede beobachten; dies ist bei Gorillas, Orang-Utans und Schimpansen der Fall. Bei heutigen Menschen sind die Männer durchschnittlich rund 15 Prozent größer als die Frauen. Verglichen mit 30 bis 40 Prozent Größenunterschied bei Schimpansen und Bonobos und 100 Prozent bei Gorillas und Orang-Utans ist dies relativ wenig. Bei den unmittelbaren Vorfahren der Menschen, den Australopithecinen, geht man von 50 bis 100 Prozent aus.

Wie Fossilfunde belegen, kam es vor rund 2 Millionen Jahren bei *Homo erectus* zu einer Angleichung der Körpergrößen von Männern und Frauen. Dies könnte seine Ursache darin haben, dass die Paarungschancen der Männer nicht mehr überwiegend durch direkte körperliche Kämpfe entschieden wurden und stattdessen die sexuelle Wahl durch die Frauen an Bedeutung gewann.[306] Wenn dies der Fall war, dann sollte es im selben Zeitraum zu einer ästhetischen Bearbeitung der Körper, Bewegungen und Gebrauchsgegenstände gekommen sein. Gibt es hierfür Belege?

Die nackte Haut

Eines der charakteristischsten Merkmale der Menschen ist ihre nackte Haut. Mit Ausnahme weniger, aber auffallend behaarter Stellen am Kopf, in den Achselhöhlen und im Genitalbereich sind ihre Haare kaum zu sehen. Menschen sind nicht völlig haarlos, wie beispielsweise Delfine, sondern ihre Haut ist von zahlreichen winzigen Körperhaaren besetzt. Vom ästhetischen Standpunkt aus sind sie aber tatsächlich nackt, da ihre Haut sichtbar ist. Darüber, wann und warum die Reduktion des Fells eingesetzt hat, gehen die Meinungen der Evolutionsbiologen auseinander. Die plausibelste Theorie besagt,

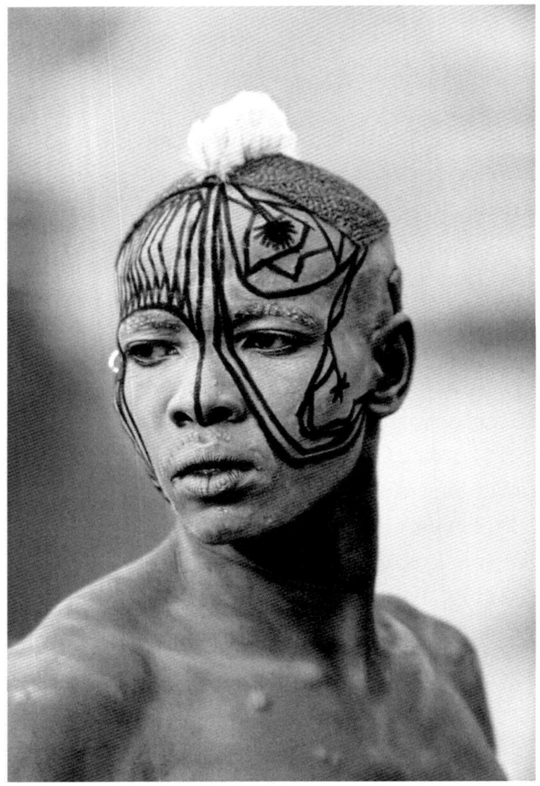

Abb. 18: Körperbemalungen bei den Nuba von Kau

dass die Nacktheit zusammen mit der Vermehrung der Schweißdrüsen ursprünglich zur Regulierung der Körpertemperatur diente. Das Merkmal wäre also bereits vor rund 2 Millionen Jahren bei frühen Menschen (*Homo erectus*) als Anpassung an ausdauerndes Laufen unter Hitzebelastung entstanden.

Tatsache ist, dass es im Laufe der Evolution zur Reduktion des Fells kam und die Haut sichtbar wurde. Dadurch konnte sie zur Kommunikation genutzt werden. So signalisieren Menschen ihren emotionalen Zustand – Angst, Wut oder Erregung – nicht in erster Linie durch das Aufstellen der Körperhaare, sondern durch Erbleichen oder Erröten. Von der Haut eines Menschen kann man zudem auf die Gene, das Alter, die Ernährung, den Gesundheitszustand und oft auch auf charakterliche Eigenschaften, Lebensumstände und den Stresslevel schließen. Es gibt vielleicht keinen anderen ähnlich zuverlässigen Schnellindikator für den reproduktiven Status eines Menschen wie seine Haut. Ob die nackte Haut schon vor 2 Millionen Jahren auch als Indikator für die sexuelle Wahl diente, lässt sich noch nicht abschließend beantworten. In Anbetracht ihrer heutigen Bedeutung ist dies durchaus plausibel.

Die nackte Haut als solche ist keine Kunst. Sie stellt aber eine gestaltbare Fläche zur Verfügung, die sich hervorragend zum Ornamentieren eignet. Bei vielen Naturvölkern sind Tätowierungen, Ritzungen und Bemalungen üblich und dienen als wichtiges Kriterium in der sexuellen Wahl.[307] Bis heute wird die Haut durch Schminken und partielle Entfernung der Haare mehr oder weniger künstlerisch gestaltet. Ein für die sexuelle Wahl wichtiges Merkmal, die nackte Haut, bietet sich also seit 2 Millionen Jahren als Bühne für künstlerisch bearbeitete Signale an, da die Aufmerksamkeit sowieso schon auf sie gerichtet ist.[308]

Singen und Tanzen

Auch andere Vorformen der Kunst wie Tanzen und Singen sind mit großer Wahrscheinlichkeit früh in der Evolution der Menschen entstanden. Da sie keine Spuren hinterließen, ist man auch hier auf ethnologische Belege und Tiervergleiche angewiesen. Darwin vermutete, dass der hauptsächliche Zweck des Singens und anderer Formen der Lauterzeugung darin bestand, das andere Geschlecht zu rufen oder zu bezaubern. Auch die Musik der Menschen (und die Poesie als ihr Sprössling) seien auf diese Weise entstanden: „Wenn wir die sexuelle Auslese behandeln, werden wir sehen, dass […] ein früher Vorfahre des Menschen seine Stimme wahrscheinlich zuerst gebrauchte, […] um zu singen, wie das einige Gibbon-Affen in der Gegenwart tun; und wir dürfen nach einer weitverbreiteten Analogie schließen, dass diese Leistung besonders während der Werbung der Geschlechter ausgeübt wurde, um verschiedene Emotionen auszudrücken, wie Liebe, Eifersucht, Triumph – und dass sie der Herausforderung der Rivalen diente."[309]

Erst später hätten die emotionalen Laute dann noch eine zweite Funktion übernommen – sachliche Informationen in Form von Sprache zu übermitteln. Sollte dies zutreffen, dann wäre die normale Sprache eine abgeleitete Form der Kommunikation; die Sprache der Emotionen als Vorform der Kunst wäre dagegen ursprünglicher. Für diese Vermutung spricht, dass die Musik eine einzigartige Fähigkeit hat, tiefe, ursprüngliche Emotionen auszudrücken – Liebe, Eifersucht und Triumph ebenso wie Aggression und Herausforderung. Insofern kann man die Laute der Schimpansen (und anderer Säugetiere) als „Musik aus einer fremden Kultur" bezeichnen, deren Melodien erst nach häufigem Anhören verständlich werden.[310] Einer anderen Auffassung zufolge gab es ursprünglich eine einheitliche Form der Kommunikation, die sowohl emotionale als auch sachliche Informationen vermittelte, und die sich vor vielleicht 200 000 Jahren in Musik und normale Sprache aufspaltete.[311] Beide Erklärungsmodelle gehen von einer engen Verbindung aus, was die Beobachtung erklären würde, dass die emotionale Färbung von Musik und normaler Sprache auf ähnlichen Mechanismen beruht.[312]

Der Vergleich mit anderen Tieren, ethnologische Beobachtung und das kulturübergreifende Vorkommen entsprechender Verhaltensweisen sind starke Indizien, dass die nackte Haut, Tanzen, Singen und andere körperliche Merkmale und Bewegungen schon früh in der Menschheitsevolution, d. h. seit vielleicht 2 Millionen Jahren, auch als sexuelle Signale dienten und ästhetisch bearbeitet wurden. Es würde sich indes nur um eine mehr oder weniger plausible Vermutung handeln, wenn es nicht einen direkten Beleg gäbe: die Faustkeile.

Werkzeuge

Die Fähigkeit, gezielt zweckmäßige Gegenstände herzustellen, ist lange vor den Menschen mehrfach in der Evolution entstanden. Dies lässt sich an der Tatsache erkennen, dass die handwerklich besonders geschickten Tiere – Ameisen, Bienen, Vögel, Säugetiere – nicht näher miteinander verwandt sind. Bei Schimpansen kann man in allen freilebenden Populationen Werkzeuggebrauch beobachten; teilweise werden auch Steine zum Aufschlagen harter Nüsse verwendet. Menschen zeigen in dieser Hinsicht aber besonderes

Geschick und Werkzeuge spielten schon in frühester Zeit in allen Lebensbereichen eine so wichtige Rolle, dass man vom *Homo faber*, dem Menschen als Handwerker, sprach.[313]

Ab wann dienten Artefakte über ihren Gebrauchsnutzen hinaus als Signale für die Fähigkeiten eines Individuums? Bei Schimpansen scheint dies nicht der Fall zu sein. Es wurde beobachtet, dass Schimpansen in der sexuellen Werbung lautstark Blätter zerlegen und Äste horizontal schwingen, um Aufmerksamkeit zu erregen.[314] Die von ihnen benutzten Werkzeuge wie Stöckchen, mit denen sie Ameisen oder Termiten angeln, dienen aber nicht der Selbstdarstellung. Dies gilt auch für die von Schimpansen gemalten Bilder. Ende der 1950er Jahre sorgten abstrakte Gemälde des Schimpansen Congo für Furore. Als Congo 1964 an Tuberkulose starb, hinterließ er mehr als 400 Zeichnungen und Bilder.[315] Im Juni 2005 wurden drei seiner Werke im renommierten Londoner Auktionshaus Bonhams versteigert und wieder war das öffentliche Interesse groß. Es war in der Tat beeindruckend zu sehen, dass die Bilder in 50 Jahren nichts von ihrer Vitalität und Ästhetik eingebüßt hatten. Insofern war es vielleicht keine so große Überraschung, dass sie ein Vielfaches des ursprünglich veranschlagten Preises erbrachten und schließlich für mehr als 14 000 Pfund an einen Sammler moderner Kunst gingen.

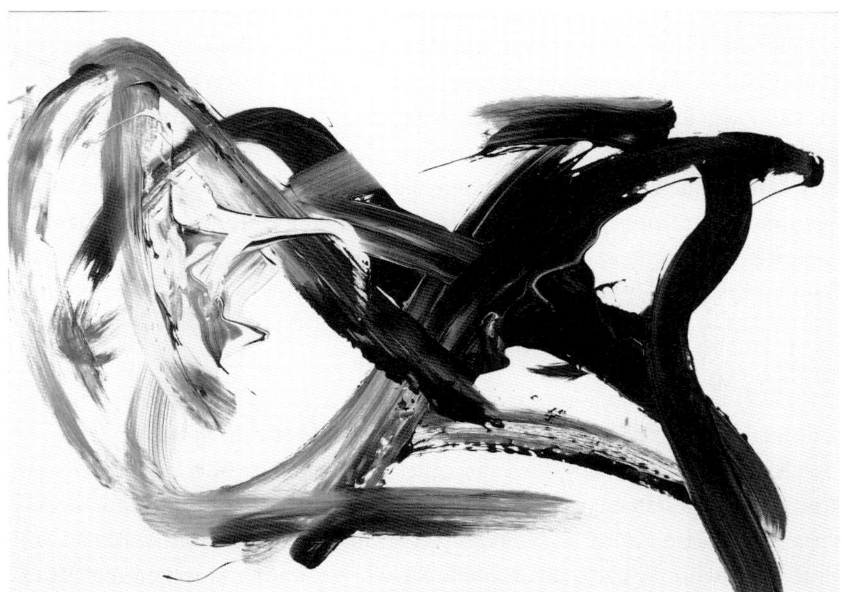

Abb. 19: Ein abstraktes Gemälde des Orang-Utans Barito (Fingerfarbe auf Leinwand, 50 x 70 cm) aus dem Krefelder Zoo

Andererseits hat man darauf verwiesen, dass Schimpansen nicht gezielt und planmäßig malen, dass man die Gemälde rechtzeitig entfernen muss, weil sie sonst bis zur Unkenntlichkeit übermalt werden, und dass die Tiere ihre Werke nicht sonderlich schätzen.[316] Die Wertschätzung erfolgt hier also durch die Menschen, die die Tiergemälde dadurch als Kunst akzeptieren, dass sie diese auf einer Kunstauktion anbieten und erwerben.

Anders verhält es sich bei den dekorierten Schaunestern der Laubenvögel Australiens und Neu Guineas. Diese werden von den Männchen mit bunten Gegenständen verziert, die sie farblich sortiert und in speziellen Mustern anordnen. Wird der optische Eindruck von außen gestört, versucht das Männchen den ursprünglichen Zustand wiederherzustellen. Die Werke werden von den Tieren selbst als wertvoll empfunden, was daran zu erkennen ist, dass sie gegen Vandalismus verteidigt und in Stand gehalten werden. Dies haben sie mit menschlichen Kunstobjekten gemeinsam und es unterscheidet sie von den Tiergemälden. Die Lauben dienen nicht zum Brüten, sondern nur dazu, die Weibchen zu beeindrucken. Wie die bunten Federn und der Gesang anderer Vogelarten sind die Lauben also ein Ergebnis weiblicher Wahl.[317]

Seit wann werden Werkzeuge nicht nur wegen ihrer praktischen Nützlichkeit, sondern auch als Qualitätssignale geschätzt? Die frühesten Steinwerkzeuge, die Menschen bzw. ihren unmittelbaren Vorfahren, den Australopithecinen, zugeschrieben werden, sind rund 2,6 Millionen Jahre alt und stammen aus Äthiopien. Es handelt sich um mit wenigen Schlägen aus Geröllsteinen gefertigte Artefakte, aus denen dann auch etwas feinere Werkzeuge hergestellt wurden. Diese so genannten Oldowan-Werkzeuge lassen noch kein ästhetisches Bemühen erkennen. Ganz anders sieht dies bei den fast 1,8 Millionen Jahre alten Steinwerkzeugen der Acheuléen-Kultur aus. Es handelt es sich um symmetrische Faustkeile, die wohl zum Jagen, zum Zerlegen von Beutetieren und zur Holzbearbeitung verwendet wurden. Die ältesten Exemplare wurden in Kenia gefunden; noch vor rund 200 000 Jahren kamen sie in Europa vor. Die Faustkeile weisen bereits ein gewisses Maß an Standardisierung auf. Ihre Herstellung erforderte zudem erheblich größeren Aufwand und Geschick, als das bei Oldowan-Werkzeugen notwendig war.

Die Vermutung, dass die Faustkeile nicht nur wegen ihrer praktischen Nützlichkeit geschätzt wurden, wird durch die Beobachtung gestützt, dass viele Exemplare kaum Gebrauchsspuren aufweisen und unhandlich groß sind. Es scheint sich also um sexuelle Signale bzw. um Statussymbole gehandelt zu haben, die im Rahmen sozialer Rituale eingesetzt wurden, und nicht um reine Gebrauchsgegenstände. Wenn dies zutrifft, dann haben Steinwerk-

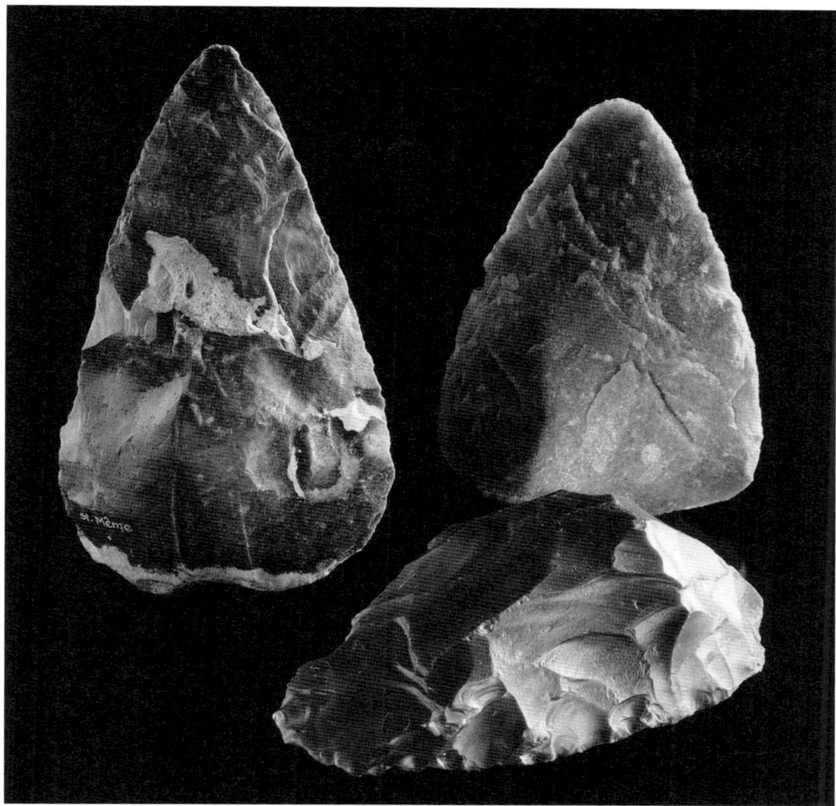

Abb. 20: Die ältesten Faustkeile entstanden rund 1,8 Millionen Jahre vor heute. Sie sind ästhetisch bearbeitete Werkzeuge, die wahrscheinlich auch als Fitnessindikatoren in der sozialen und sexuellen Wahl dienten. Mittelpaläolithische Faustkeile aus Vailly-sûr-Aisne, St. Même, Maixne (Frankreich)

zeuge spätestens eine halbe Million Jahre nach ihrer ersten Verwendung auch der Selbstdarstellung gedient.[318] Entsprechendes gilt sicher auch für Werkzeuge aus anderen Materialien; diese haben sich aber nicht erhalten. Alles in allem legen es die bisher vorliegenden Belege – die Verringerung des Größenunterschieds zwischen Frauen und Männern und die Faustkeile – nahe, dass die sexuelle Wahl bei Menschen als Voraussetzung für ästhetisches Verhalten schon vor rund 2 Millionen Jahren eine wichtige Rolle spielte.

Faustkeile sind ästhetisch bearbeitete Objekte, die wahrscheinlich auch als Signale in der sozialen und sexuellen Auslese dienten. Sind sie damit „Kunst"? Ich würde sagen: Nein!, da noch eine ganze Reihe weiterer Elemente fehlt, die aus einem individuellen Statussymbol erst ein Kunstobjekt machen.

Vor 500 000 Jahren: Die Menschen entdecken Klatsch und Tratsch

Viele Formen der Kunst können positive Gemeinschaftserlebnisse erzeugen. In dieser Hinsicht ist Kunst nicht das einzige und vor allem ein erst spät hinzukommendes Mittel. Auch andere Säugetiere beherrschen es perfekt, emotionale Bindungen herzustellen, wie sich an Haustieren und ihren Besitzern immer wieder eindrucksvoll beobachten lässt. Die bevorzugte Technik der Menschenaffen ist die gegenseitige Fellpflege, bei Bonobos und bei Menschen hat die sexuelle Lust eine ähnliche Funktion. Insofern kann man davon ausgehen, dass auch die frühen Menschenarten – *Homo erectus, Homo heidelbergensis* und die Neandertaler – über entsprechende Techniken der Gemeinschaftsbildung verfügten. Nimmt man die paläoanthropologischen Funde ernst, dann fehlten ihnen aber die uns so selbstverständlichen Mittel der Künste. Was trat an ihre Stelle?

Auf eine noch heute weit verbreitete und sehr effektive Technik hat der Anthropologe Robin Dunbar hingewiesen. Er argumentierte, dass das Bedürfnis, sich über Nebensächlichkeiten und private Details auszutauschen, eine wichtige soziale Funktion hat. Bei Klatsch und Tratsch gehe es nicht nur um den Austausch von Informationen, sondern auch um die Herstellung einer gemeinsamen Stimmungslage.[319] Damit aber erfüllen sie eine ähnliche Funktion wie die Fellpflege (und die Kunst). Die Ergänzung des körperlichen Kontaktes durch sprachlichen Austausch sei notwendig geworden, als die Größe der Gruppen den individuellen Körperkontakt zu zeitaufwändig gemacht habe.

Dass einfache Redensarten, Sprüche und Floskeln eine ähnliche Funktion erfüllen, hat der Schriftsteller Botho Strauß beobachtet: Es zeige sich, wie unumgänglich bei einer gemeinsamen Arbeit „der verschwenderische Gebrauch von Floskeln ist. Diese Unterhaltungen während der Arbeit suchen in der Regel mit knappen Mitteln ein Einverständnis zu erzielen. Dazu dienen Sprüche und Kürzel aller Art. Nie zuvor habe ich so häufig ‚is klar' gesagt, nur um den nötigen Strom von Übereinstimmung zu unterstützen und nicht zu behindern. Die an der Erde hart Arbeitenden können im Tausch der Meinungen weder Auseinandersetzung noch Widerspruch gebrauchen".[320] Diese und ähnliche Vorformen der erzählenden Künste, der Literatur und des Theaters müssen schon die Gruppen der frühen Menschenarten stabilisiert haben. Setzt man ihren Beginn mit der Entstehung leistungsfähiger Sprachen an, dann kann man von 500 000 Jahren ausgehen.[321]

Vor 400 000 Jahren: Die Zukunft wird Teil der Gegenwart

Im Gegensatz zur Gemeinschaftbildung, den Gefühlen und der sexuellen Wahl ist die Fähigkeit, zukünftige Ereignisse zu simulieren, erst spät in der Evolution entstanden. Da jedes Lebewesen von einer ununterbrochenen Reihe erfolgreicher Vorfahren abstammt, sagt die in den Genen gespeicherte Erfahrung immer nur, welches Verhalten in der Vergangenheit richtig war. Erst mit der Entstehung informationsverarbeitender Systeme, der Gehirne, wurde es möglich, nicht nur aus Erfahrungen zu lernen, sondern auch zukünftige Situationen in Betracht zu ziehen. Überlebensnotwendig ist dies allerdings nicht. Nach der Entstehung des Lebens sind Organismen für mehr als 3 Milliarden Jahre auch ohne dieses Werkzeug ausgekommen und für Pflanzen und Mikroorganismen gilt dies noch heute.

Ein weiterer evolutionärer Schritt bestand darin, Erfahrungen nicht nur zu speichern, sondern aktiv herbeizuführen, ohne sich in eine gefährliche Situation begeben zu müssen: Dies ist das Training und Spiel. Schon Säugetiere spielen, vor allem wenn sie jung sind, mit großem Einsatz und großer Ausdauer. Beobachtet man die Spiele der Tiere und der Kinder, dann kann man einen guten Eindruck davon bekommen, wie schauspielerische Darstellungen begonnen haben können. So interessieren sich Hunde für die Spiele anderer Hunde, sie beobachten diese und beteiligen sich, wenn ihnen dies möglich ist.[322] Und sie spielen „Theater“, indem sie beispielsweise die Jagd und das Töten der Beute auf engem Raum und mit unbelebten Dingen simulieren und so ihre Fähigkeiten und Wünsche demonstrieren. Menschen sind in der Lage, diese Simulationen noch weitaus detaillierter auszuführen und sie können sie vor allem von der aktuellen Situation abkoppeln und zukünftige Bedürfnisse antizipieren.

Ein eindrucksvoller Beleg für geplante, von Zukunftsbewusstsein geprägte Handlungen ist von den Vorfahren der Neandertaler, den *Homo-heidelbergensis*-Menschen, erhalten. Die spektakulären Funde von Bilzingsleben in Thüringen und von Schöningen in Niedersachsen aus der Zeit von vor 400 000 Jahren haben zweifelsfrei gezeigt, dass diese erfolgreiche und geschickte Jäger waren. In Bilzingsleben fand man tonnenweise zerschlagene Knochen und Gebisse von Säugetieren. Bevorzugtes Jagdwild waren hier Wald- und Steppennashörner sowie Hirsche, häufig auch Wildrinder, Wildpferde, Bären sowie die Kälber von Waldelefanten.[323] In Schöningen fand man mehrere schlanke, rund zwei Meter lange Wurfspeere aus Fichtenholz zusammen mit den Skelettresten von mehr als 20 Pferden. An einem Seeufer haben hier Jäger einer Herde von Wildpferden aufgelauert und sie mit Speeren zur Strecke gebracht.[324]

Eine solche Jagd erforderte von der Herstellung der Waffen bis zum Zerlegen und Abtransport der Beute genaue Planung und Organisation. Die Jäger von Bilzingsleben und Schöningen mussten sich also detailliert über Ziele und Strategien austauschen und sie mussten ihre Vorgehensweise genau vorbereiten und abstimmen. Dies belegt, dass Menschen seit mindestens 400 000 Jahren in der Lage sind, komplexe zukünftige Situationen in ihren Gedanken zu simulieren und darüber zu kommunizieren.

Vor 200 000 Jahren: Das kulturelle Archiv füllt sich

Seit wann gibt es die systematische Weitergabe von Erfahrungen zwischen den Generationen, die Kultur? Bei Schimpansen hat man 39 lokale Traditionen beim Werkzeuggebrauch, bei der Fellpflege und beim Werbeverhalten beschrieben. Bei Untersuchungen an Orang-Utans kam man auf mindestens 19 Traditionen. Im Gegensatz dazu fand man bei anderen Säugetieren, bei Vögeln und Fischen, meist nur jeweils eine oder wenige Traditionen – beispielsweise lokale Dialekte bei Singvögeln.[325] Schon bei den Menschenaffen ist also ein evolutionärer Schritt zu einem relativ reichhaltigen kulturellen Repertoire erfolgt.

Charakteristisch für die Kultur der Menschen ist, dass dieses Wissen zum großen Teil über willkürlich gewählte Zeichen, die Symbole, weitergegeben wird. Auch hier findet man bei anderen Tieren Vorformen. So können Schimpansen und Delfine in experimentellen Situationen symbolische Kommunikation erlernen, d. h. ein beliebiges Geräusch oder optisches Signal einem bestimmten Gegenstand zuordnen. Verglichen mit der Komplexität und Vielfalt der kulturellen Inhalte bei Menschen nehmen sich die Traditionen anderer Tiere aber bescheiden aus.

Da die gemeinsamen Vorfahren von Menschen und Schimpansen vor rund 7 Millionen Jahren lebten und auch andere Menschenaffen nicht zu komplexer kultureller Evolution in der Lage sind, muss man davon ausgehen, dass die besondere Kulturfähigkeit erst nach diesem Zeitpunkt entstand. Aber wann?

Aus den ersten 5 Millionen Jahren nach der Trennung von den Schimpansen sind kaum Funde bekannt, die für eine nennenswerte kulturelle Evolution sprechen. Vor 2 Millionen Jahren entstanden dann die ersten echten Menschen (*Homo erectus*). Von ihnen stammen die symmetrischen Faustkeile, die bereits ein gewisses Maß an Standardisierung aufweisen, es kam aber nur zu langsamen Fortschritten. Da die *Homo-erectus*-Menschen auch bereits ein deutlich vergrößertes Gehirnvolumen aufwiesen, kann man davon ausgehen, dass bei ihnen die kulturelle Komplexität diejenige der Schimpansen bereits weit hinter sich gelassen hatte.

Die ausgefeilten Werkzeuge, Waffen und Jagdstrategien der vor 400 000 Jahren lebenden *Homo-heidelbergensis*-Menschen zeigen, dass sie bereits ein differenziertes kollektives Wissen über die Welt besaßen. Die Werkzeuge aus der Zeit nach der Ankunft der modernen Menschen in Europa vor 45 000

Jahren dokumentieren dann eine weitere Zunahme der funktionalen Spezialisierung und Verfeinerung. Die Geräte wurden zudem verziert und es finden sich künstlerisch gestaltete Felsmalereien, Statuetten und Musikinstrumente. Auch in diesem Fall gibt die archäologische Überlieferung nur einen Hinweis auf die zeitliche Untergrenze.

Da alle heutigen menschlichen Populationen Kunst produzieren und Symbole verwenden, müssen schon die gemeinsamen Vorfahren, die vor 100 000 Jahren lebten, diese Fähigkeit besessen haben. Die mehrfache, unabhängige Entstehung komplexer Eigenschaften wie Sprache oder Kunst ist aus evolutionsbiologischer Perspektive höchst unwahrscheinlich. Insofern ist die verschiedentlich vertretene These, dass es erst vor 40 000 Jahren in Europa zu einer „kreativen Explosion“ oder einer Kultur-Mutation kam, wenig plausibel.[326] Wie wäre dann, so argumentierte Ernst Grosse schon vor über einem Jahrhundert, die Kunst der australischen Aborigines und der afrikanischen Völker zu erklären, wie die „außerordentliche Gleichförmigkeit“ der „künstlerischen Productionen der verschiedenen Jägervölker“? Der künstlerische Trieb, so schließt er weiter, sei „ohne Zweifel ein allgemeines Besitzthum der Menschheit“.[327]

Warum aber gibt es dann die Lücke von 50 000 bis 150 000 Jahren, während der unsere Vorfahren schon anatomisch und genetisch weitgehend mit heutigen Menschen übereinstimmten, aber noch keine Kunstwerke oder andere symbolische Darstellungen hinterließen? Zum einen lassen sich die künstlerischen Tätigkeiten nur sehr unvollständig aus Funden rekonstruieren; vieles wurde noch nicht gefunden oder durch Umwelteinflüsse zerstört, anderes wie Gesang und Tanz bleibt gar nicht erhalten. Zum anderen zeigt der Vergleich mit technischen Entwicklungen, dass eine längere Anlaufphase nicht verwunderlich, sondern zu erwarten ist. Neue Erfahrungen und Ideen müssen erst entstehen und das kollektive Wissen der Menschheit ist heute nur deshalb so umfangreich, weil viele Generationen an seiner Weiterentwicklung gearbeitet haben. Ein Beispiel mag dies verdeutlichen. So gab es bei der Erfindung der Schallplatte zunächst noch keine Aufnahmen. Erst im Laufe der Jahre entstand nach und nach ein akustisches Archiv. Parallel dazu wurde die Aufnahme- und Wiedergabetechnik verbessert. Das kulturelle Archiv der Menschheit war zunächst genauso leer wie das akustische Archiv vor der Erfindung der Schallplatte. Erst langsam wurde es mit Inhalten angereichert, zunächst fragmentarisch und fehlerhaft, dann zunehmend genauer und umfangreicher.

Diese Überlegungen machen wahrscheinlich, dass es schon vor den Wanderungsbewegungen der modernen Menschen in Afrika und dann über die anderen Kontinente eine vergleichsweise präzise Weitergabe von Erfahrungen über die Generationen gab. Dies legt eine zeitliche Untergrenze von 100 000 bis 200 000 Jahren für die Entstehung einer entwickelten Kulturfähigkeit nahe.

Vor 200 000 Jahren: Aus Wissen entsteht Fremdheit

Erfahrungen sind einzigartig. Dies gilt unabhängig von der Art ihrer Speicherung als genetische Information, als individuelle Erkenntnis oder als kollektives Wissen („Kultur"). In der Kunst spielen genetische Unterschiede eine vergleichsweise geringe Rolle, da die Menschen eine relativ homogene biologische Art sind. Wie neuere Untersuchungen zeigen, scheint es aber erbliche Präferenzen für bestimmte Sprachtypen zu geben.[328] Analoge Phänomene könnten auch in der Kunst eine Rolle spielen. Ein Beispiel wäre der Tanz, den es zwar bei allen Völkern gibt, der aber, abhängig von den körperlichen Unterschieden, recht unterschiedliche Formen annehmen kann. Ein ähnliches Phänomen findet man auch bei bestimmten Sportarten, wie beim Sprint oder Marathonlauf, für die es deutliche Begabungsunterschiede zwischen den Populationen gibt.

Der zeitliche Wandel der künstlerischen Ausdruckformen und Stile sowie die vergleichsweise problemlose Aneignung ursprünglich fremder Kunst sind aber deutliche Belege dafür, dass die Einzigartigkeit und Vielfältigkeit der Kunstformen ganz überwiegend Ausdruck eines kulturellen Lernprozesses sind und nicht durch genetische Unterschiede hervorgerufen werden.

Seit wann gibt es die kulturellen Unterschiede? Bereits bei den bis zu 200 000 Jahre alten Werkzeugen des Moustérien, die den Neandertalern zugeschrieben werden, gab es regionale Unterschiede, ein typisches Merkmal von Kultur. Da die gemeinsamen Vorfahren von Neandertalern und modernen Menschen vor mehr als 500 000 Jahren lebten, muss die entsprechende Fähigkeit schon zu diesem Zeitpunkt zumindest ansatzweise vorhanden gewesen sein, wenn man nicht von der eher unwahrscheinlichen Möglichkeit ausgehen will, dass eine entwickelte Kulturfähigkeit zweimal unabhängig entstanden ist. Aktuelle Theorien zur Entstehung der Sprache zeigen in dieselbe Richtung. Man geht davon aus, dass unsere Vorfahren seit 500 000 Jahren über leistungsfähige Sprachen verfügten.[329] Die mit der zunehmenden Komplexität des kulturellen Wissens einhergehenden Schwierigkeiten der Verständigung führten nicht nur zu Vielfalt, sondern auch zu Fremdheit und Abgrenzung.

Vor 100 000 Jahren: Die Kunst wird mächtig

Die evolutionäre Rekonstruktion ist im Detail korrekturbedürftig. Aber sie bestätigt die Vermutung, dass sich die biologischen Voraussetzungen für künstlerisches Verhalten lange vor der Entstehung der Menschen zu teils unterschiedlichen Zeiten im Laufe der Evolution herausgebildet haben und ein breites Spektrum biologischer Aufgaben erfüllten. Und sie dokumentiert, dass keines der Elemente für sich genommen ausreicht, um das Phänomen Kunst hervorzurufen: Die Kommunikation über Gefühle kann sich in Klatsch und Tratsch erschöpfen; Artefakte sind oft bloße Gebrauchsgegenstände; ästhetische, luxuriöse und riskante Dinge und Tätigkeiten dienen häufig als reine Statussymbole; Wünsche und Phantasien lassen sich durch die einfache Rede vermitteln; es gibt eine Vielzahl von Mechanismen der Gemeinschaftsbildung; kulturelle Vielfalt prägt alle Lebensbereiche, von der Sprache bis zu Sitten und Gebräuchen.

Wenn die Kunst aus dem Zusammenspiel mehrerer stammesgeschichtlich teils sehr alter Eigenschaften entstand, dann muss man davon ausgehen, dass die Verknüpfung zu einem neuen Ganzen nicht in einem Schritt sondern über mehrere Stufen erfolgte.[330] Weiter ist zu erwarten, dass die neue Funktion zunächst nur unvollkommen ausgeführt wurde und kaum bemerkbar war. Sobald sie sich als nützlich erwies, konnte es zur allmählichen Verbesserung bis hin zu den heute zu beobachtenden, entwickelten künstlerischen Talenten kommen. Und schließlich muss es Rückwirkungen auf die ursprünglichen Verhaltensweisen, die in der Kunstfähigkeit verschmolzen sind, gegeben haben. Die neuen künstlerischen Interessen und Tätigkeiten ihrerseits veränderten das menschliche Sozialleben, wodurch sich neue Selektionsbedingungen ergaben. Besonders weitreichend waren drei evolutionäre Neuerungen:

- Werkzeuge, andere Gegenstände und Bewegungen wurden nicht mehr nur nach funktionellen, sondern auch nach *ästhetischen Gesichtspunkten* gestaltet. Ein Beispiel aus dem Tierreich für diesen Funktionswandel sind die kunstvollen Nester der Laubenvögel. Die frühesten bekannten Belege bei Menschen sind die 1,8 Millionen Jahre alten Faustkeile.
- Das Werk eines einzelnen Individuums wurde zum gemeinsamen Besitz einer Gruppe. *Aus dem individuellen wurde ein kollektives Qualitätssignal.* Erst in dem Moment, in dem die Objekte und Handlungen nicht mehr nur der individuellen sexuellen oder sozialen Konkurrenz dienten, son-

dern der gemeinsamen Selbstdarstellung, wurde Kunst möglich. Ähnliche Phänomene lassen sich auch in anderen Lebensbereichen wie im Sport beobachten. Hier partizipiert die gesamte Mannschaft am Erfolg des Torschützen und auch die Zuschauer fühlen sich als Sieger oder als Verlierer. Die Leichtigkeit, mit der sich Menschen heute in allen Lebensbereichen mit den unterschiedlichsten Gemeinschaften identifizieren, spricht dafür, dass diese Fähigkeit spätestens seit der Entstehung von *Homo sapiens* vor 200 000 Jahren existierte.

- In ästhetisch bearbeiteten Objekten, Geschichten und Bewegungen werden Gefühle und Gedanken dargestellt und als Teil des kulturellen Erbes einer sozialen Gruppe systematisch weitergegeben. Erst mit diesem Schritt kann man von Kunst im heutigen Sinne sprechen.[331] Dass schon die Höhlenmalereien, Statuetten, gravierten Gegenstände und Musikinstrumente der Eiszeit diese Funktion hatten, wird durch die Tatsache belegt, dass entsprechende Objekte bei allen menschlichen Völkern in dieser Weise verwendet werden. Da die gemeinsamen Vorfahren aller heutigen Menschen vor rund 100 000 Jahren lebten, muss man davon ausgehen, dass sie bereits ähnliche künstlerische Talente besaßen. Die alternative Möglichkeit, dass das Interesse an den Künsten auf den verschie-

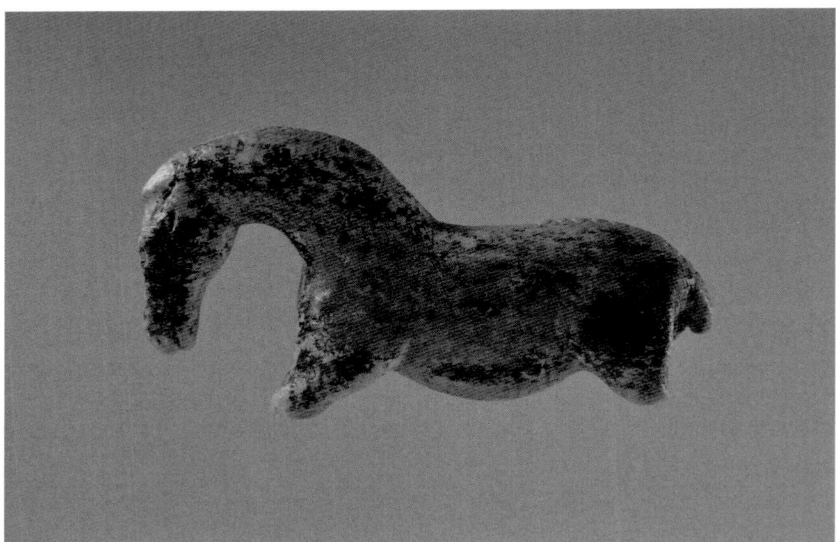

Abb. 21: Pferd aus Mammutelfenbein (Vogelherd-Höhle, Lonetal (Schwäbische Alb), etwa 35 000 Jahre vor heute). Die ältesten Kunstwerke wurden in Mittel- und Westeuropa gefunden und stammen von den wenige tausend Jahre zuvor aus Afrika nach Europa eingewanderten modernen Menschen.

denen Kontinenten jeweils neu und unabhängig voneinander entstand, ist in höchstem Maße unwahrscheinlich, wenn man bedenkt, welche komplexen geistigen Fähigkeiten erforderlich sind, um Gefühle und Gedanken in einem Objekt symbolisch zu verschlüsseln, sie ästhetisch zu bearbeiten und sich als Betrachter einzufühlen.

Wenn dies zutrifft, dann handelt es sich bei den Höhlenmalereien und Statuetten, die vor mehr als 40 000 Jahren in Mittel- und Westeuropa entstanden, um die ältesten eindeutigen Kunstwerke.[332] Hierzu zählen auch die ältesten bekannten Musikinstrumente – Flöten aus Schwanenknochen und Mammutelfenbein. Zwischen Wand- und Kleinkunst gibt es zahlreiche Übereinstimmungen des Stils und der Motive. Dargestellt werden überwiegend Tiere – Pferde, Wisente, Hirsche, Mammuts, Bären, Löwen, Nashörner u. a. –, seltener Menschen oder Mischwesen. Häufig findet man auch abstrakte Zeichen und Linien mit unklarer Bedeutung.[333]

Nach allem, was wir wissen, stammt die Kunst der Eiszeit ausschließlich von den vor 45 000 Jahren aus Afrika nach Europa eingewanderten so genannten modernen Menschen, während sich bei den Neandertalern nur vereinzelte Andeutungen finden. *Damit ist die Kunstfähigkeit die einzige grundlegend neue an archäologischen Funden ablesbare Eigenschaft, die die Vorfahren heutiger Menschen gegenüber früheren und anderen Menschenformen auszeichnet.*

Belege für reine Schmuckgegenstände gibt es bereits aus früherer Zeit. So wurden in Marokko 80 000 Jahre alte perforierte und gefärbte Muscheln gefunden, die wohl für Schmuckketten verwendet wurden.[334] Aus derselben Zeit ist der Gebrauch farbiger Mineralien zur Bemalung des Körpers und von Gegenständen belegt. Auch die Neandertaler scheinen nach neueren Untersuchungen perforierte Tierzähne und gefärbte Muscheln als Körperschmuck verwendet zu haben.[335] Solange Schmuck aber nur der individuellen Selbstdarstellung dient, handelt es sich nicht um Kunst im eigentlichen Sinne. Es gibt bislang keine Hinweise, dass die Neandertaler diese Gegenstände verwendeten, um gemeinsame Gefühle und Ziele darzustellen.

Gibt die Fundsituation ein einigermaßen zutreffendes Bild des historischen Ablaufs, dann sind die ursprünglich selbstständigen Elemente erst vor rund 100 000 Jahren zu dem einheitlichen Phänomen Kunst verschmolzen, also am Beginn des Siegeszugs der modernen Menschen über die Kontinente.

Vor 60 000 Jahren waren die modernen Menschen den anderen damals noch existierenden Menschenformen – den Neandertalern, den asiatischen *Homo-erectus*-Menschen – und den großen Säugetieren so weit überlegen, dass sie diese verdrängen konnten. Bei der Verbreitung von *Homo sapiens* nach Asien, Australien, Europa und Amerika zeigte sich überall das gleiche Muster: Wo er auftauchte, kam es zu einem massiven Aussterben der Großtierfauna. Klimaveränderungen haben das Aussterben teilweise beschleunigt, in den meisten Fällen korrelieren die Aussterbeereignisse aber so eng mit der Ankunft der modernen Menschen, dass an ihrer Rolle als alleinige oder Mit-Verursacher kaum ein Zweifel bleibt.[336]

Zwischen beiden Ereignissen – der Entstehung der Kunstfähigkeit und dem evolutionären Erfolg der modernen Menschen – muss nicht notwendigerweise ein ursächlicher Zusammenhang bestehen. So wäre es möglich, dass unserer Vorfahren *zufällig* zur gleichen Zeit den Unterhaltungswert der Kunst und unabhängig davon eine neue Jagd- oder Überlebensstrategie entdeckten. Dieses Szenario ist aus evolutionsbiologischer Sicht aber wenig plausibel, wenn man sich vergegenwärtigt, welcher Aufwand für Kunst und verwandte Tätigkeiten (wie Tanz oder Schmuck) getrieben wird und welche Bedeutung sie für unser Leben haben.

Vielleicht ist die Kunst auch nur ein *Indikator* für besondere geistige Fähigkeiten, die sich vor 100 000 Jahren entwickelten und die ihrerseits für den evolutionären Erfolg verantwortlich waren. Die Kunst hätte dann keine direkte Auswirkung gehabt, sondern sie war nur ein (letztlich irrelevanter) Nebeneffekt. Für diese These ließe sich anführen, dass sich die technischen Fähigkeiten im selben Zeitraum verbesserten[337] und dass es von daher unnötig sei, mit der Kunst einen weiteren Faktor zu unterstellen. Dieses Argument sieht aber von der Tatsache ab, dass künstlerische Aktivitäten sowohl bei Naturvölkern als auch in modernen Gesellschaften auf engste Weise mit lebens- und überlebenswichtigen Handlungen verflochten sind.

Und so bleibt als dritte Möglichkeit, dass die Kunst ihrerseits einen *Selektionsvorteil* mit sich brachte, wie Ernst Grosse schon vor mehr als einem Jahrhundert vermutete: „Kein müssiges Spiel also, sondern eine unentbehrliche sociale Function ist die Kunst, eine der wirksamsten Waffen im Kampfe um das Dasein."[338]

Zeitliche Übereinstimmung muss keine Kausalität bedeuten und die Tatsache, dass Kunst heute dazu dient, emotionales Wissen zu vermitteln und gemeinschaftliche Lebensziele herzustellen, muss nicht bedeuten, dass dies auch bei den Jägern und Sammlern der Vorzeit der Fall war. Dies gilt aber auch für andere Faktoren, die üblicherweise als Selektionsvorteil genannt werden, für die besondere Sprachfähigkeit der modernen Menschen oder ihr technisches Geschick beispielsweise. Hier wird ähnlich argumentiert, aber auch hier haben wir keine letztendliche Sicherheit, sondern nur den indirekten Hinweis, dass sprachliche und technische Talente heute häufig von Vorteil sind. Größere Sicherheit kann und sollte man auch nicht von der These fordern, dass die Kunst ein wichtiger Selektionsvorteil der modernen Menschen war und ist.

Die These von der Kunst als der „Geheimwaffe“ der Vorfahren heutiger Menschen soll nicht besagen, dass dies ihr einziger Selektionsvorteil war.[339] Das in künstlerischen Tätigkeiten geübte technische, soziale und intellektuelle Geschick hat sich auch in allen anderen Lebensbereichen von der Werkzeugherstellung bis zur Jagd und zur Erschließung neuer Umwelten ausgewirkt.

Selbst wenn das evolutionäre Szenario korrigiert werden müsste, wenn es sich beispielsweise herausstellen würde, dass eine vergleichbare Kunstfähigkeit und -produktion schon bei den Neandertalern und anderen frühen Menschenformen vorhanden war, so muss sie doch irgendwann nach der Trennung von den Schimpansen entstanden sein, da sie bei unseren nächsten Verwandten im Tierreich nur sehr rudimentär ausgebildet ist.

Die vergleichenden Beobachtungen aus Verhaltensforschung, Ethnologie und Psychologie lassen kaum einen Zweifel daran, dass Konkurrenz und Kampf „Väter“ der Kunst waren. Dass die Erfindung der Kunst es den Menschen möglich machte, sich in unmittelbarer, intensiver und gemeinschaftlicher Weise über ihre unbewussten Gefühle und Wünsche zu verständigen und diese aufeinander abzustimmen. Und dass die Gruppen der Menschen auch durch diesen Mechanismus zu Superorganismen wurden, die anderen Menschenformen und Tieren durch ihre intensivere Zusammenarbeit und ihr Gemeinschaftsgefühl überlegen waren. Indirekt belegen die Geschichte der Bücherverbrennungen und der Hass auf die jeweils fremde, „entartete“ Kunst eindrucksvoll, dass Menschen die Macht der Kunst instinktiv anerkennen. Es ist kein Zufall, dass die Eroberer aller Zeiten nicht nur die Festungen, sondern auch die Kunstwerke unterworfener Völker geraubt oder zerstört haben. Und es ist kein Zufall, dass Individuen, Völker und soziale Gruppen die eigene Kunst gewürdigt sehen wollen und sie notfalls erbittert verteidigen.

Die Kunst hat aber auch eine „Mutter“: die Partnerwahl. Durch sie wurden in der Evolution nicht nur Eigenschaften wie körperliche Kraft, Aggression und Mut gefördert, sondern auch der Sinn für Schönheit, handwerkliches Geschick, körperliche und geistige Eleganz, Umgangsformen und ein angenehmes Äußeres – die Kunst der Verführung eben. Kunst ist beides, ein Instrument der Macht und der sinnlichen Werbung, und es kommt auf die Situation und auf die Ziele an, welcher Aspekt im Vordergrund steht.

Seit wann gibt es Kunst? Paläoanthropologische und ethnologische Daten legen nahe, dass gemeinsame Aktivitäten und Signale wie Bilder, Statuen, Gesänge, Tänze und Körperbemalungen spätestens mit der Entstehung der modernen Menschen, d. h. vor 200 000 Jahren, zur Vermittlung kulturellen Wissens, zur Festigung sozialer Bindungen und zur Abgrenzung von anderen Gruppen dienten.

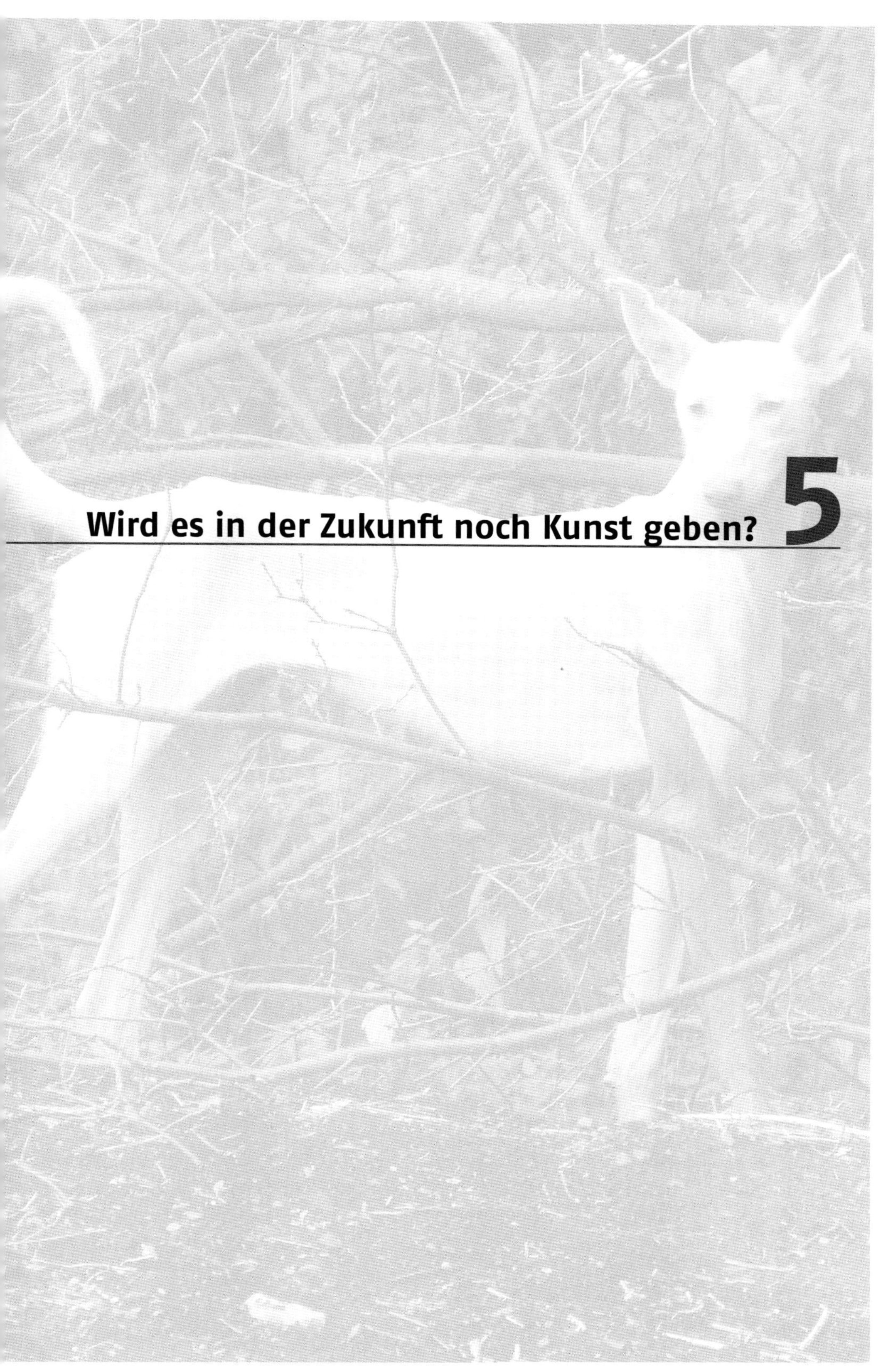

5 Wird es in der Zukunft noch Kunst geben?

Kunst auf dem Prüfstand

> Man wird zugeben dürfen, „daß die menschliche List unsere natürlichen Schwächen und Torheiten dieser Art zwar steigert, sie jedoch niemals ursprünglich erzeugt. Ihre Wurzeln reichen tiefer in die Seele hinab und entspringen den wesentlichen und allgemeinen Eigenschaften der menschlichen Natur".
> (David Hume, *Die Naturgeschichte der Religion*, 1757)

Wenn die Kunstfähigkeit als eine biologisch nützliche Anpassung mit einem konkreten Selektionsvorteil entstanden ist, dann bedeutet dies nicht, dass sie das auch heute noch ist. Technologische Neuerungen wie Schrift, Buchdruck, Tonträger und Fotografie haben andere Formen der Darstellung und neue sinnliche Reize ermöglicht. Auch die Themen sind nicht mehr dieselben. Die biologisch vorgegebenen Lebensziele und Emotionen haben sich zwar kaum verändert, umso mehr aber die Chance, sie zu verwirklichen und auszuleben. Aus Mangel wurde Überfluss, aus etwas so Allgegenwärtigem wie der unmittelbaren Naturerfahrung ein seltenes Gut. Und nicht zuletzt hat sich die Art und Weise verändert, wie Menschen zusammenleben. Was bedeutet dieser teils subtile, teils tiefgreifende Wandel für die Kunst? Hat sie ihre evolutionären Funktionen verloren oder neue Aufgaben hinzugewonnen?

Die Evolution der Menschen und ihrer Vorfahren war von einschneidenden Änderungen in den Lebensbedingungen geprägt.[340] Ein erster folgenschwerer Schritt erfolgte vor 6 bis 7 Millionen Jahren, als unsere noch schimpansenartigen Vorfahren den Regenwald verließen, in trockeneren Landstrichen mit weiter verstreuten Bäumen und Wäldern lebten und aufrecht zu laufen begannen. Ein zweiter Umbruch erfolgte vor 2 Millionen Jahren und führte zur Entstehung der ersten echten Menschen (*Homo erectus*). Es kam zum Umbau des Bewegungsapparates, der ausdauerndes Laufen möglich machte, zu einer Vergrößerung des Gehirns, einer anderen Ernährung, einem veränderten Sexualverhalten und einer anderen Sozialstruktur. Vor 200 000 Jahren machten dann Fortschritte der geistigen Fähigkeiten ein reichhaltigeres kulturelles Repertoire und Kunst möglich; seither spricht man vom „modernen" Menschen, von unserer eigenen Art *Homo sapiens*.

Ein vierter großer Umbruch war die Neolithische Revolution, der Übergang von der Lebensweise der Jäger und Sammler zu Ackerbau und Viehzucht, der vor 10 000 Jahren begann. Die neue Umwelt der Zivilisation war von veränderten Ernährungsgewohnheiten, Bevölkerungswachstum, einer städtischen Siedlungsweise, weitgehender Arbeitsteilung und von kulturellen Errungenschaften wie der Schrift geprägt. Im Verlauf eines einzelnen Menschenlebens war der Wandel kaum bemerkbar, aus evolutionärer Perspektive vollzog er sich aber in geradezu atemberaubendem Tempo. In den letzten Jahrzehnten hat er sich durch die Industrialisierung und die mit ihr einhergehende technische Entwicklung noch weiter beschleunigt.

Jeder dieser Umbrüche führte zu teils gravierenden Mangel- und Fehlanpassungen, die erst allmählich überwunden oder abgeschwächt werden konnten. Man spricht in diesem Zusammenhang auch von „Mismatch", vom englischen Wort für „Nichtübereinstimmung" (von Genen und Umwelt). So wird diskutiert, ob die Menschen bis heute nicht ausreichend an die Erfordernisse des aufrechten Gangs angepasst sind und dass hier eine Erklärung für die Häufigkeit von Rückenproblemen zu suchen sei. Im Folgenden werde ich mich vor allem mit dem vierten Umbruch, dem Übergang zur Zivilisation, beschäftigen. Dies bedeutet nicht, dass der evolutionäre Wandel früherer Zeiten keine Rolle mehr spielt, sondern dass die jüngsten und noch in vollem Gange befindlichen Veränderungen im Gefolge der Neolithischen Revolution eine Reihe neuer Probleme hervorriefen.

Aus evolutionsbiologischer Perspektive ist zu erwarten, dass es zu Widersprüchen zwischen der neuen Umwelt der Zivilisation und den biologischen Anpassungen an das Leben als Jäger und Sammler kam. Ist dies der Fall? Es gibt in der Tat zahlreiche Beispiele aus der evolutionären Psychologie und Medizin, die dokumentieren, dass die neuen Lebensbedingungen nicht nur in körperlicher, sondern auch in psychischer Hinsicht zu gesundheitlichen und sozialen Problemen führten. Man spricht in diesem Zusammenhang auch von Zivilisationskrankheiten. Ein Beispiel ist die leichte Verfügbarkeit von süßen Nahrungsmitteln. Unter den ursprünglichen Lebensbedingungen der Menschen war die ungebremste Lust auf Süßes unproblematisch, da es selten zu viel davon gab. Beim heutigen Überangebot kann dieses Verlangen aber leicht über das Ziel hinausschießen und zu den bekannten Problemen führen. Ein anderes Beispiel sind technische Hilfsmittel, von Aufzügen bis zu elektrischen Fensterhebern, durch die körperliche Kraftanstrengungen und Bewegungen auf ein Minimum reduziert werden. Auch hier verkehrt sich ein biologisch sinnvolles Verhalten – unnötige Anstrengungen zu vermeiden – in sein Gegenteil. Dies sind nur zwei Beispiele, die einen Eindruck davon vermitteln sollen, wie die Veränderungen der Lebensbedingungen zu falschem Verhalten und dadurch zu Beschwerden geführt haben.[341]

Was hat dies mit der Kunst zu tun? Wie andere Anpassungen kann auch das Interesse an der Kunst durch den Wandel der Umwelt seinen Nutzen verloren haben und zu einer Fehlanpassung geworden sein. Wäre es möglich, dass einige ihrer negativen Begleiterscheinungen, die von Kommentatoren seit Platon immer wieder angeprangert wurden, durch die Nichtübereinstimmung zwischen den menschlichen „Kunsttrieben" und den Lebensbedingungen der Zivilisation hervorgerufen oder zumindest verschärft werden? Handelt es sich bei der „Entartung" der Kunst „zu einem Unterhaltungsobjekt der niedrigsten Art"[342] und zu einer „trostspendenden Sonntagsveranstaltung"[343] um eine Zivilisationskrankheit wie Übergewicht und Herzinfarkt? Vielleicht ist aber auch das Gegenteil der Fall und die Kunst hat unter den Bedingungen der Zivilisation neue positive Wirkungen entfaltet.

Die Diskussion der gesundheitlichen und sozialen Probleme, die durch die vielfältigen Veränderungen unserer Lebensweise hervorgerufen werden, ist immer auch ein Stück weit Zivilisationskritik. Als solche löst sie vielfach Ängste und Abwehr aus. Jetzt, wo wir uns an die Annehmlichkeiten der schönen neuen Welt gewöhnt haben, werden ihre Errungenschaften auch erbittert verteidigt. Dies ist verständlich, dabei wird aber gerne übersehen, dass jeder dieser Fortschritte auch seinen Preis hat und dass mit jedem Schritt etwas Wichtiges und Wertvolles verloren gehen kann. Die Warnungen und Mahnungen der Biologen, dass die Natur der Menschen nicht unendlich plastisch ist, mögen im Einzelfall mehr oder weniger zutreffend sein und sie müssen sich wie jede andere Zeitdiagnose der Kritik stellen.[344] Dies ändert aber nichts an der grundlegenden Notwendigkeit, technische und soziale Neuerungen auch unter dem Aspekt ihrer biologischen Verträglichkeit zu betrachten. Damit ist kein einfaches „Zurück zur Natur" gemeint, sondern es muss darum gehen, Wege zu finden, wie die Nachteile der technischen und sozialen Errungenschaften möglichst vermieden werden können, ohne dass wir ihre Vorteile aufgeben müssen.

> Wenn die evolutionäre Kunsttheorie richtig ist und es sich bei der Kunst um ein in der Evolution entstandenes Werkzeug handelt, dessen Funktionstüchtigkeit wie bei einem komplexen Organ auf dem präzisen Zusammenspiel mehrerer Komponenten beruht, dann ist zu erwarten, dass es zu mehr oder weniger gravierenden Störungen und Ausfällen kommen kann.

Einige dieser Störungen habe ich bereits kurz angesprochen: den Kitsch als „billige" Kunst, die ästhetische Verwahrlosung als eine Folge der Anonymität, die Verwendung der Kunst als Mittel der Indoktrination statt der Kommunikation.

In den Abschnitten 2 bis 4 habe ich die Kunst und ihre Elemente als in der Evolution entstandene Werkzeuge aufgefasst, die auf das Leben unserer Jäger- und Sammler-Vorfahren abgestimmt waren. Nun wird es darum gehen zu überprüfen, ob diese „Werkzeuge" unter den Bedingungen der Zivilisation und ihrer neuesten Entwicklung, den von den Massenmedien verbreiteten industriellen Kunstprodukten, noch ihre Funktion erfüllen, ob sie ihren Zweck verloren oder andere, neue Aufgaben hinzugewonnen haben. Dies leitet über zu der Frage, wie sich die negativen Folgen aus Sicht der Evolutionsbiologie vermeiden oder abschwächen lassen.

Mühelose Qualität

Auf den ersten Blick hat die Zivilisation in der Kunst wie in vielen anderen kulturellen, technischen und lebenspraktischen Bereichen zu unbestreitbaren Fortschritten geführt. Die Spezialisierung der Künstler und ihre Freistellung von anderen Tätigkeiten führten zu qualitativen Verbesserungen. Dies gilt weniger für die absoluten Spitzenleistungen; so sind manche Höhlenmalereien und Statuetten der Altsteinzeit modernen Kunstwerken durchaus ebenbürtig. Was deutlich zugenommen hat, ist die Vielfalt und Breite der künstlerischen Ausdrucksmöglichkeiten und die praktischen Fertigkeiten. Man denke nur an bessere Methoden, harte Materialien wie Stein zu bearbeiten, an die breitere Farbpalette und an neuartige Musikinstrumente. Neue technische Mittel und eine größere Zahl an Mitwirkenden haben zudem die Intensität der Erfahrungen gesteigert. Durch Orchestermusik und Chöre lassen sich Erlebnisse erzeugen, die mit weniger Darstellern so nicht möglich sind. Warum also sollte man bemängeln, dass die Sprache der Gefühle und der Wünsche durch die Zivilisation technisch besser, eindrucksvoller und intensiver wurde?

Weil wir nun vor dem Problem stehen, dass die in der Evolution entstandenen Mechanismen zur Bewertung von Dingen und Personen nicht mehr zuverlässig funktionieren. Durch Produkte und Eigenschaften, die es in der Evolution so nicht gab, werden unsere Sinne und Einschätzungen systematisch überlistet und getäuscht. Was dies bedeutet, lässt sich am Beispiel schöner Dinge und Menschen verdeutlichen. Für die längste Zeit der Menschheitsgeschichte erfüllten glatte Haut, elegante Bewegungen, dichtes Haar und schöne Körper ihren Zweck und signalisierten zuverlässig gute Gene und Leistungsfähigkeit. Aus diesem Grund sind wir genetisch darauf programmiert, schöne Menschen und Gegenstände zu bevorzugen. Hübsche Schulkinder bekommen durchschnittlich bessere Noten als ihre benachteiligten Klassenkameraden und attraktive Bewerber um eine Stelle werden vom anderen Geschlecht häufiger eingeladen; beim eigenen Geschlecht kommt es dagegen zu entsprechend häufigeren Absagen, da hier Konkurrenz und Neidreaktionen dominieren.[345]

Schönheit im Sinne von Proportion, Symmetrie, Gleichmäßigkeit und Farbigkeit war ein aussagekräftiges Qualitätssignal, weil sie schwierig zu erreichen war. Aus demselben Grund wirken auch Übertreibungen so begehrenswert. In der Biologie spricht man in diesem Zusammenhang von übernormalen Reizen. In Versuchen mit Attrappen, d. h. mit Gegenständen, die wichtige Eigenschaften des Originals nachahmen, konnte gezeigt werden, dass künstliche, übertriebene Reize attraktiver sein können als die natürlichen Originale. So rollen Vögel viermal so große Eiattrappen lieber in ihr Nest als die eigenen Eier, obwohl sie die Attrappen wegen ihrer Größe nicht ausbrüten könnten.[346] Dass auch Menschen auf übernormale Reize ansprechen, zeigt sich in der Werbung, im Sport, in der Sexualität – und eben in der Kunst. Wir haben die Tendenz, das Übertriebene und Außergewöhnliche zu bevorzugen, weil wir instinktiv unterstellen, dass es sich um ein zuverlässiges Qualitätssignal handelt. Dies macht uns aber anfällig für die Täuschungen der Zivilisation, deren Reize es ursprünglich ebenso wenig gab wie die Eiattrappen der Verhaltensforscher.

Übergroße Bilder und Statuen, maximale Lautstärke, aufwändige Inszenierungen und eindrucksvolle Effekte waren auch in der traditionellen Kunst probate Mittel, um die Zuschauer und Zuhörer zu beeindrucken. Wir schätzen dies, weil nur Werke, die einen besonderen Aufwand an Zeit, Mühe und Talent erfordern, sich dazu eignen, die Macht, den Reichtum, das Können und die Lebensziele eines Individuums und einer Gruppe zu demonstrieren. Mit neuen technischen Mitteln lässt sich dies ohne großen Aufwand weiter steigern. Und oft ist das Ergebnis ja tatsächlich eindrucksvoll. Nichtsdestoweniger geht hier häufig etwas Wichtiges verloren: der Beweis für die Ernsthaftigkeit und Ehrlichkeit der Signale, der nur bei echter Anstrengung und wirklichem Talent gegeben ist.

Andererseits verschwindet die Gleichsetzung von Schönheit, Gesundheit und Talent mit (genetischer) Qualität, die Menschen instinktiv vornehmen, nicht einfach. Und dies, obwohl sie durch den technischen Fortschritt teilweise ihren Sinn verloren hat und wir in einer Umwelt aus Dingen leben, die unsere Wahrnehmungen und Bewertungen systematisch täuschen und Qualität signalisieren, wo keine ist. In gewisser Weise leben wir in einer Welt voll Kuckuckseiern. Irgendwann wird sich unsere Biologie der Situation vielleicht angepasst haben, jetzt aber müssen wir mit der Nichtübereinstimmung von Genen und Umwelt leben.

In Bezug auf die körperlichen Eigenschaften eines Menschen sind unsere instinktiven Bewertungen bis heute vergleichsweise zuverlässig, da chirurgische und kosmetische Bemühungen bislang nur oberflächliche Verbesserungen ermöglichen. Anders ist dies bei Gegenständen. Symmetrische, gleichmäßige und bunte Dinge lassen sich mittlerweile ohne großen Aufwand produzieren. Ähnliches gilt auch für die in den Künsten dargestellten Qualitätssignale wie Gesundheit, Talent und Mut. Durch Bildbearbeitungssoftware lässt sich die Haut glätten und Rundungen werden nach Belieben entfernt oder hinzugefügt. Durch elektronische Nachbearbeitung lässt sich eine dünne Stimme in einen vollen Sopran verwandeln und Computeranimationen machen gefährliche Stunts und riskante Abenteuer zu einem Kinderspiel.

Dies ist alles andere als belanglos, da es um die grundlegende Bewertung von Dingen und Menschen geht. Signale wie körperliche Schönheit, musikalisches Talent, Intelligenz und Mut sind keine austauschbaren, isolierten Eigenschaften, sondern sie versorgen uns mit einer Fülle von Informationen über eine Person. Der süße Geschmack und der Geruch einer reifen Frucht sind ja auch mehr als ein Hinweis auf energiereiche Kohlenhydrate, Indikatoren für eine Vielzahl von Vitaminen und Mineralstoffen. Letztere aber fehlen in Softdrinks und Schokoriegeln, deren Süße und künstliche Aromen unsere Erwartung enttäuschen, ohne dass dies zunächst bemerkbar ist. In ähnlicher Weise stören die technisch manipulierten Bilder, Töne und Dinge unsere natürliche Fähigkeit, den Wert von Werken und Personen einzuschätzen, empfindlich.

Das Problem der Zuverlässigkeit der Qualitätssignale entstand nicht erst mit der Zivilisation oder der Industrialisierung, sondern es tritt auch bei der sexuellen Wahl auf. Während die Werbung für das werbende Geschlecht möglichst aufwändig aussehen und gleichzeitig möglichst wenig kosten soll, muss das wählende Geschlecht auf Signalen bestehen, die tatsächlich teuer sind. Nur dann ist sichergestellt, dass dem äußeren Schein ein wirklicher Wert entspricht. Eine gewisse Diskrepanz zwischen Sein und Schein gab es also schon immer, sie ist Teil des evolutionären Wettrüstens. Die neuen technischen Mittel haben dieses Gleichgewicht aber einseitig zugunsten des Scheins verschoben.

Die evolutionäre Lösung für das Echtheitsproblem sind überflüssige Luxusbildungen wie die bunten Federn der Paradiesvögel und reale Gefahren (Handikap-Prinzip). Ist dies auch in der modernen Welt eine zuverlässige Richtschnur? Ich denke ja, denn das Handikap-Prinzip besagt, dass man als Adressat eines Signals auf realem, überprüfbarem Aufwand bestehen muss, wenn man sicher gehen will, dass es ernst gemeint und echt ist. Wie aber lässt sich dies gewährleisten? Da sich an den fertigen Produkten der Aufwand oft nicht mehr erkennen lässt, bleibt die Kontrolle der Herstellung. Insofern hat noch die „kümmerlichste Provinzaufführung" eines Theaterstücks einem Kinofilm etwas voraus.[347] Wenn man unmittelbar beobachten kann, was ein Sänger ohne technische Hilfsmittel in der Oper oder ein Musiker in einem Konzert leistet, wie ein Künstler seine Gemälde herstellt und wie ein Schauspieler im Theater agiert, dann ist die Echtheit der Signale schon viel eher gewährleistet.

Überfluss und Askese

Informative, interessant erzählte Geschichten waren in der Vergangenheit ebenso schwer zu beschaffen wie energiereiche Nahrungsmittel. Aus diesem Grund haben wir einen schier unstillbaren Appetit auf beides entwickelt, aber kaum ein Gefühl für das richtige Maß. Solange Menschen neben ihrer Sorge für den Lebensunterhalt selbst erzählen, singen, tanzen und gestalten mussten, konnte sich kein dauerhafter Überfluss entwickeln. Dies hat sich in den letzten Jahrzehnten dramatisch verändert. Mittlerweile gibt es eine massenhafte Produktion ästhetisch ansprechender Produkte. Dies trifft weniger auf die Kunst im engeren Sinn zu; aber auch hier haben einige Künstler wie Jeff Koons und Takashi Murakami erkannt, wie profitabel das Kunst-Merchandising ist und lassen Replikate ihrer Werke in großen Mengen produzieren. Im Besonderen gilt dies natürlich für die Massenmedien, für Zeitschriften, Radio, Fernsehen und Internet, durch die uns die Musik-, Film- und Bildindustrie mit einer Fülle von visuellen und akustischen Reizen versorgt.

Von Kritikern wird nun ins Feld geführt, dass dieses überreiche Angebot dazu führt, dass „zu viele literarische Kalorien unsere geistigen Arterien verstopfen".[348] Noch lässt sich darüber streiten, ob die positiven oder die negativen Effekte der Informationsfülle überwiegen, ob „Reizüberflutung" ein echtes Problem oder eine Modefloskel ist. Während die Optimisten aus dem Anstieg der IQ-Werte (Intelligenzquotient) in den letzten Jahrzehnten folgern, dass uns „keine Epidemie geistiger Fettsucht bedroht",[349] gibt es auch warnende Stimmen.[350] Aus evolutionsbiologischer Sicht spricht einiges dafür, dass die Gefahren durchaus real sind und es sich bei den Folgen geistiger Überfütterung um eine Zivilisationskrankheit handelt. Ein Besuch in einem der modernen Multiplex-Kinos führt diese Entwicklung plastisch vor Augen. Die überdimensionierten Gefäße, aus denen die Besucher Popcorn und Softdrinks zu sich nehmen, entsprechen den überlauten Filmen, die auf maximale Effekte setzen. Die Phänomene sind ähnlich: Wie unsere natürliche Lust auf Süßes durch Softdrinks überbefriedigt wird, so auch unsere Freude an außergewöhnlichen Erlebnissen durch computergenerierte Abenteuer.

Unabhängig von den möglichen Folgen für die Gesundheit, die Leistungsfähigkeit und das Wohlbefinden der Konsumenten hat die quantitative Zunahme auch Auswirkungen auf die Kunst selbst. Walter Benjamin hat davon gesprochen, dass „im Zeitalter der technischen Reproduzierbarkeit des Kunstwerks" dessen Aura „verkümmert". Unter der „Aura" verstand er die „einmalige Erscheinung einer Ferne".[351] Aus biologischer Sicht sind Besonderheit und Nicht-Alltäglichkeit in der Tat unerlässliche Qualitätssignale, deren Verlust nicht ohne Folgen bleiben kann. Insofern ist zu erwarten, dass die inflationäre Zunahme der perfekt designten und auf maximale Gefühlsintensität berechneten künstlerischen Darbietungen zu ihrer Entwertung führen wird. Aus den begehrten, weil seltenen Wertgegenständen wird billige Massenware, Glasperlen, mit denen man noch für eine Weile bei Naturvölkern und Kindern Eindruck machen kann.

Eine mögliche Gegenreaktion ist die sinnliche Askese der Konzeptkunst. Wie eine wenig gewürzte Veganermahlzeit hat sie aber nur einer kleinen Minderheit gefallen. Experimente, die demonstrieren sollten, dass man bei einem Kunstobjekt auf die handwerkliche Bearbeitung verzichten kann, dass ein materieller Gegenstand sich durch eine Idee vertreten lässt, dass eine Theateraufführung ohne erkennbare Handlung auskommen kann und dass sich Gefühle durch intellektuelle Erkenntnis ersetzen lassen, zeigten, dass sich dieser Weg erstaunlich weit beschreiten lässt. Nichtsdestoweniger bedurfte es eines beträchtlichen argumentativen Aufwandes, um hier eine rudimentäre Akzeptanz herzustellen. Es ist bezeichnend, dass Botho Strauß, einer der bekanntesten deutschsprachigen Dramatiker der Gegenwart, von „etwas so Entlegenem und von der Allgemeinheit so Ungemochtem wie der Kunst der Heutzeit" sprach.[352]

Wie ist das unerschöpfliche Angebot an künstlerischen Darbietungen aus Sicht der Evolutionsbiologie zu bewerten? Das Leben im Schlaraffenland der künstlerischen Traumwelten bedeutet zunächst einmal, dass wir dem offensichtlichsten Mangel, der Reizarmut und der Langeweile, entkommen können. Und wir freuen uns, dass es so einfach ist, schöne Dinge und ansprechende Kunstobjekte zu erwerben. Daran gibt es nichts auszusetzen. Über der Freude an der mühelosen Wunscherfüllung sollte man aber nicht vergessen, dass die Intensität eines Erlebnisses und eines Lustgefühls durch eine zuvor erfahrene Entbehrung gesteigert wird. Glückstechnologien, die unsere Wünsche ohne Anstrengungen erfüllen, haben deshalb nur kurzfristige Effekte. Die Entwertung der Künste wird sich also nur aufhalten lassen, wenn sie nicht ständig verfügbar sind und etwas Besonderes bleiben. Und wenn es ausreichend Zeiten der Ruhe und der Regeneration gibt.

Die schöne Welt der Illusionen

Menschen haben das instinktive Bedürfnis, über ihre Gefühle und Wünsche zu sprechen, sich in andere Personen hineinzuversetzen und nach Gemeinsamkeiten zu suchen. Kunst erleichtert diesen Austausch, indem sie die spielerische Identifikation mit den Erlebnissen und Perspektiven anderer Personen ermöglicht. Dieser Abgleich ist notwendig für das Wohlergehen der Individuen und eine grundlegende Voraussetzung für die Stabilität einer Gemeinschaft. Was hat sich durch die Zivilisation und die modernen Massenmedien geändert?

Zum einen macht es die technische Perfektion schwerer, sich dem Einfluss bestimmter Kunstformen zu entziehen, was dem propagandistischen Missbrauch Tür und Tor öffnet. Wenn Sentimentalität, Einzelkämpfertum, Misstrauen dem anderen Geschlecht gegenüber und aggressive Tendenzen einseitig überbetont werden, wie in vielen Erzeugnissen der gegenwärtigen Populärkunst.[353] Zum anderen besteht die Gefahr einer Entwertung der Realität. In gewisser Weise wird die Wirklichkeit durch Kunst immer entwertet, indem ihr eine andere, bessere, interessantere Welt gegenübergestellt wird. Eine der zentralen Funktionen der Kunst besteht ja gerade darin, zunächst kaum erreichbare Lebensziele spielerisch darzustellen. Damit macht sie Mut für notwendige, aber riskante Unternehmungen. Wunschdenken kann auch über Zeiten des Mangels und der Not hinweghelfen. Denn nichts ist schlimmer, als aller Hoffnung beraubt zu sein. Insofern können Illusionen eher förderlich als schädlich sein.

Wer sich in die Welt der Träume begibt, dem kann die Realität aber leicht schal werden. Die Versuchung, den Weg des Wunschdenkens zu beschreiten, wird größer, wenn die Phantasiewelt an Attraktivität gewinnt. Dies ist ein allgemeines Kennzeichen der Kunst in der Zivilisation. Schon im Theater der Antike, in den Kathedralen des Mittelalters und in den aufwändigen Opern des 18. und 19. Jahrhunderts erreichten die Präsentationen kollektiver Wünsche überwältigende Dimensionen. Durch die Technisierung im 20. Jahrhundert erhöhte sich die Attraktivität der Phantasiewelt noch weiter. Aufwändige Computerspiele und animierte Kinofilme, unbegrenzter Musikkonsum und spektakuläre Bühnenshows sind eine große, manchmal zu große Versuchung, die den Rückweg aus der Welt der Phantasie in die Niederungen des täglichen Lebens schwer machen kann.

Dies ist vor allem in Zeiten persönlicher Bedrängnis oder allgemeiner Not der Fall, wenn die Verwirklichung der Lebensziele in der Realität wenig aussichtsreich erscheint. An ihre Stelle tritt dann die Kunst als Rausch- und

Entspannungsdroge. Für eine Weile kann sie als solche ihren Zweck erfüllen. Nichtsdestoweniger wird man, wenn man die lebensfördernden Aspekte der Kunst erlebt hat, mit Ernst Gombrich von ihr mehr erhoffen als Hilfestellungen bei dem Versuch, „sich aus der Welt der Tatsachen in die ‚Opiumwelt' der Kunst zu flüchten".[354] Diese Flucht, so kann man ergänzen, ist aber nur zum geringeren Teil ein Problem der Kunst, sondern in erster Linie eine Reaktion auf den Mangel an realen Glücksmöglichkeiten durch die Zerstörung der Natur und den Verlust persönlicher Beziehungen.

Fremde Träume

Da Kunst die Funktion hat, die divergierenden Wünsche einer Gruppe von Menschen zusammenzuführen, kommt durch die Zivilisation ein schwer überwindbares Problem hinzu: die soziale Ungleichheit. Der Übergang von den relativ egalitären Jäger- und Sammler-Gruppen zu arbeitsteiligen und hierarchischen Gesellschaften wird oft und in vieler Hinsicht zu Recht als Fortschrittsgeschichte erzählt. Er hat aber auch zu massiven Verteilungskämpfen und Ungerechtigkeiten geführt.[355] Zwar müssen auch unter den Bedingungen der Zivilisation die grundlegenden biologischen Interessen der Individuen – Überleben und Fortpflanzung – gewahrt bleiben. Menschen sind aber genetisch darauf programmiert, mehr zu wollen und zu benötigen: Wohlergehen, Luxus, soziale Anerkennung und Schönheit.

Unter den Bedingungen von Sklaverei, Leibeigenschaft und anderen Formen der Ausbeutung sind diese Voraussetzungen meist nicht gegeben. Dadurch klaffen die Interessen zwischen Herrschern und Beherrschten so weit auseinander, dass sich die divergierenden Wünsche und Gefühle nur mehr schwer verbinden lassen. Die freiwillige Identifikation mit einem Kunstwerk wird dann unmöglich, mit der Folge, dass durch Zwang nachgeholfen werden muss.[356] Für Kunst im engeren Sinn gibt es hier eine natürliche Grenze, denn ihre Produkte müssen den benachteiligten Individuen gefallen, andernfalls werden sie von diesen nicht akzeptiert. Insofern müssen erfolgreiche Kunstwerke Kompromissbildungen sein, wobei die unterschiedlichen Interessen abhängig von den jeweiligen Machtkonstellationen repräsentiert sind.

Haben die neuen technischen und ästhetischen Mittel dieses Gleichgewicht verschoben? Dass dies der Fall ist, zeigt die Effektivität der künstlerischen Inszenierung politischer und sportlicher Großveranstaltungen, von Reichsparteitagen und Fußballweltmeisterschaften, die es scheinbar mühelos schaffen, die Mehrheit der Bevölkerungen auf Ziele einzuschwören, die für den Einzelnen überwiegend Nachteile mit sich bringen. Ein anderes aktuelles Beispiel sind die höchst populären, gewaltverherrlichenden Kriegs- und Actionfilme. Sie nehmen die Zuschauer durch aufwändige Effekte für sich ein, weil wir beim Betrachten eines schönen oder interessanten Kunstobjekts dazu tendieren, Respekt für den Künstler oder Eigentümer zu empfinden.

Auf diese Weise kann Kunst zum Mittel der Manipulation werden, ähnlich wie man dies seit der Antike für die Religion diskutiert hat. Der Theorie des Priesterbetrugs zufolge handelt es sich bei der Religion um ein Herrschaftsinstrument, das die biologisch angelegte Furcht der Menschen vor dem Unbekannten für die eigensüchtigen Interessen der Priester nach Macht,

Reichtum und Ansehen ausbeutet.[357] Analog dazu kann Kunst dazu dienen, den biologisch angelegten Wunsch nach ästhetischen Gegenständen und Handlungen auszunutzen. Profiteure können die Künstler sein, aber auch andere Personen oder gesellschaftliche Gruppen, die den Zugang zu Kunstwerken kontrollieren.[358] Letzteres trifft sicher für einen beträchtlichen Teil der von den Massenmedien verbreiteten Musik, Fernsehsendungen, Spielfilme, Romane und Unterhaltung zu und es erklärt das bei vielen Kunsttheoretikern verbreitete Unbehagen, diese Produkte als Kunst zu akzeptieren.

Wie auch immer man die Populärkunst der Gegenwart im Einzelnen bewertet, es ist unverkennbar, dass gerade die durch die Arbeitsteilung mögliche Qualität der Produkte ein Problem darstellt, da sie beliebige Ziele aufwerten kann. Eine Folge kann sein, dass falsche Lebensziele an Attraktivität gewinnen, deren Erfüllung letztlich nicht befriedigt. Ist „die Kraft der schönen Künste in verrätherische Hände" geraten, so dass „das herrlichste Gesundheitsmittel zum tödtlichen Gifte"[359] wurde, wie der Aufklärungsphilosoph Johann Georg Sulzer schrieb? Sie ist dies sicher nicht nur, aber sie ist es auch.

Wie lassen sich die negativen Auswirkungen begrenzen? Eine Möglichkeit ist die wissenschaftliche Analyse, durch die die Wirkungen und Mechanismen der Kunst verstehbar und damit beherrschbar werden. Vielleicht kommt es auch zu einer Gewöhnung an die neuen Reize. Wenn einige Formen der Kunst wie legale Drogen funktionieren, dann lassen sie sich möglicherweise in das Alltagsleben integrieren, wie das bei alkoholischen Getränken der Fall war.[360] Und schließlich stimmt die Erkenntnis optimistisch, dass Menschen nicht nur Meister der Manipulation sind, sondern dass sie in der Evolution auch ein feines Gespür für ihre Aufdeckung herausgebildet haben.

Dass die Künste ausgesprochen effektiv sind, wenn es darum geht, Menschen dazu zu bringen, gegen ihre eigenen Interessen zu handeln, ist aber kein eigentliches Problem der Kunst. Wie Richard Huelsenbeck sich erinnerte, war die Erkenntnis, dass selbst die beste und schönste Kunst nicht davor gefeit ist, unmenschlichen Zwecken zu dienen, Ausgangspunkt für die dadaistische Radikalkritik an der Kunst: „Wir hatten im Krieg herausgefunden, daß Goethe und Schiller und die Schönheit auf Töten und Blutvergießen und Mord hinausliefen. Das war für uns ein furchtbarer Schock."[361] Diese Enttäuschung ist nachvollziehbar, aber sie ist auch Ausdruck einer idealisierten und unrealistischen Vorstellung von Kunst. Und sie verschiebt die Verantwortung für „Blutvergießen und Mord" von den eigentlichen Tätern weg auf „Goethe, Schiller und die Schönheit". Wenn die Evolutionsbiologie recht hat, dann sind die Künste Werkzeuge, und wie alle Werkzeuge können sie unterschiedlichen Interessen und Zielen dienen.

Fälschungen und der Fluch der Anonymität

Wir schätzen Kunstfertigkeit nicht nur, weil dies die Qualität der Produkte verbessert, sondern auch, weil unser Wohlergehen von den Fähigkeiten unserer Mitmenschen abhängt. Mit der Zivilisation kam es zu weitgehender Arbeitsteilung, aber es blieb noch lange möglich, die handwerklichen und geistigen Talente eines Wissenschaftlers, Künstlers und Handwerkers an ihren Produkten zu erkennen. Dies änderte sich mit der industriellen Produktionsweise, aus der Werkstatt wurde die Fabrik, aus dem einzelnen Labor die Großforschung, aus dem Atelier die Filmindustrie.

Auch wenn der Beitrag weniger exponierter Individuen – des Regisseurs, des Produzenten, der Schauspieler – noch erkennbar sein kann, ist dies für die Mehrzahl der an einem Großprojekt beteiligten Personen nicht der Fall. Sie können nicht mehr zeigen, welche Fähigkeiten und Talente sie haben. Interessanterweise scheint dies kaum Auswirkungen auf ihre Selbsteinschätzung zu haben. Auch die Mitarbeiter großer Firmen sind stolz auf erfolgreiche Produkte, ein Orchestermusiker auf eine bejubelte Aufführung und die im Abspann eines Filmes gezeigten Personen auf ihren mehr oder weniger großen Anteil an seinem Gelingen. Dies gilt auch für den Stolz auf den Erfolg und die Leistungen der eigenen Kultur oder Nation.

Menschen identifizieren sich leicht und gerne mit Qualitätsprodukten, selbst wenn sie einen vergleichsweise geringen Anteil an ihrer Herstellung hatten. Insofern kann man davon ausgehen, dass arbeitsteilige Strategien schon in den Jäger- und Sammler-Gruppen üblich waren und dass die entsprechende Bereitschaft ohne große Reibungsverluste auch in größeren Einheiten abrufbar ist.

Nichtsdestoweniger wird die korrekte Zuordnung eines Kunstwerks zu einer oder mehreren Personen weiterhin als wichtig erachtet. Dies lässt sich an der Tatsache erkennen, dass Fälschungen üblicherweise nicht als Kunst gelten. Aber warum eigentlich? In den 1960er Jahren hat der Philosoph Alfred Lessing argumentiert, dass die Ablehnung von Fälschungen „wenig oder nichts mit ästhetischem Urteilsvermögen“ zu tun hat.[362] Dies wird durch Fälle bestätigt, in denen die Fälschungen den Originalen *überlegen* sind. Ein aktuelles Beispiel lieferte der große Kunstfälscherprozess des Jahres 2011. Der Hauptangeklagte Wolfgang Beltracchi hatte seit 1975 mehr als 70 Kunstwerke der Avantgarde und der Klassischen Moderne gefälscht und für viele Millionen Euro verkauft. Eines dieser Gemälde, das angeblich von dem Expressionisten Heinrich Campendonk im Jahr 1914 gemalte „Rote Bild mit Pferden“, wurde im November 2006 für 2,4 Millionen Euro versteigert. Damit wurde ein Rekordpreis für den expressionistischen Künstler erzielt. Der Kritiker Niklas Maak kommentierte dies mit den Worten: „Tatsächlich muss man zugeben, dass Beltracchi den besten Campendonk malte, den es je gab.“[363] Fälschungen sind also nicht wegen ihrer geringeren ästhetischen Qualitäten problematisch, sondern weil sie es schwer machen, die Leistung der Künstler, die auch von den Entstehungsbedingungen der Werke abhängt, zu bewerten.

Wie aktuelle Missstände des Internets zeigen, treten noch weitaus gravierendere Probleme auf, wenn eine Handlung oder ein Objekt gar keiner Person mehr zugeordnet werden kann. Es gibt zwar einen biologischen Zwang zur ästhetischen Bearbeitung aller Eigenschaften eines Menschen – aber nur, wenn diese auch wahrnehmbar sind. Durch die Verschleierung der Urheberschaft einer Handlung entfällt dieser Zwang und es kommt zu den von der evolutionsbiologischen Theorie vorausgesagten Folgen: Sobald die Autoren eines Eintrags in einem Blog oder Forum glauben, nicht identifizierbar zu sein, verlieren ästhetische und ethische Normen ihre Bedeutung und es kommt zu einer Flut an Gehässigkeiten und Primitivitäten. Diese Phänomene sind mittlerweile so häufig, dass mit „Shitstorm“ (Schmutzkampagne) ein eigener Begriff für sie geprägt wurde.

Anonymität kann ein Schutz der Schwachen sein, sie verleitet zu kleinen und größeren Regelverstößen, aber sie zerstört auf Dauer die Grundlage des sozialen Zusammenlebens, das auf der Zuschreibung von Urheberschaft und Verantwortung beruht. Insofern lässt sich die moralische und ästhetische Verrohung in Teilen des Internets durchaus als Zivilisationskrankheit bezeichnen, da dauerhafte Anonymität in kleineren Gruppen früher so nicht möglich war. So kann man die Anonymous-Bewegung mit einigem Recht als die Anti-Kunst unserer Zeit bezeichnen und es war sicher kein Zufall, dass es im Jahr 2012 zu Attacken auf Autoren, Künstler und Wissenschaftler kam.

Verrohung und Anti-Ästhetik sind eine direkte Folge der Anonymität bzw. der Tatsache, dass sich die Autoren hinter frei gewählten und austauschbaren Pseudonymen verstecken können. Neuere Untersuchungen haben gezeigt, dass sich dies in dem Maße wieder verbessert, in dem sich längerfristige Interaktionen aufbauen und die Pseudonyme stabil sind.[364] Dass Wiedererkennbarkeit die Grundlage kooperativen (und ästhetischen) Verhaltens ist, wurde schon in den 1970er Jahren spieltheoretisch nachgewiesen: Zusammenarbeit kann sich nur „bei Arten entwickeln, die fähig sind, sich gegenseitig als Individuen zu erkennen und sich aneinander zu erinnern".[365] Da Künstler besonderen Wert auf die Würdigung ihrer Person und ihrer Werke legen und da sie sich entsprechend bemühen, die eigenen Gedanken ästhetisch zu gestalten, bilden sie ein wichtiges Gegengewicht zu den zerstörerischen Tendenzen, die mit der Anonymität einhergehen. In dieser Hinsicht ist der Kunst in jüngster Zeit also eine höchst verdienstvolle Aufgabe zugewachsen.

Eine unverhoffte Chance

Einer der offensichtlichsten Umbrüche, die mit der Zivilisation einhergingen, war die Entstehung großer Gesellschaften. Zwar hatten auch die Jäger und Sammler vielfältige Kontakte über teils weite Entfernungen, aber die ständige und dauerhafte Anwesenheit einer Vielzahl von überwiegend nichtverwandten Individuen in Städten und Staaten hat eine andere Qualität. Die neuen Selektionsbedingungen führten zu einer ganzen Reihe biologischer Veränderungen. So konnten sich durch das enge Zusammenleben Infektionskrankheiten schneller ausbreiten, mit der Folge, dass das Immunsystem vor neue Herausforderungen gestellt wurde. Schwieriger zu entscheiden ist, ob es auch zu genetisch bedingten Veränderungen beim Sozialverhalten kam. Dies wäre der Fall, wenn Individuen, die mit den größeren Einheiten besser zurechtkamen, mehr Nachkommen hatten.

Ob das Zusammenleben in großen Gemeinschaften ausschließlich auf erlernter Gewöhnung beruht oder durch einen biologischen Selektionsprozess erleichtert wurde, sei dahingestellt.[366] Auffällig ist, dass sich Menschen bis heute überwiegend in vergleichsweise kleinen Gruppen bewegen. Erkennbar ist dies an der großen Rolle familiärer Bindungen und an der Bevorzugung von überschaubaren Gruppen und Cliquen im Sport, in der Politik, in der Kunst und in vielen anderen Lebensbereichen. Daneben gibt es aber auch größere Einheiten, die von ihren Mitgliedern Solidarität und Zusammenhalt erwarten. In Armeen, Firmen, Parteien, Staaten, Religions- und Weltanschauungsgemeinschaften werden dem Einzelnen oft beträchtliche Opfer für eine Gruppe aus nicht-verwandten Personen abverlangt.

Wenn Gemeinschaft nicht mehr auf genetischer Verwandtschaft oder auf persönlichen Beziehungen beruhen kann, dann müssen andere Mechanismen an ihre Stelle treten. Wie wir sahen, ist Kunst ein effektives Mittel, um positive Gemeinschaftserlebnisse auch in großen Gruppen zu erzeugen. „Erst der Mensch", bemerkte Irenäus Eibl-Eibesfeldt in diesem Zusammenhang, „stellt kulturell Gemeinnutz vor Eigennutz und damit über die Familieninteressen." Bei der Übertragung der Loyalität von der Familie auf den Staat komme der „Kunst – insbesondere der Dichtkunst – […] eine große wertvermittelnde Bedeutung zu".[367] Als Beispiel für diesen Konflikt nennt er den Befehl des biblischen Gottes an Abraham, seinen eigenen Sohn zu opfern.

Dass Loyalitätskonflikte zwischen der Familie und größeren sozialen Verbänden bis heute virulent sind, wird auch durch die Tatsache dokumentiert, dass dieses Thema in der Literatur, auf der Bühne und in Filmen eine große Rolle spielt. Darf und muss man die eigenen Kinder, die Eltern, den Partner verraten, wenn diese strafwürdige Taten begangen haben, oder ist die Familiensolidarität wichtiger? So erzählt die *Pate*-Trilogie nach dem Roman von Mario Puzo vom Schicksal eines Familienunternehmens der Mafia über den Wechsel der Generationen und Zeiten hinweg. Da es nach eigenen Werten und Normen neben und in Konkurrenz zu den staatlichen Institutionen agiert, kommt es zu vielfältigen Konfliktsituationen. Ein berühmtes Beispiel aus der Oper-Geschichte ist Giacomo Puccinis *Tosca*, in der die Titelheldin ihren Geliebten Cavardossi in den Tod schickt, indem sie ihn zunächst aus Eifersucht, dann aus Angst an den Polizeichef Scarpia verrät.

Die Überschaubarkeit der Familie und des Bekanntenkreises hat nicht nur Vorteile, sondern sie ist auch von Enge und Beschränktheit geprägt. Zumindest im Vergleich zu den größeren Verbänden der Zivilisation, die sehr viel mehr Anregungen und Kooperationen ermöglichen. Kunst ist eines der wichtigsten Mittel, um Loyalität mit diesen größeren Einheiten herzustellen und Gemeinschaftsgefühle massenwirksam zu inszenieren. All dies spricht dafür, dass die Kunst mit der Zivilisation einen enormen Bedeutungszuwachs erhalten hat. Ohne sie wären die mit ihr einhergehenden Nachteile vielleicht kaum erträglich und das insektenhafte Intrigenspiel aus Vetternwirtschaft und Rassismus wäre schwer überwindbar. Denn ohne Kunst wäre es deutlich schwieriger, große Gruppen aus nicht-verwandten Individuen auf gemeinsame Werte und Handlungen einzuschwören.

Erfahrungsmangel

Schrift, Buchdruck, Tonträger, Fotografie und andere Formen der Wissensspeicherung bereicherten, erweiterten und festigten die Weitergabe der Erfahrungen über die Generationen, die Kultur.[368] Davon profitierte auch die Kunst als Speicher sozialen und emotionalen Wissens. Wer sich die Lust auf Neues und die Freude an der Entdeckung bewahrt hat, der wird kaum hoch genug einschätzen können, dass wir auf einen riesigen Fundus an Kunstwerken zugreifen können. Insofern haben die mit der Zivilisation einhergehenden technischen Entwicklungen die Funktion der Kunst als Wissensspeicher enorm verbessert.

Es gibt aber auch einen Wermutstropfen. Denn zunehmend fehlt ein ausreichendes Gegengewicht, das die Einschätzung der Informationen auf ihren Realitätsgehalt und auf die Korrektheit der Schlussfolgerungen erst auf eine sichere Grundlage stellt: die eigene Erfahrung. Kultur, das sind die Erfahrungen und Gedanken früherer Generationen. Diese können richtig oder falsch sein, und es ist wichtig, sie auf der Grundlage individueller Erfahrungen zu kritisieren und durch neues Wissen zu ergänzen. Insofern ist es problematisch, wenn ein Individuum oder eine Gesellschaft ihr Wissen überwiegend aus dem kulturellen Fundus und nicht mehr aus der eigenen Welterfahrung gewinnen. Das von Ernst Cassirer und anderen Autoren postulierte „symbolische Universum", dem die Menschen auf Gedeih und Verderb ausgeliefert sein sollen, ist zwar ein selbstgewähltes Gefängnis, die leichte Verfügbarkeit der Informationen im Internet und in den Medien erhöht aber die Versuchung, sich ausschließlich auf diesem Weg mit Wissen zu versorgen.

Wer Aggression und sexuelles Begehren, Freundschaft und Verrat nur aus Romanen, Filmen und Computerspielen kennt, der wird Schwierigkeiten haben, adäquat mit entsprechenden Situationen in der Realität umzugehen.[369] Wer unrealistische Szenarien und Versprechungen mangels realer Erfahrungen für bare Münze nimmt, der wird sich minderwertig fühlen. Dass die bildende Kunst überlebensgroße Götter und Herrscher darstellt, dass in der Literatur und im Theater Heldentaten beschworen werden, ist nicht neu, sondern kennzeichnet auch viele traditionelle Kunstwerke. Was aber bedeutet es für das Selbstbild eines Menschen, wenn er ständig mit der übermenschlichen Kraft, dem Mut und der Schönheit von Film- und Computerhelden aufwächst? Die in der Kunst vermittelte Sprache der Gefühle – auch negativer Erfahrungen wie Aggression und Gewalt – ist wichtig, eine Bereicherung und scheint als solche kaum negative Verhaltensänderungen zu bewirken.[370] Aber sie muss in Balance mit echten Erfahrungen sein, die sie ergänzt und verfeinert.

Dies gilt auch für die Kunstproduktion selbst. Wenn diese an professionelle Künstler delegiert wird, fehlt eine wichtige Ergänzung: die eigene Kenntnis. Insofern stimmt es optimistisch, dass es so viele Menschen gibt, denen es ein Bedürfnis ist, Schmuck herzustellen, Kleider zu nähen, Bilder zu malen, Romane zu schreiben und Musik zu machen. Auch wenn man die Qualität dieser Werke in vielen Fällen belächeln mag, muss man doch anerkennen, dass mit der privaten Kunstproduktion ein unschätzbarer Erfahrungsgewinn einhergeht.

Der Verlust der Vielfalt

Die Wanderungsbewegungen der Menschen über die Kontinente hatten zur Folge, dass es zu langen Zeiten der Isolation zwischen den Populationen kann. Dadurch haben sich zum einen genetische Unterschiede angesammelt, wodurch es zu auffälligen körperlichen, vielleicht auch zu geistigen Unterschieden zwischen den Völkern kam. Zum anderen entstanden die kulturellen, d. h. die erlernten Unterschiede der Sprachen, Gebräuche und Kunstformen. Die Isolation einzelner Gruppen war immer relativ und nach kürzerer oder längerer Zeit kam es erneut zu Kontakten, wodurch sich sowohl die genetischen als auch die kulturellen Unterschiede wieder teilweise verwischten.

Durch die mit der Zivilisation einhergehenden Handelsbeziehungen und Eroberungen wurden die Trennungen zunächst langsam, dann immer schneller aufgehoben, so dass es heute praktisch keine Rückzugsmöglichkeit mehr gibt. Was bedeutet dies für die Kunst? Wenn durch die geografische Isolation geschützte Räume entstanden, in denen sich Sprachen und Kunststile ohne Störung von außen entwickeln konnten, dann ist dies heute nur noch in eingeschränktem Maße möglich. Zwar bilden sich ständig neue Subgruppen, die sich gezielt abgrenzen – Beispiele sind die Anhänger bestimmter Kunst- und Musikrichtungen, die sozial oder altersmäßig isolierte Gruppen bilden. Alles in allem sind dies aber vergleichsweise kurzlebige Phänomene und nach wenigen Jahren oder Jahrzehnten werden diese Subkulturen im Mainstream aufgegangen oder verschwunden sein.

Insofern wird die Globalisierung nicht nur zu einer genetischen, sondern auch zu einer kulturellen Vereinheitlichung führen. Ein Teil der Vielfalt von Sprachen und Kunststilen wird verlorengehen und die sehr verdienstvolle museale Bewahrung ist nur ein Notbehelf. Zudem verliert die Kunst ihre gemeinschaftsbildende Funktion, denn diese beruht ganz wesentlich auf der Unterscheidung zwischen der eigenen und fremden Kunst. Auf der anderen Seite waren kulturelle Unterschiede immer auch eine Quelle der Feindseligkeit und des Misstrauens zwischen den Menschen. So gesehen ist die Bilanz der Zivilisation an diesem Punkt ambivalent. Mit den geschützten Räumen geht ein Teil des künstlerischen Reichtums aber auch der Fremdheit verloren.

Das Ende der Kunst?

Das Interesse an Kunstwerken wird nur verschwinden, wenn sie ihren Zweck verlieren, ohne einen neuen hinzuzugewinnen. Wenn aus einer lebendigen Form des Austauschs und aus einem Wissensspeicher eine reine Entspannungs- und Rauschdroge wird, die schadet, ohne zu nützen. Dann wird es eine Weile weiterexistieren, wie die Augen der Höhlentiere, aber allmählich seine Funktion verlieren und sich zurückbilden. Darauf deutet bei der Kunst bislang wenig hin.

Neue technische und soziale Entwicklungen werden die Bedeutung einzelner Künste aber fördern oder hemmen. So vermutete Ernst Grosse, dass der Tanz seinen Einfluss verliert, „sobald die socialen Gruppen zu groß werden, als dass sie sich noch zu einem Tanze vereinen könnten; und auf der anderen Seite verdankt die Poesie ihre unvergleichliche Macht der Erfindung des Buchdruckes. Infolgedessen geht die Hegemonie im Fortschritte der Kulturentwicklung von einer Kunst auf die andere über".[371]

Möglich ist auch das Verschwinden einzelner Künste. Dies wäre der Fall, wenn ihre Vertreter systematisch auf die ästhetische Bearbeitung und den emotionalen Gehalt ihrer Produkte verzichten und sie nur noch vordergründig funktional gestalten. Ein Beispiel aus den letzten Jahrzehnten könnte die Architektur sein, in der ästhetische Anforderungen für eine gewisse Zeit als Zumutung empfunden wurden und man auf „ehrliche" Bauwerke setzte. In Anbetracht der B-Ebenen, Kaufhäuser und Wohnblocks deutscher Städte ist es kein Zufall, dass vielerorts in Vergessenheit geraten ist, dass die Architektur einmal zu den schönen Künsten zählte. Da sich in letzten Jahren bei Architekten und Bauherren ein Sinneswandel bemerkbar macht, könnte sich dieser Trend aber auch wieder umkehren.

Kunst im Allgemeinen wird also nicht verschwinden, aber sie wird sich wandeln, so dass sie mit ihrem ursprünglichen Aussehen vielleicht nur noch wenig gemein hat. Wie bei anderen von Menschen hergestellten Dingen haben neue technische Verfahren und die arbeitsteilige und industrielle Produktionsweise ihren Charakter verändert. Vorteile wie die massenhafte, standardisierte und preiswerte Herstellung werden mit Nachteilen wie Berechenbarkeit, Einförmigkeit, Qualitätsverlust und Täuschung durch supernormale Reize erkauft. Dadurch sind einige Bereiche der Kunst schon heute zu einer Droge geworden, zu geistigem Süßstoff und zu Glasperlen für das Volk.

In anderen Bereichen ist dies noch nicht der Fall. So hat eine schwedische Langzeitstudie, in der die gesundheitlichen Effekte der Beschäftigung mit den Künsten über acht Jahre an über 12 000 Probanden verfolgt wurden, positive Resultate ergeben.[372] Untersucht wurden aber nur Varianten, die eine gewisse eigene Aktivität erfordern, wie der Besuch von Museen, Theater und Kino, das Lesen von Büchern und Zeitschriften sowie das Spielen eines Instruments bzw. das Singen in einem Chor. Die Hauptmedien heutiger Populärkunst, das Fernsehen und der Computer, scheinen eher gegenteilige Effekte zu haben, wenn sie im Übermaß konsumiert werden.[373]

Das Interesse an Kunst ist eine Antwort auf biologische Bedürfnisse; davon muss auch die industrielle Kunstproduktion ausgehen, wenn sie erfolgreich sein will. Dies bedeutet, dass weder die Gefühle und Wünsche beliebig manipulierbar sind noch die Präsentation auf den Schein von Aufwand, Können und Qualität verzichten kann. Um zu funktionieren, müssen künstlerische Darbietungen die biologischen Bedürfnisse nach sozialer Anerkennung, nach Glück in der Liebe, nach Erfolg und Wissen befriedigen. Andernfalls werden sie vom Publikum nicht gemocht und nicht freiwillig konsumiert. Insofern muss man davon ausgehen, dass gerade die Kinofilme und Fernsehserien, die Popmusik und bunten Bilder der Zeitschriften die biologischen Wünsche präzise ansprechen. Oder genauer: dies versprechen, denn ein Großteil der Mühe wird in den äußeren Schein investiert. So wie Tomaten in erster Linie rot zu sein haben, damit sie gekauft werden, ohne dass dieses Reifesignal mit echter Reife und Geschmack einhergehen muss.

Wenn Kunst zu mühelos, zu übertrieben und fremdbestimmt ist, und wenn es davon zu viel gibt, dann kann sie das Gegenteil ihres ursprünglichen Zweckes erreichen. Dann wird sie nicht mehr in der Lage sein, den Austausch über emotionale und soziale Fragen zu fördern und sinnvolle Lösungsstrategien an die Hand zu geben, sondern sie wird zu einem Instrument der Manipulation. Dann hätte Jean-Jacques Rousseau doch Recht behalten, als er schrieb: Ohne die Fortschritte von Literatur und Kunst wären wir „zweifellos glücklich geworden". Das einzige, was uns daran hindere, die Kunst jetzt zu „vernichten", sei die Überlegung, dass man „das Eisen in der Wunde lassen [muss], damit der Verwundete nicht beim Herausziehen verblute".[374]

Wenn ein Verzicht auf Kunst nicht möglich oder erwünscht ist, dann bleibt nur die Lösung, in den verbliebenen Nischen nach authentischen Zeugnissen handwerklicher Kunst zu suchen und den Konsum standardisierter Industrieprodukte zu begrenzen. Diese Option erfordert aber eine gewisse Anstrengung sowie zeitliche und finanzielle Freiräume und so spricht viel dafür, dass die Kunst den Weg gehen wird, den wir in der Ernährung, in der Arbeitswelt, im Sport, in der Wissenschaft und in der Erziehung sehen. Qualität und der Zugang zu den ursprünglichen, realen Reizen und Erfahrungen werden teuer und stehen nur einer Minderheit zur Verfügung. Die große Mehrheit wird mit billiger Massenware, mit industriell hergestellter Nahrung und entsprechenden Kunstwerken, mit Brot und Spielen, mehr schlecht als recht abgespeist.

In der Menschheitsgeschichte war es wahrscheinlich nie einfach, gute Nahrung und qualitativ hochwertige Kunst zu bekommen. Daran hat sich nichts geändert, der Unterschied ist nur, dass es früher schwierig war, sich dieser Dinge in einer Situation des Mangels zu versichern, und dass es nun darum geht zu erkennen, dass der Überfluss der Gegenwart eine andere Form des Mangels ist: des Mangels an Qualität und Echtheit.

Wenn Kunst einer der wichtigsten gemeinschaftsbildenden Mechanismen der Menschen ist, der mit der Zivilisation noch an Bedeutung gewann, da die ursprünglich dominierenden Faktoren – Verwandtschaft und persönliche Bekanntschaft – durch die Größe und Anonymität der neuen Einheiten an Wirksamkeit verloren haben, so hat sie eine große Zukunft. Ihr Gewicht wird in dem Maße zunehmen, in dem direkte staatliche Machtmittel zurücktreten und religiöse oder soziale Regeln an Kraft verlieren. Es ist nicht immer richtig, dass „auffordernde Sätze die besten Befehle sind, nicht Kunstwerke".[375] Im Gegenteil: Zwang und Befehle mögen unverzichtbar sein, aber sie sind oft weniger effektiv als die freiwillige und überzeugte Identifikation mit einem gemeinsamen Ziel. Wenn Menschen nicht mehr in erster Linie zur Kooperation gezwungen, sondern verführt werden sollen, dann bricht die große Zeit der Kunst an. Es gibt also wenig Anlass, ein Ende der Kunst zu beschwören.

Gegen ein Ende der Kunst spricht noch ein anderer, vielleicht noch wichtigerer Grund. Warum hat es sich in der Vergangenheit als so schwierig erwiesen, den Zweck der Kunst zu benennen? Wenn wir uns mit Hilfe der Kunst indirekt über unsere Gefühle und Wünsche austauschen, ohne dass diese bewusst werden, dann darf dieser Mechanismus selbst nicht bewusst werden, wenn er seine volle Wirkung entfalten soll. Denn die Möglichkeit, unbefangen über soziale Strategien, emotionale Vorlieben und narzisstische Größenphantasien sprechen zu können, setzt ja voraus, dass die Künstler und das Publikum sich gerade nicht offen zu ihren Sehnsüchten und Ängsten bekennen müssen. Die Vielfalt der künstlerischen Verfremdungstechniken, mit denen der Eindruck anderer Zeiten, Orte und Szenarien erzeugt wird, dient genau diesem Zweck.

Die Erkenntnis, dass die künstlerischen Erfindungen weit mehr mit sorgfältig verborgenen Wünschen zu tun haben, als uns das gemeinhin bewusst ist, droht aber eben diese Unbefangenheit und damit die Wirkung der Kunst zu stören. Dies erklärt auch, warum moderne Theater- und Operninszenierungen so regelmäßig scheitern, wenn sie die räumliche und zeitliche Distanz zum Stück in pädagogischer Absicht aufheben und aktuelle Einsichten vermitteln wollen. Es ist, als wollte man bei einem gemeinsamen Theater- oder Kinobesuch offen darüber sprechen, dass es darum geht, selbstsüchtige Wünsche zu verhandeln, Raub und Rache, Mord und Vergewaltigung, Betrug und Verrat, die extravagantesten aggressiven und sexuellen Bedürfnisse auf ihre Realisierbarkeit hin zu überprüfen. Dies mag in der einen oder anderen Situation möglich und angebracht sein, in der Regel aber wird es den Austausch eher fördern, wenn der Bezug zu den realen Wünschen in der Schwebe bleibt. „Im Grunde", bemerkte der Kunsthistoriker Werner Schmalenbach, „will ich gar nicht wissen, was sich da [beim Betrachten emotional beeindruckender Bilder] abspielt. Ich will so wenig wie möglich wissen."[376]

Ist also die eingangs diskutierte Befürchtung, dass die wissenschaftliche Analyse die Wirkungen der Kunst stört und vielleicht sogar zerstört, doch berechtigt? Diese Gefahr besteht tatsächlich, sie muss aber nicht zwangsläufig zu den beschriebenen negativen Folgen führen. Denn Menschen haben die Fähigkeit, die Wirklichkeit und das entsprechende Wissen für eine gewisse Zeit auszublenden und sich unmittelbar auf ein Kunstwerk einzulassen. Wir wollen die dargestellten Gedanken und Empfindungen als fremde ausgeben, ohne sie als unsere eigenen Wünsche oder als diejenigen unserer Mitmenschen anerkennen zu müssen. Natürlich ist dies Täuschung und Selbsttäuschung, aber ohne diese Illusion funktioniert Kunst nicht und hat nie funktioniert. Insofern ist der Widerspruch zwischen der Wirklichkeit und der Wunschwelt nicht neu, sondern es gibt ihn, seit es Kunst gibt. Die wissenschaftliche Analyse hat dieses Gleichgewicht verschoben, aber sie hat unseren Willen und unsere Fähigkeit zur Selbsttäuschung nicht aufgehoben. Sie kann die Wirkungen der Kunst stören, aber sie tut es nicht zwangsläufig, was sich an der Tatsache erkennen lässt, dass auch Kunsttheoretiker Kunstwerke genießen können.

Wenn dem so ist, dann muss mit der evolutionären Entstehung der Kunst auch die Fähigkeit entstanden sein, aktiv und willentlich einen Zustand der Selbsttäuschung einzunehmen, und im Schauspieler nicht mehr nur die reale Person, sondern gleichzeitig die Bühnenfigur zu sehen. George Orwell hat „die Fähigkeit, zwei einander widersprechende Überzeugungen gleichzeitig zu denken, und beide gelten zu lassen", in seinem berühmten Roman *1984* als „Zwiedenken" („Doublethink") bezeichnet und als Herrschaftsmittel einer totalitären Gesellschaft beschrieben.[377] Letzteres kann sie auch sein, aber wenn die hier vorgestellte Theorie richtig ist, dann hat die Fähigkeit des Zwiedenkens nicht nur den negativen Aspekt der systematischen Lüge, sondern auch einen positiven, als Ausdruck der Kraft der Wünsche. Dann ist das Zwiedenken ein evolutionär entstandenes geistiges Werkzeug, das nicht nur zur Unterdrückung, sondern auch zur Befreiung eingesetzt werden kann.

Einen entscheidenden Unterschied zum Orwell'schen System aber gibt es: Der Eintritt in die Wirklichkeit der Kunst ist freiwillig und er gilt immer nur für eine begrenzte Zeit. Abgesehen davon treffen fast alle Charakterisierungen Orwells für das Zwiedenken auf die Kunst zu: die Veränderbarkeit der Vergangenheit, die Bereitschaft zur Selbsthypnose, die Verleugnung der objektiven Realität, die Fähigkeit, Unwahrheiten zu erzählen und gleichzeitig an sie zu glauben, das Oszillieren zwischen Wunsch und Wirklichkeit usw.[378] Diesen Regeln muss man folgen, wenn man das Spiel der Kunst spielen will. Andernfalls werden wir zu Spielverderbern. Bei manchen „Spielen" ist dies durchaus angebracht, bei vielen anderen aber wäre es schade.

Die gewollte Suspendierung der Wirklichkeit ist eine unerlässliche Voraussetzung der Kunst und ohne die Fähigkeit zur zeitweiligen Selbsttäuschung kann das künstlerische Spiel nicht funktionieren. Ehrlichkeit ist ein hohes Gut, sie kann aber auch verletzend, zerstörerisch und selbstschädigend sein. Insofern ist es nicht übertrieben, von der Kunst als einem Geniestreich der Evolution zu sprechen: Denn sie ermöglicht einen Ausweg aus diesem Dilemma und einen eleganten Kompromiss zwischen notwendiger Offenheit und unentbehrlicher Diskretion. Ob eine Gemeinschaft selten oder häufig auf dieses Werkzeug zurückgreift, wird sich unterscheiden. Dass sie völlig ohne es auskommt, halte ich aus biologischer Sicht für ausgeschlossen.

Kunst ist eine der eindrucksvollsten Erfindungen der Evolution. Wer über sie nachdenkt, der kommt kaum umhin, sie zu bewundern und zu verherrlichen und sie im selben Atemzug abzulehnen und zu kritisieren. Diese Ambivalenzen gehen weit über die traditionelle Unterscheidung zwischen guter und schlechter Kunst hinaus – sie sind Teil ihres Wesens. Wie jedes machtvolle Werkzeug kann sie schaden und nützen, einschläfern und das Bewusstsein in einzigartiger Weise erweitern, in die Isolation führen und Gemeinschaft stiften. Ihre inspirierenden und glückspendenden Eigenschaften, die unser Leben in einzigartiger Weise bereichern, können sich aber nur entfalten, wenn sie gefördert werden. Die Künste sind mehr als ein unersetzliches Weltkulturerbe – sie sind ein lebendiges Weltnaturerbe, das es zu bewahren gilt.

Dank

Künstlerische Interessen gehören zur Natur der Menschen und beim Nachdenken über die evolutionäre Entwicklung unserer Spezies stößt man immer wieder auf Beispiele für dieses eigenartige und biologisch so ungewöhnliche Verhalten. Und so enthielten meine Bücher *Die Evolution des Menschen* (2006), *Der Darwin-Code: Die Evolution erklärt unser Leben* (mit Sabine Paul, 2010) und *Die 101 wichtigsten Fragen: Evolution* (2011) sowie einige Artikel mehr oder weniger ausführliche Überlegungen zu einzelnen Aspekten des Themas „Evolution und Kunst". Wie aber lassen sich die auf den ersten Blick so heterogenen Gesichtspunkte zusammenführen?

Mögliche Antworten habe ich in den letzten Jahren bei Vorträgen vor Biologen, Anthropologen, Philosophen und Archäologen zur Diskussion gestellt. Die Anregungen, kritischen Kommentare und positiven Rückmeldungen halfen mir, meine Argumente zu überdenken und zu präzisieren. Für die Vortragseinladungen sei an dieser Stelle herzlich gedankt der *Schirn Kunsthalle Frankfurt*, der *MVE (Menschliches Verhalten in evolutionärer Perspektive)*, dem *Rheinischen Landesmuseum Bonn*, dem *Freiburg Institute for Advanced Studies*, der *Universität Siegen*, dem *Deutschen Hygiene-Museum Dresden*, den *Akademien der Wissenschaften Schweiz*, der *ETH* und der *Universität Zürich* sowie der *Hugo Obermaier-Gesellschaft*.

Besonders erwähnen möchte ich auch den literarischen Freundeskreis von Rechtsanwalt Walter Mann, der mir für viele Jahre eine stete Quelle der Inspiration war. Dieter Birnbacher und Hans Zitko gaben wichtige Hinweise aus philosophischer Perspektive. Thomas Schardt und Thomas Wessely haben das Manuskript gelesen und auf Fehler und Unklarheiten hingewiesen. Lucie Beppler, Birgit Maria Sturm und Franz M. Wuketits haben mir Bilder und Literatur zur Verfügung gestellt. Angela Meder vom Hirzel Verlag hat dem Manuskript den letzten Schliff gegeben. Ihnen allen sei herzlich gedankt. Mein besonderer Dank aber geht an Sabine Paul. Ohne die gemeinsame Begeisterung für die positiven Aspekte der Natur der Menschen und für den Wert unseres so oft verleugneten und missachteten inneren Weltnaturerbes wäre das Buch nicht zu dem geworden, was es ist.

Anmerkungen

Ein Experiment

1 B. Boyd et al. 2010: 17.
2 Darwin 1871, Bd. 1: 136.

1 Wie wird Kunst erklärt?

Welche Widerstände zu überwinden sind

Quelle Zitat: Pinker 1997: 521–522.

3 Vgl. Wallace 1889; Weismann [1889] 1892; Wallaschek 1893; Grosse 1894; Koller 1900; Groos 1904; Bölsche 1926. Vgl. auch Aiken 1999.
4 Vgl. Wallin et al. 2000; Voland & Grammer 2003; J. Carroll 2004: vii–xxv; Gottschall & D. S. Wilson 2005; B. Boyd 2005, 2009; Junker & Paul 2009; B. Boyd et al. 2010; Menninghaus 2011.
5 Aristoteles, *Poetik* 1448 b 6–9.
6 Kant [1790] 1974: B 181.
7 Schopenhauer [1859a] 2006: 264.
8 Vgl. Dilthey 1883: 5–26; Schnädelbach 1983.
9 M. Mead 1935: 280. Vgl. Pinker 2002: 14–29.
10 Wittgenstein [1921] 1984: 4.1122.
11 Vgl. Tatarkiewicz [1970] 1979, [1976] 2003; HWP 1976; Scheer 1997; Hauskeller 1998; Ullrich 2001; Held & Schneider 2007. Es ist bezeichnend, dass die Biologie im Beitrag „Wechselseitige Erhellung – Die Kunstgeschichte und ihre Nachbardisziplinen" von Heinrich Dilly (2008b) fehlt.
12 Vgl. Reichle 2012. Indirekt hat die biologische Fragestellung in den kunsttheoretischen Überlegungen der philosophischen Anthropologie überlebt. So ist in den *Theorien der Kunst* von Dieter Henrich und Wolfgang Iser von einer kaum übersehbaren Vielfalt von Theorien die Rede, die „Menschen als eine Art von Lebewesen [sehen], aus deren spezifischen Eigenschaften und aus deren Gattungsgeschichte auch ihre Kunstproduktion erklärt zu werden hat" (1982: 23). Repräsentiert wird die anthropologische Fragestellung bei Henrich und Iser aber nur durch einen Text von Arnold Gehlen. Dies ist insofern problematisch, als die Vorstellungen von Gehlen den neueren evolutionstheoretischen Konzepten teils erheblich widersprechen, da die „Sonderstellung" der Menschen nicht aus ihrer Biologie, sondern in Opposition zu dieser erklärt werden soll (Gehlen [1940] 1997: 32–33; vgl. auch Scheler [1928] 1966: 30–31).
13 Vgl. Weber [1919] 1968; Wagner 1973.
14 Vgl. Junker 2008, 2010c, 2011a.
15 Freud [1916–17] 1940: 294–295.
16 Schiller [1784] 2004: 819–820.
17 Vgl. Kristeller 1951; Tatarkiewicz [1976] 2003: 29–78; Belting 1995: 74.
18 Vgl. Davies 2000; N. Carroll 2004.
19 Als weiterer Beleg sei genannt, dass Gehirnstrukturen, die für das Verständnis von Musik notwendig sind, schon bei neugeborenen Säuglingen angelegt sind und durch Verletzungen gestört werden können. Vgl. Altenmüller 2006; Perani et al. 2010.
20 Darwin 1859.
21 Vgl. auch die Liste der „Gefahren" in B. Boyd et al. 2010: 4–9.

[22] Vgl. Mayr 1997: 1–23.
[23] Bourdieu [1992] 1999: 11, 10.
[24] Vgl. E. O. Wilson 1998; N. Carroll 2004; B. Boyd et al. 2010: 6–7; Junker 2010b; Menninghaus 2011: 30; Kandel 2012.

Warum über Kunst gestritten wird

Quelle Zitat: Thornton 2009: 79–80.
[25] Mäckler 2003: 6. Vgl. Weitz 1956: 27–28; Gombrich 1993: 57–60; Pinker 1997: 523–524; Ullrich 2005: 9–30.
[26] Ullrich 2001: 567.
[27] Zit. nach Tomkins 1999: 216.
[28] Vgl. Dickie [1984] 1997: 80–82.
[29] Vgl. Zitko 2012: 9–40.
[30] Warnke 2008: 23.
[31] Danto 1964.
[32] Gombrich 1979: 100.
[33] Schiller [1795] 2004: 593. Trotz allem glaubt Schiller letztlich an die Freiheit der Kunst: „Von allem, [...] was menschliche Konventionen einführten, ist die Kunst wie die Wissenschaft losgesprochen, und beide erfreuen sich einer absoluten Immunität von der Willkür der Menschen. Der politische Gesetzgeber [...] kann den Künstler erniedrigen, aber die Kunst kann er nicht verfälschen" ([1795] 2004: 593).
[34] Goodman 1977: 11, 18–19.
[35] Zit. nach Tomkins 1999: 192.
[36] Dilly 2008a: 16.
[37] Vgl. Verheyen et al. 2003.
[38] Vgl. Belting 1995: 72–75.
[39] Danto 1964: 581.
[40] Warnke 2008: 27. Für Hans Belting beginnt das Zeitalter der Kunst erst mit der Renaissance ([1990] 2004: 9).
[41] Vgl. Zitko 2012: 41–44.
[42] Winckelmann 1764: 431, 430. Vgl. Ullrich 2005: 229–230.
[43] Miller 2000a: 284.
[44] Eibl 2004: 302.
[45] Vgl. Rensch [1977] 1991: 168–170; Eibl-Eibesfeldt 1986: 838–840; Pinker 2002: 409–416.
[46] Kant [1790] 1974: B 177.
[47] Tolstoi [1898] 1993: 65–66.
[48] Kant [1790] 1974: B 3, B 67.
[49] Vgl. Thornhill 2003: 17–19, 26–32.
[50] Wittgenstein [1953] 1984: 276–278.
[51] Vgl. Weitz 1956: 31.
[52] Vgl. Grosse 1894: 45–46; Menninghaus 2011: 15–16.
[53] Wittgenstein [1953] 1984: 277.
[54] Vgl. Gaut 2000; Schmücker 2001; Dutton 2009: 47–63.
[55] Tatarkiewicz [1976] 2003: 26.

Was Evolutionsbiologen zur Kunst sagen

Quelle Zitat: Darwin 1859: 200.
[56] Schopenhauer [1859a] 2006: 263–264.
[57] Vgl. Snowdon 2001; Science 2004; Fitch 2010.
[58] Vgl. Darwin 1871, Bd. 1: 158–184; Hamilton 1975; de Waal [1982] 1998; Nichols 2004; Milinski & Rockenbach 2008.
[59] Vgl. Rensch 1961, 1978; Morris 1962; Lenain 1995; Baron-Cohen 1999.

[60] Vgl. Enard et al. 2002; Fisher 2006; Fisher & Scharff 2009.
[61] Darwin 1859: 84.
[62] Darwin 1859: 199.
[63] Vgl. Williams 1966.
[64] Vgl. Cooke & Aiken 1999; Carroll 2007.
[65] Eibl 2004: 305, 302–303. Karl Eibl bezieht sich hier auf die Sammelbände Bedaux & Cooke 1999 sowie Cooke & Turner 1999.
[66] Darwin 1871, Bd. 1: 56, Bd. 2: 330–337. Vgl. Wallin et al. 2000.
[67] Miller 2000a: 104.
[68] Vgl. Miller 2000a: 258–291, 2000b.
[69] Menninghaus 2011: 137.
[70] Vgl. Miller 2000a: 74–76, 273–274; Todd 2000.
[71] Vgl. Grammer et al. 2003; W. M. Brown et al. 2005; Lehmann 2009.
[72] Grosse 1894: 298–299.
[73] Vgl. Eibl-Eibesfeldt 1988; S. Brown 2000a; Dissanayake 2000: 57–71; Geissmann 2000; Freeman 2000; Huron 2001; Eibl-Eibesfeldt & Sütterlin 2007; Junker & Paul 2009: 144–185.
[74] Vgl. Kopiez & Brink 1998.
[75] Vgl. Pinker 1997: 542; Scalise Sugiyama 2001, 2005; Coe 2003; Mar & Oatley 2008; Dutton 2009: 103–134; Hrdy 2009; Mac Carron & Kenna 2012.
[76] Kant [1790] 1974: B 155, B 28.
[77] Schiller [1795] 2004: 618.
[78] Menninghaus 2011: 260–279. Vgl. Kleimann & Schmücker 2001; Tooby & Cosmides 2001: 13–18; B. Boyd 2009: 80–98; Eibl 2009: 164–169.
[79] Darwin 1958: 139.
[80] Wallaschek 1893: 273.
[81] Vgl. Tooby & Cosmides 2001: 11–13. Widersprochen wird dem von B. Boyd (2009: 129–208).
[82] Vgl. Dawkins 2006: 192.
[83] Vgl. Hume [1757] 2000: 24; Scalise Sugiyama 1996.
[84] Vgl. Bourdieu [1992] 1999: 101.
[85] Wallace 1889: 469.
[86] Wallace 1889: 478.
[87] Cassirer [1925] 1956: 81–82.
[88] Cassirer [1944] 2007: 52.
[89] Cassirer [1944] 2007: 52, 57.
[90] Rauterberg 2007: 244.
[91] Kant [1790] 1974: B 15.
[92] Zit. nach Tatarkiewicz [1970] 1979: 132. Selbst der Ethnologe Ernst Grosse, der energisch für einen Zweck der Kunst eintrat, meinte die Musik ausschließen zu müssen: „In den meisten Fällen aber, wo die Musik selbstständig auftritt, bewirkt sie wahrscheinlich Nichts mehr und Nichts weniger als eben ein musikalisches Vergnügen. […] So steht denn die Musik mit ihrem Wesen und ihrer Wirkung einsam unter den Künsten, als eine Kunst ganz eigener Art. Alle übrigen müssen den Zwecken des Lebens dienen; sie dient wesentlich den Zwecken der Kunst allein" (1894: 287, 289–290). Auch der Verhaltensforscher Irenäus Eibl-Eibesfeldt glaubte, dass die Musik „meist um ihrer selbst willen produziert" wird, wobei er einschränkend hinzufügte, dass sie nicht „nur hedonistischer Selbstzweck" sei (1986: 849).
[93] Ullrich 2001: 565.
[94] Nadeau [1945] 1986: 170.
[95] Eibl 2004: 13, 302–303.
[96] Adorno 1970: 27, 28.
[97] Bourdieu [1992] 1999: 449. Vgl. auch Paál 2003.
[98] Platon, *Gesetze* I–VI B 660 a.
[99] Rauterberg 2007: 92, 90.
[100] Goethe, *Torquato Tasso* 1790: 71.
[101] Weismann [1889] 1892: 594–595, 597–598.
[102] Weismann [1889] 1892: 611, 617–618.

103 Gould 1997a: 52. Vgl. Gould & Lewontin 1979; Patel 2010.
104 Gould 1997a: 52, 1997b: 57.
105 Vgl. Damasio 1999; Metzinger 2009.
106 Vgl. Tooby & Cosmides 1992: 61–63; Voland 2003: 253–257; Davies 2010.
107 Gould 1997a: 49.
108 Wallace 1889: 284. Vgl. Reichholf 2011.
109 Pinker 1997: 521.
110 Pinker 1997: 528.
111 Pinker 1997: 534–538.
112 Pinker 1997: 528. Vgl. Wetz 2004.
113 Vgl. Zahavi 1975; Dawkins 1982; Premack & Woodruff 1978.
114 Grosse 1894: 298. Ähnlich argumentiert B. Boyd 2009: 80–85. Vgl. auch Leroi-Gourhan [1964–65] 1988: 446–448.

2 Wie funktioniert Kunst?

Eine eindrucksvolle Präsentation

Warum Kunst schön oder außergewöhnlich ist

Quelle Zitat: Breton [1930] 1968: 56.
115 Zimmermann 1985: 348; Dilly 2008a: 15.
116 „In dem, wozu Kunst geworden ist, gibt die Kategorie des Schönen lediglich ein Moment ab." (Adorno 1970: 407).
117 Vgl. Eibl-Eibesfeldt 1986: 819–831; Richter 1999; Voland & Grammer 2003; Buskes 2008: 247–267.
118 Vgl. Rensch [1977] 1991: 169; Eibl-Eibesfeldt 1986: 838–840; Miller 2000a: 284–286; Pinker 2002: 409–416.
119 Vgl. Kristeller 1951; Tatarkiewicz [1976] 2003: 29–78.
120 Platon, *Gesetze* I–VI B 660 a.
121 „Von den Dingen nämlich, die wir selbst nur mit Widerwillen anschauen, betrachten wir Abbildungen, und zwar gerade, wenn sie mit besonderer Exaktheit gefertigt sind, mit Vergnügen, wie zum Beispiel die Gestalten abscheulichster Kreaturen und toter Körper" (Aristoteles, *Poetik* 1448 b 10–13).
122 Sulzer 1775: 55. Vgl. Ullrich 2001: 584–585.
123 Friedrich Nietzsche hoffte, dass die Kunst dem Individuum in Anbetracht desillusionierender Lebenserfahrungen zur „rettenden, heilkundigen Zauberin" in höchster Gefahr werde: Sie „allein vermag jene Ekelgedanken über das Entsetzliche oder Absurde des Daseins in Vorstellungen umzubiegen, mit denen sich leben lässt: diese sind das *Erhabene* als die künstlerische Bändigung des Entsetzlichen und das *Komische* als die künstlerische Entladung vom Ekel des Absurden" ([1872] 1988: 57). Dies gilt auch für verbrecherische Gedanken und Handlung, wie Karl Rosenkranz in seiner *Ästhetik des Hässlichen* halb entsetzt, halb bewundernd konstatierte. Wohl zu allen Zeiten gab es eine „Neigung zur poetisirenden Behandlung des Criminalverbrechens", bei der „Noth bis zum Verhungern, Verbrechen aus Leichtsinn, aber auch aus kältester Berechnung, falsches Spiel, Wechselfälschung, Mord in allen Formen bis zum Giftmorde und Selbstmorde, Schwelgerei, Grausamkeit, Kinderdiebstahl, Incest, Ehebruch, Verrath, alle Scheußlichkeiten der brutalen Gesinnung" dargestellt werden (1853: 327–328).
124 Dilly 2008a: 16–17.
125 Zit. nach Stachelhaus 2004: 167.
126 Zimmermann 1985: 379.
127 „Musterkomponenten, die sich rhythmisch wiederholen oder die symmetrisch sind, lassen sich wegen der Wiederholung des gleichen leichter erfassen als unregelmäßigere Gestaltungen. Und diese erleichterte Erfassbarkeit ist offenbar mit positiven Gefühlsbetonungen verbunden" (Rensch [1977] 1991: 164). Vgl. B. Boyd 2009: 87–91; Schrott & Jacobs 2011.

[128] Vgl. Grammer 1993; Coss 2003; Sitte 2008.
[129] Buskes 2008: 248.
[130] Vgl. Kaplan 1992; Orians & Heerwagen 1992; Ruso et al. 2003; Tkačik et al. 2011.
[131] Vgl. Symons 1995.
[132] Pinker 1997: 526. Vgl. Rump 1980; Eibl-Eibesfeldt 1988.
[133] Darwin [1866] 1959: 371.
[134] Vgl. Morris 2005.
[135] Vgl. Junker & Paul 2009: 47–77. Dass Schönheit im Sinne von Symmetrie oder Farbigkeit ein aussagekräftiges Qualitätssignal darstellt, hat schon Alfred Russel Wallace vermutet: „Die Präsentation der Federn und die Existenz der Federn selbst wäre das hauptsächliche äußere Anzeichen für die Reife und die Vitalität des Männchens und wäre von daher notwendigerweise attraktiv für das Weibchen" (1889: 294). Glänzende Federn mit kräftigen Farben eignen sich in der Tat besonders gut, um den Gesundheitszustand eines Vogels anzuzeigen, da Federn bei Parasitenbefall schnell ihr schönes Aussehen verlieren.
[136] Dawkins 1982.
[137] Williams James hat diesen Gedanken bereits Ende des 19. Jahrhunderts in seinen *Principles of psychology* durchgespielt ([1890] 1983: 279–302). Mittlerweile haben entsprechende Überlegungen auch in die Konsumentenforschung Eingang gefunden (vgl. Belk 1988; Schäfer 2012).
[138] Dieser Satz gilt, solange sich ein Individuum als Teil einer Gemeinschaft empfindet und sich um soziale Anerkennung bemüht. Ist dies bei räumlicher oder psychischer Vereinsamung nicht der Fall, kommt es fast zwangsläufig zur Verwahrlosung.
[139] Dies kann problematisch sein, wie Adorno immer wieder betont hat: „Angesichts dessen, wozu die Realität sich auswuchs, ist das affirmative [bejahende] Wesen der Kunst, ihr unausweichlich, zum Unerträglichen geworden." (1970: 10).
[140] Tolstoi [1856] 2002: 27.
[141] Vgl. Garas et al. 2012.
[142] Vgl. B. Boyd 2005: 157.
[143] Vgl. Koestler 1964: 400–409.
[144] Adorno 1970: 204.
[145] Zit. nach Stachelhaus 2004: 233.
[146] Gropp 2012.
[147] Vgl. Milinski 2003.
[148] Menninghaus 2007: 10. Vgl. Eco 2004; Walther et al. 2010.

Warum Kunst teuer und verschwenderisch sein muss

Quelle Zitat: Nietzsche [1882] 1988: 585.
[149] Schiller [1784] 2004: 830. Schon Demokrit behauptete von der Musik, „nicht die Not habe sie hervorgebracht, sondern sie sei erst aus dem Luxus geboren" (Capelle 1968: 469).
[150] Vgl. Dissanayake 1988: 74–106, 1995: 39–63; Coe 1992.
[151] Vgl. Dossi 2007; Rauterberg 2007: 21–87.
[152] Zahavi 1975.
[153] Vgl. Miller 2000a: 280–283.
[154] Goodman 1978: 67–68. Vgl. Boas 1927: 19, 349.
[155] Vgl. Voland 2003: 243.
[156] Veblen [1899] 2007: 86.
[157] Vgl. Farthing 2005.
[158] Zit. nach Tomkins 1999: 191.
[159] Zitko 2012: 259.
[160] Bourdieu [1992] 1999: 275. Vgl. Heinrichs 2006; Sturm 2012.
[161] Vgl. Danto 1981: 194.
[162] Vgl. Bourdieu [1992] 1999: 275.

[163] „Auf dem Jahrmarkt der Eitelkeiten gibt es wunderbare Gebilde, die ihre Anregung dem Wunsch verdanken, es anderen zuvorzutun, und es gibt große Kunstwerke, die sicher aus dem Wunsche der Künstler entsprangen, mit anderen Meistern zu wetteifern und die besten unter ihnen zu besiegen." (Gombrich 1979: 70).

Das Forum der Phantasien

Warum wir eine Sprache der Gefühle brauchen

Quelle Zitat: Grosse 1894: 299–300.

[164] Platon, *Der Staat* 606 d, 603 a.

[165] Vgl. Hjort & Laver 1997; Aiken 1998; Mellmann 2007; Döring 2009; Kandel 2012.

[166] Tolstoi [1898] 1993: 75.

[167] Darwin 1872: 13.

[168] Brecht [1940/41] 1993: 652.

[169] Brecht [1940/41] 1993: 647, 641.

[170] Schopenhauer [1859a] 2006: 343. Die Musik wird aus biologischer Sicht diskutiert in Spencer 1857; Panksepp 1995; S. Brown 2000b; Wallin et al. 2000; Blood & Zatorre 2001; Panksepp & Bernatzki 2002; Altenmüller & Kopiez 2005; Mithen 2005; Fitch 2006; Fritz et al. 2009.

[171] Marcel Proust hat darüber spekuliert, „ob nicht die Musik [...] das einzige Beispiel dessen ist, was – hätte es keine Erfindung der Sprache, Bildung von Wörtern, Analyse der Ideen gegeben – die Verständigung der Seelen hätte sein können". Aber, so fährt er fort: Die „Menschheit hat andere Wege eingeschlagen, die der gesprochenen und geschriebenen Sprache" (1923: 367). Hat die Menschheit diese Option tatsächlich verloren, oder beschreiten wir nicht vielmehr beide Wege?

[172] Vgl. Zeki 2004; Menninghaus 2011: 244–248; Aviezer et al. 2012.

[173] „Die Tragödie ist also Nachahmung einer bedeutenden Handlung [...]. [Sie] lässt die Handelnden selbst auftreten und stellt nicht in Form des Berichts geschehene Handlungen dar. Durch Mitleid und Furcht bewirkt sie eine Reinigung eben dieser Gefühle." (Aristoteles, *Poetik* 1449 b 25–28). Es ist umstritten, ob Aristoteles von einer Reinigung *der* Gefühle oder von einer Reinigung *von* Gefühlen spricht (vgl. Tatarkiewicz [1970] 1979: 178–180).

[174] Der „Trost, den die Kunst gewährt, [...] beruht darauf, daß [...] das Daseyn selbst, ein stetes Leiden und theils jämmerlich, theils schrecklich ist; dasselbe hingegen [...] durch die Kunst wiederholt, frei von Quaal, ein bedeutsames Schauspiel gewährt". Durch den von Wunschdenken ungetrübten Blick auf das Leben erleichtert die Kunst es den Betrachtern, von ihren individuellen Gefühlen abzusehen und einen Zustand der Ruhe und „wahres Wohlseyn" zu erreichen (Schopenhauer [1859a] 2006: 352–353, 266). Vgl. Birnbacher 2009: 86–115.

[175] So schrieb Aristoteles, „dass Musik die Fähigkeit besitzt, den Charakter zu prägen, indem sie daran gewöhnt, in der richtigen Weise Freude empfinden zu können" (*Politik* 1339 a 23–25).

[176] Schiller [1784] 2004: 828

[177] Adorno ging noch einen Schritt weiter und forderte von der Kunst, das „als hässlich Verfemte zu ihrer Sache [zu] machen". Aber „nicht länger um es zu integrieren, zu mildern oder durch den Humor, der abstoßender ist als alles Abstoßende, mit seiner Existenz zu versöhnen, sondern um im Hässlichen die Welt zu denunzieren, die es nach ihrem Bilde schafft und reproduziert" (1970: 78–79).

[178] Vgl. de Waal [1982] 1998; Byrne & Whiten 1988; Whiten & Byrne 1997.

[179] Vgl. Humphrey 1984; Hansen 1999.

[180] Vgl. Hatfield et al. 1994; Berns et al. 2006; Rizzolatti & Fogassi 2007; Stephens et al. 2010; Nummenmaa et al. 2012.

[181] Selbst wenn man mit Ernst Cassirer annimmt, dass Sprache immer Gefühle vermittelt und dass es „keinen Satz [gibt] – abgesehen vielleicht von den rein formalen Sätzen der Mathematik –, der nicht eine gewisse affektive oder emotionale Färbung aufwiese" ([1944] 2007: 55), ist doch unverkennbar, dass dieser Aspekt in der Kunst eine besondere Rolle spielt.

Warum die Wirklichkeit nicht genug ist

Quelle Zitat: Aristoteles, *Poetik* 1451 b 1–6.

182 Vielleicht, bemerkte Hans Belting, „ließe sich die Geschichte der Kunst als eine Geschichte von Fiktionen beschreiben" (1995: 154).

183 Adorno 1970: 127. Vgl. Jonas 1961: 174.

184 Schiller [1784] 2004: 831.

185 Baudelaire [1863] 1989: 222.

186 Darwin 1871, Bd. 1: 45–46.

187 Rousseau [1750, 1755] 1995.

188 Vgl. Whissell 1996; Salmon 2001; Salmon & Symons 2004; Barash & Barash 2005; Gottschall 2008; Dutton 2009: 127–132.

189 Vgl. Dieckmann 1991. Bei einer Verleugnung der menschlichen Natur bleiben viele Themen der Kunst unerklärt, wie der Kunsthistoriker Ernst Gombrich bei aller Sympathie für die „unendliche Plastizität" unserer Natur zugestand: Zwar würden sich die Gründe, warum unsere Reaktionen auf Kunstwerke nicht in unserer Natur begründet sein können, „beinahe von selbst" verstehen, andererseits sei „doch bestimmt etwas Wahres daran, dass die Empfindungen und Seelenzustände, die wir in der Kunst verkörpert sehen, [...] allgemein menschliche Zustände sind" (1979: 176).

190 Mauss [1950] 1978, Bd. 1: 171.

191 Vgl. Antweiler 2007; Voland 2007; B. Boyd et al. 2010: 1–9; J. Carroll et al. 2010;

192 Vgl. Morreall 1985; Spivey 2001; Wuketits 2012a. Selbst für Adorno, für den Kunstwerke „das Versprechen des Glücks [sind], das gebrochen wird", werden sie letztlich doch „die Statthalter der nicht länger vom Tausch verunstalteten Dinge, des nicht durch den Profit und das falsche Bedürfnis der entwürdigten Menschheit Zugerichteten" (1970: 205, 337).

193 Tomasello 2009: 55–56.

194 Vgl. Marx & Engels [1845–46] 1983: 46.

195 Sulzer 1775: 59.

196 Rensch [1977] 1991: 169.

197 Eibl-Eibesfeldt 1986: 840. Vgl. Pinker 2002: 409–416.

198 Singer 2000: 75.

199 Wie schwierig dies auch bei sexuellen Sehnsüchten sein kann, hat der Philosoph Franz Josef Wetz kürzlich in seinem *Lob der Untreue* (2012) dokumentiert.

200 Rosenkranz 1853: 52.

201 Vgl. Alexander 1975: 96–97; Trivers 2010.

202 Freud [1908] 1941: 223.

203 Zit. nach Zumdick 1995: 135.

204 Breton [1924] 1968: 11.

205 Freud 1932–33: 96.

206 Schiller [1795] 2004: 600. Vgl. Kant [1790] 1974: B 193; Harris 1991; Menninghaus 2011: 233–244.

207 Vgl. Cheke et al. 2012.

Können, Vertrauen und strategisches Wissen

Warum wir künstlerische Talente schätzen

Quelle Zitat: Belting 1995: 19.

208 Dass Kunstwerke die Natur nachahmen oder idealisieren, aber nicht selbst Natur sind, wurde schon in der Antike betont. Vgl. Aristoteles, *Physik* 199 a 16–18.

209 Tatarkiewicz [1976] 2003: 64.

210 Vgl. Birnbacher 2006.

211 Schopenhauer [1859b] 2006: 313.

212 Gehlen [1940] 1997: 83, 33. Vgl. Herder 1772: 31.

[213] Nietzsche [1872] 1988: 30. Nietzsche wird häufig als Gewährsmann für die These von der Instinktreduktion beim Menschen angeführt (Gehlen [1940] 1997: 10). Der Mensch sei, schrieb Nietzsche im Jahr 1886, „das noch nicht festgestellte Thier". Liest man die entsprechende Passage im Zusammenhang, so wird deutlich, dass Nietzsche die Instinktreduktion gerade nicht als Voraussetzung der Menschwerdung sieht, sondern als eine Verfallserscheinung. Er geht zwar von der Bildsamkeit der Menschen durch die Erziehung aus, kritisiert aber im gleichen Atemzug, dass dadurch „alle Instinkte, welche dem höchsten und wohlgeratensten Typus ‚Mensch' zu eigen sind, in Unsicherheit, Gewissens-Noth, Selbstzerstörung" umgeknickt werden ([1886] 1988: 81–82). Kulturellen Niedergang setzt er mit „ermüdeten und geschwächten Instinkten" gleich ([1872/1886] 1988: 12). Von einem Mangel an Instinkten beim Menschen ist bei Nietzsche also gerade nicht die Rede, sondern von ihrer Zerstörung und Verkrüppelung durch ideologische Indoktrination.
[214] Nietzsche [1872] 1988: 90.
[215] Breton [1930] 1968: 81.
[216] Freud [1913] 1946: 294.
[217] Breton [1953] 1968: 131 Fn.
[218] Vgl. Miller 2000a: 102–104; Voland 2003.
[219] Vasari [1568] 2004: 43.
[220] Wells 1911: vi.
[221] Vgl. Lorblanchet 1995: 69.
[222] Baudelaire [1863] 1989: 245.
[223] Vgl. Bourdieu [1992] 1999: 455; Clark 1996.
[224] Altmann 2011: 250–251. Vgl. Dunbar 2005.
[225] Lautréamont [1869] 1990: 9.
[226] Vgl. Bredekamp 2010; Menninghaus 2011: 243–244.

Warum Kunst magische Kraft hat

Quelle Zitat: Mauss [1950] 1978, Bd. 1: 165.
[227] „Jeder einzelne genießt die Entzückungen aller, die verstärkt und verschönert aus hundert Augen auf ihn zurückfallen". Dieses verbindende Gefühl sei, so ergänzt Friedrich Schiller, ein „Triumph für dich, Natur" ([1784] 2004: 831).
[228] Grosse 1894: 48.
[229] Wallaschek 1893: 274, 276. Vgl. G. H. Mead 1926; McNeill 1995; Kopiez & Brink 1998; Merker 2000.
[230] S. Brown 2000a: 245–249. Vgl. Hagen & Bryant 2003; Hagen & Hammerstein 2009.
[231] Vgl. Holmes & Sherman 1983; Hepper 1991; Lieberman et al. 2007.
[232] Sartre [1944] 1986: 59.
[233] Durkheim 1912: 610.
[234] Tolstoi [1898] 1993: 72. Vgl. Cross 2007.
[235] Freud [1908] 1941: 223.
[236] Freud [1908] 1941: 223.
[237] Nummenmaa et al. 2012: 9599. Vgl. Lakin et al. 2003; Stephens et al. 2010; Hasson et al. 2012.
[238] Nach diesem Prinzip funktionieren auch die von vielen Religionen geforderten „teuren" Signale. Vgl. Sosis 2003; Vaas & Blume 2009.
[239] Adorno 1951: 428.
[240] Mauss [1950] 1978, Bd. 1: 169. Vgl. Le Bon 1895; Freud [1921] 1940; Roederer 1984.
[241] „Mit Recht spricht man vom Zauber der Kunst und vergleicht den Künstler mit einem Zauberer." (Freud [1912–13] 1940: 111).

Von was Kunst erzählt

Quelle Zitat: Schopenhauer [1859a] 2006: 330–331.
[242] Ullrich 2001: 588.

[243] Vgl. Schopenhauer [1859a] 2006: 263–271.
[244] Nietzsche [1874] 1988: 353–354.
[245] „Er will sie stimmungsmäßig beeinflussen, sie z. B. erfreuen und freundlich stimmen, ergreifen, die Phantasie anregen, kurz: ihre Aufmerksamkeit fesseln und vor dem Hintergrund des einprägsamen ästhetischen Erlebnisses eine Nachricht vermitteln." (Eibl-Eibesfeldt 1986: 831). Vgl. Aiken 1998.
[246] Georg Wilhelm Friedrich Hegel, zit. nach Rosenkranz 1844: 180. Die Funktion der Kunst als Mittel zur Weitergabe von Erfahrungen wird auch in neueren Schriften der evolutionären Kunsttheorie betont. Vgl. Coe 2003.
[247] Vgl. Bonner 1980; Cavalli-Sforza & Feldman 1981; R. Boyd & Richerson 1985; Tomasello 1999.
[248] Tomasello 1999: 193.
[249] Cassirer [1944] 2007: 52.
[250] Traditionellerweise ließ man meist beides gelten. Unterschiede konstatierte man in dieser Hinsicht nur zwischen den „unmittelbar den Sinnen zugänglichen Werke[n] der bildenden Künste" und „denen der Dichtung, die auf sprachlichen Symbolen" beruhen (Tatarkiewicz [1970] 1979: 21). Zu den unmittelbar sinnlich erfahrbaren Künsten kann man neben der Malerei und Bildhauerei auch die Musik und den Tanz zählen.
[251] Vgl. Pruvost et al. 2011.
[252] Cassirer [1944] 2007: 50.
[253] Geertz 1973: 5.
[254] Wittgenstein [1921] 1984: 5.6.
[255] Vgl. Vollmer 1980; Engels 1989; Wuketits 2002.
[256] Vgl. Welsch 2012.
[257] Pinker 1997: 542. Vgl. Rump 1993.
[258] Vgl. Hrdy 1999.
[259] Platon, *Ion* 534 e.
[260] Vgl. Junker & Paul 2009: 189–199; Junker 2010c.
[261] *Genesis* 9,1.
[262] Eibl-Eibesfeldt 1986: 112. Dies gilt auch für grundlegende Verhaltensweisen von Menschen (vgl. Morris 1967; Junker & Paul 2009).
[263] Beltrán et al. 1998: 173. Auch Steven Mithen scheint es für selbstverständlich zu halten, dass Menschen mit Göttern und übernatürlichen Wesen kommunizieren können (2005: 266, 272).
[264] Schopenhauer [1859a] 2006: 317, [1859b] 2006: 472.
[265] Tolstoi [1898] 1993: 247.
[266] Pinker 1997: 542. Vgl. Scalise Sugiyama 2001, 2005; Mar & Oatley 2008; Dutton 2009: 103–134; Mac Carron & Kenna 2012.
[267] Vgl. Abbott 2000; Gottschall & D. S. Wilson 2005.
[268] „Künstler und Verbrecher", schrieb Joseph Beuys, „sind doch Weggefährten, beide verfügen über eine verrückte Kreativität, beide sind ohne Moral, nur getrieben von der Kraft der Freiheit." (zit. nach Stachelhaus 2004: 209).

Warum Kunst vielfältig ist

Quelle Zitat: Geertz 1973: 52.
Mayr 1968: 595.
[269] Geertz 1973: 35, 51.
[270] R. Dale Guthrie betont in *The nature of paleolithic art* (2006) die Nähe der altsteinzeitlichen Kunst zum Alltagsleben der Jäger und Sammler. In Anbetracht der Tatsache, dass oft als selbstverständlich unterstellt wird, es handle sich um einen Ausdruck religiöser oder magischer Praktiken, ist diese pragmatische Sicht ein wichtiges Korrektiv.
[271] Raphael 1979: 30, 213.
[272] Vgl. Eibl-Eibesfeldt 1986: 843–846.
[273] Vgl. Davies 2000: 199–200.

[274] Vgl. Bourdieu [1979] 1982.
[275] Popper 1972: 145. Zu den Gemeinsamkeiten und Unterschieden von biologischer und kultureller Evolution vgl. Campbell 1960; Blackmore 1999.
[276] Vgl. Alexander 1975; Eibl-Eibesfeldt 1988; Bowles 2009; Science 2012.

3 Welches Problem soll Kunst lösen?

Quelle Zitat: Tolstoi [1898] 1993: 77.
[277] Menschen nutzen eine Vielzahl von Signaltypen, um ihre Emotionen zu kommunizieren. Je nach Kunstform steht ein anderer Typus im Vordergrund. Während im Theater und Film die Mimik und Körpersprache eine besondere Rolle spielt (Russell 1994; Lakin et al. 2003; Smith 2005; Aviezer et al. 2012), ist es im Hörspiel der Tonfall (Juslin & Laukka 2003; Scheiner & Fischer 2011) usw.
[278] Hölldobler & E. O. Wilson 1994: 43. Vgl. Hölldobler & E. O. Wilson 2009.
[279] Schiller [1784] 2004: 831.
[280] Nietzsche [1872] 1988: 29–30.
[281] Miller 2000a: 262.
[282] Vgl. Hill et al. 2011.
[283] Vgl. Alexander 1975: 96–97; Sommer 1992; Trivers 2010.
[284] Als soziale Tiere müssen Menschen aus Eigeninteresse in der Lage sein, ihre Gemeinschaften zu stabilisieren. Schon in einem der frühesten Texte zur Machiavelli'schen-Intelligenz-Hypothese schrieb Nicholas K. Humphrey: „Ich schlagen vor, dass es die Hauptrolle des schöpferischen Intellekts ist, die Gesellschaft zusammen zu halten." ([1976] 1988: 18).
[285] Tomasello 2009: 66–67.
[286] Koller 1900: 49.
[287] Vgl. Morris 2005: 50–51; Nummenmaa et al. 2006; Tomasello et al. 2007; Levy et al. 2013.
[288] Vgl. Maynard Smith 1964, 1998; Williams 1966; Trivers 1971; E. O. Wilson 1980, 2012; Sober & D. S. Wilson 1998; Mayr 2001: 131–132.
[289] Vgl. Nørretranders 2002.
[290] Vgl. Alexander 1987; R. Boyd & Richerson 1990; Boone 1998; Bell et al. 2009.
[291] Tomasello 2009: 51. Unter „geteilter Intentionalität" versteht man die Fähigkeit, mit anderen in kooperativen Unternehmungen gemeinsame Absichten zu verfolgen und Verpflichtungen einzugehen (Tomasello 2009: 11–12). Vgl. Premack & Woodruff 1978; Searle 1995: 23–26; Whiten 1999.

4 Wie ist Kunst entstanden?

Quelle Zitat: Brecht [1940/41] 1993: 655–656.
[292] Vgl. Dohrn 1875.
[293] Vgl. Nesse & Williams 1994: 10; Mayr 2001: 140–143.
[294] Vgl. Reeve & Hölldobler 2007.
[295] Darwin 1871, Bd. 1: 160, 166.
[296] Vgl. Herrmann et al. 2007; Foley & Gamble 2009; Tomasello 2009; Shultz et al. 2011.
[297] Vgl. Panksepp 1998.
[298] Darwin 1871, Bd. 1: 84.
[299] Herder 1772: 170. Vgl. Darwin 1872; Clark 1996.
[300] Markl 2005: 26. Vgl. Panksepp & Bernatzky 2002; Scheiner & Fischer 2011.
[301] Herder 1772: 3.
[302] Vgl. Trivers 1972.
[303] Vgl. Darwin 1871; Gould & Gould 1989; Eberhard 1996.
[304] Vgl. Junker 2008: 63–78.
[305] Vgl. Alexander et al. 1979; Plavcan & van Schaik 1997.

306 Vgl. Chapais 2008; Foley & Gamble 2009; Fellmann 2011; Gavrilets 2012.
307 Vgl. Low 1979.
308 Als Beispiel wird die Bemalung der Haut mit roter Farbe genannt, die bei Frauen an Menstruationsblut erinnern und Fruchtbarkeit symbolisieren soll. Vgl. Power 1999; Knight 2010.
309 Darwin 1871, Bd. 1: 56; Bd. 2: 334. Vgl. Geissmann 2000; Marler 2000; Slater 2000.
310 de Waal [1982] 1998: 21. Vgl. Wallin et al. 2000; Altenmüller & Kopiez 2005: 175–177.
311 Zur musikalischen Protosprache vgl. S. Brown 2000b; Mithen 2005: 266–278; Fitch 2010: 366–507.
312 Vgl. Juslin & Laukka 2003; Fischer 2012.
313 Vgl. Scheler [1928] 1966: 37.
314 Vgl. Nishida 1980.
315 Vgl. Lincoln 2005.
316 Vgl. Rensch 1961, 1978; Morris 1962; Lenain 1995.
317 Vgl. Eibl-Eibesfeldt 1987: 232–234; Borgia 1986, 1995; Diamond 1988; Miller 2001: 267–271.
318 Vgl. Miller 2000a: 288–291; Mithen 2003.
319 Dunbar 1996. Vgl. Power 1998.
320 Strauß 1984: 88.
321 Vgl. Dunbar 2004: 121–126; Science 2004: 1316–1319; Kirby 2007; Krause et al. 2007; Fisher & Scharff 2009; Cheney & Seyfarth 2010; Fitch 2010.
322 Menschenaffen scheinen dagegen „keine Aktivitäten mit gemeinsamen Zielen“ zu verfolgen und zeigen dementsprechend auch kaum Anzeichen für gemeinsame Aufmerksamkeit (Tomasello 2009: 63). Dieser Unterschied könnte dadurch zu erklären sein, dass schon die Vorfahren der Hunde, die Wölfe, in Gruppen jagen und dass die entsprechenden Fähigkeiten durch die Domestikation noch weiter gesteigert wurden. Zum Spiel der Tiere als Vorform der Kunst vgl. B. Boyd 2009: 91–93.
323 Vgl. Steguweit 2003; Mania 2004.
324 Vgl. Thieme 1997. Vgl. Stiner et al. 2009.
325 Vgl. Boesch & Tomasello 1998; Whiten et al. 1999; McGrew 2001.
326 Vgl. Pfeiffer 1982: 13; Klein & Edgar 2002: 270–273; Richerson et al. 2010: 248–251; Weaver 2012.
327 Grosse 1894: 295, 294. Vgl. Boas 1927: 1.
328 Vgl. Dediu & Ladd 2007.
329 Vgl. Dunbar 2004: 108–137; Science 2004; Fitch 2010.
330 Vgl. Abbott 2000 und das „multifaktorielle Kooptationsmodell“ von Winfried Menninghaus (2011: 254–259).
331 Hans Jonas kennzeichnete die Fähigkeit, Bilder zu schaffen, als den entscheidenden Unterschied zwischen Mensch und Tier (Homo pictor; 1961).
332 Vgl. Balter 2009; *Eiszeit* 2009; Higham et al. 2012; Pike et al. 2012.
333 Vgl. Anati 1995; Lorblanchet 1995; Holdermann et al. 2001.
334 Vgl. Bouzouggar et al. 2007; Haidle 2003; Bar-Yosef Mayer et al. 2009; Henshilwood et al. 2011.
335 Vgl. d’Errico 2003; Zilhão et al. 2010; Hublin et al. 2012.
336 Vgl. Barnosky et al. 2004.
337 Vgl. Ambrose 2001; Conard et al. 2005.
338 Grosse 1894: 300.
339 Vgl. Junker & Paul 2009: 107–123; Junker 2010a, 2011b.

5 Wird es in der Zukunft noch Kunst geben?

Quelle Zitat: Hume [1757] 2000: 68–69.
340 Vgl. Foley 1995; Schrenk 2003; Johanson & Edgar 2006; Junker 2008; Stringer 2012.
341 Das gegenwärtig diskutierte Spektrum der Zivilisationskrankheiten reicht von Herz-Kreislauf-Erkrankungen durch Übergewicht und mangelnde Bewegung über Sonnenbrand,

Zahn- und Gelenkerkrankungen bis hin zu Depressionen, Burnout und Verhaltensauffälligkeiten bei Kindern. Vgl. Nesse & Williams 1994; Ganten et al. 2009; Paul 2012.

342 Nietzsche [1872] 1988: 144.

343 Adorno 1970: 10.

344 Eine viel gelesene biologische Zivilisationskritik waren *Die acht Todsünden der zivilisierten Menschheit* von Konrad Lorenz (1973). Aus heutiger Sicht wirken einige seiner Ausführungen und der apokalyptische Tonfall wenig überzeugend, andere seiner Gedanken haben nichts von ihrer Brisanz verloren. Aktuelle Bücher mit ähnlichem Anspruch sind Sabine Paul, *PaläoPower: das Wissen der Evolution nutzen für Ernährung, Gesundheit und Genuss* (2012), Franz M. Wuketits, *Zivilisation in der Sackgasse: Plädoyer für eine artgerechte Menschenhaltung* (2012b) und Jared Diamond, *Vermächtnis: was wir von traditionellen Gesellschaften lernen können* (2013).

345 Vgl. Dunkake et al. 2012; Ruffle & Shtudiner 2011.

346 Vgl. Tinbergen 1951: 44–46; Mellmann 2006.

347 Benjamin [1936] 2010: 16 Fn. Die biologische Theorie findet eine interessante Bestätigung bei Walter Benjamin, der schrieb: Durch die technische Reproduktion eines Kunstwerks wird „ein empfindlichster Kern [der Kunst] berührt, den so verletzbar kein natürlicher hat. Das ist seine Echtheit." ([1936] 2010: 15).

348 Hernadi 2001: 64.

349 B. Boyd 2005: 154. Vgl. Flynn 1999.

350 Vgl. Kemper et al. 2012; Crabtree 2013.

351 Benjamin [1936] 2010: 16, 19. Vgl. Miller 2000a: 286–288.

352 Strauß 1984: 153.

353 Vgl. Ditton et al. 2004; Salmi et al. 2007.

354 Gombrich 1979: 144.

355 Vgl. Bentley et al. 2012.

356 Vgl. Junker & Paul 2009: 174–185.

357 Vgl. Lukrez 1989: I, 104–109, 151–154; Hume [1757] 2000: 24, 68.

358 Vgl. Aiken 1998: 171–174.

359 Sulzer 1775: 62.

360 Vgl. Weibel 2002: 49–50.

361 Zit. nach Tomkins 1999: 225.

362 Lessing 1965: 461.

363 Maak 2011. Vgl. Partsch 2010; Koldehoff & Timm 2012.

364 Vgl. Garas et al. 2012; Reißmann et al. 2012.

365 Dawkins [1976] 1989: 183.

366 Vgl. Baldwin 1896; Elias [1939] 1976, Bd. 2: 331–332, 389–390; J. Henrich 2004; Richerson & R. Boyd 2005; Ghalambor et al. 2007; Bell et al. 2009; Richerson et al. 2010: 243–247; Bell & Robinson 2011.

367 Eibl-Eibesfeldt 1986: 829. Vgl. Richerson & R. Boyd 1999.

368 Vgl. Assmann 2006.

369 Vgl. Symons 1995: 106–109.

370 Vgl. Ditton et al. 2004; Savage & Yancey 2008.

371 Grosse 1894: 299.

372 Vgl. Bygren et al. 1996.

373 Vgl. Mößle et al. 2007; Nunez-Smith et al. 2010; Rehbein 2011.

374 Rousseau [1755] 1995: 311–313.

375 Miller 2000a: 263.

376 Schmalenbach 2004: 139.

377 Orwell [1949] 1987: 223.

378 Vgl. Orwell [1949] 1987: 28, 37–38.

Literatur

Um die Lesbarkeit des Textes zu erhöhen, werden alle fremdsprachigen Zitate in Übersetzung wiedergegeben. Sind in der Literatur die Originalausgaben aufgeführt, wurden die Zitate vom Autor übersetzt.

Abbott, H. Porter: The evolutionary origins of the storied mind: modeling the prehistory of narrative consciousness and its discontents. *Narrative* 8 (2000): 247–256.

Adorno, Theodor W.: *Minima Moralia. Reflexionen aus dem beschädigten Leben [1951]*. Berlin/Frankfurt am Main: Suhrkamp, 2001.

Adorno, Theodor W.: *Ästhetische Theorie*. Frankfurt am Main: Suhrkamp, 1970.

Aiken, Nancy E.: *The biological origins of art*. Westport, CT: Praeger, 1998.

Aiken, Nancy E.: Literature of early ‚scientific' and ‚evolution' aesthetics. In Cooke & Turner (1999): 417–431.

Alexander, Richard D.: The search for a general theory of behaviour. *Behavioral Science* 20 (1975): 77–100.

Alexander, Richard D.: *The biology of moral systems*. New York: Aldine de Gruyter, 1987.

Alexander, Richard D. et al.: Sexual dimorphisms and breeding systems in pinnipeds, ungulates, primates, and humans. In Chagnon & Irons (1979): 402–435.

Altenmüller, Eckart: Musikwahrnehmung und Amusien. In Hans-Otto Karnath & Peter Thier (Hrsg.): *Neuropsychologie*. 2. Aufl. Heidelberg: Springer, 2006, S. 425–434.

Altenmüller, Eckart & Reinhard Kopiez: Schauer und Tränen: zur Neurobiologie der durch Musik ausgelösten Emotionen. In Claudia Bullerjahn, Heiner Gembris & Andreas C. Lehmann (Hrsg.): *Musik: gehört, gesehen und erlebt*. Hannover: Hochschule für Musik und Theater, 2005, S. 159–179.

Altmann, Andreas: *Das Scheißleben meines Vaters, das Scheißleben meiner Mutter und meine eigene Scheißjugend*. München/Zürich: Piper, 2011.

Ambrose, Stanley H.: Paleolithic technology and human evolution. *Science* 291 (2001): 1748–1753.

Anati, Emmanuel: *Höhlenmalerei: die Bilderwelt der prähistorischen Felskunst [Il museo immaginario della preistoria, 1995]*. Darmstadt: Wissenschaftliche Buchgesellschaft, 1997.

Antweiler, Christoph: *Was ist den Menschen gemeinsam? Über Kultur und Kulturen*. Darmstadt: Wissenschaftliche Buchgesellschaft, 2007.

Aristoteles: *Werke*. Bd. 5: *Poetik*. Berlin: Akademie Verlag, 2008.

Aristoteles: *Werke*. Bd. 9: *Politik*, Teil 4: *Buch VII/VIII*. Berlin: Akademie Verlag, 2005.

Aristoteles: *Werke*. Bd. 11: *Physikvorlesung*. 4. Aufl. Berlin: Akademie Verlag, 1983.

Assmann, Jan: Evolution durch Schrift. *Nova Acta Leopoldina* NF 93 (2006): 181–193.

Aviezer, Hillel, Yaacov Trope & Alexander Todorov: Body cues, not facial expressions, discriminate between intense positive and negative emotions. *Science* 338 (2012): 1225–1229.

Baldwin, James Mark: A new factor in evolution. *American Naturalist* 30 (1896): 441–451, 536–553.

Balter, Michael: On the origin of art and symbolism. *Science* 323 (2009): 709–711.

Barash, David & Nanelle Barash: *Madame Bovary's ovaries: a Darwinian look at literature*. New York: Delacorte, 2005.

Barkow, Jerome H., Leda Cosmides & John Tooby (Hrsg.): *The adapted mind: evolutionary psychology and the generation of culture*. New York: Oxford University Press, 1992.

Barnosky, Anthony D. et al.: Assessing the causes of late Pleistocene extinctions on the continents. *Science* 306 (2004): 70–75.

Baron-Cohen, Simon: The evolution of a theory of mind. In Corballis & Lea (1999): 261–277.

Bar-Yosef Mayer, Daniella E., Bernard Vandermeersch & Ofer Bar-Yosef: Shells and ochre in Middle Paleolithic Qafzeh Cave, Israel: indications for modern behavior. *Journal of Human Evolution* 56 (2009): 307–314.

Baudelaire, Charles: *Aufsätze zur Literatur und Kunst 1857–1860*. Sämtliche Werke/Briefe, Bd. 5. Hrsg. von Friedhelm Kemp & Claude Pichois. München/Wien: Carl Hanser, 1989.

Bedaux, Jan Baptist & Brett Cooke (Hrsg.): *Sociobiology and the arts*. Amsterdam/Atlanta: Rodopi, 1999.

Belk, Russell W.: Possessions and the extended self. *Journal of Consumer Research* 15 (1988): 139–168.

Bell, Adrian V., Peter J. Richerson & Richard McElreath: Culture rather than genes provides greater scope for the evolution of large-scale human prosociality. *PNAS* 106 (2009): 17671–17674.

Bell, Alison M. & Gene E. Robinson: Behavior and the dynamic genome. *Science* 332 (2011): 1161–1162.

Belting, Hans: *Bild und Kult: eine Geschichte des Bildes vor dem Zeitalter der Kunst [1990]*. 6. Aufl. München: C. H. Beck, 2004.

Belting, Hans: *Das Ende der Kunstgeschichte. Eine Revision nach zehn Jahren*. München: C. H. Beck, 1995.

Belting, Hans et al. (Hrsg.): *Kunstgeschichte: eine Einführung*. 7. Aufl. Berlin: Reimer, 2008.

Beltrán, Antonio et al.: *Altamira*. Sigmaringen: Jan Thorbecke, 1998.

Benjamin, Walter: *Das Kunstwerk im Zeitalter seiner technischen Reproduzierbarkeit [1936]*. Frankfurt am Main: Suhrkamp, 2010.

Bentley, R. Alexander et al.: Community differentiation and kinship among Europe's first farmers. *PNAS* 109 (2012): 9326–9330.

Berns, Gregory S. et al.: Neurobiological substrates of dread. *Science* 312 (2006): 754–758.

Birnbacher, Dieter: *Natürlichkeit*. Berlin/New York: de Gruyter, 2006.

Birnbacher, Dieter: *Schopenhauer*. Grundwissen Philosophie. Stuttgart: Reclam, 2009.

Blackmore, Susan: *The meme machine*. Oxford: Oxford University Press, 1999 (deutsche Ausg.: *Die Macht der Meme oder die Evolution von Geist und Kultur*, 2000).

Blood, Anne J. & Robert J. Zatorre: Intensely pleasurable responses to music correlate with activity in brain regions implicated in reward and emotion. *PNAS* 98 (2001): 11818–11823.

Boas, Franz: *Primitive art [1927]*. New York: Dover, 1955.

Boesch, Christophe & Michael Tomasello: Chimpanzee and human cultures. *Current Anthropology* 39 (1998): 591–614.

Bölsche, Wilhelm: *Die Abstammung der Kunst*. Stuttgart: Kosmos, 1926.

Bonner, John Tyler: *The evolution of culture in animals*. Princeton: Princeton University Press, 1980 (deutsche Ausg.: *Kultur-Evolution bei Tieren*, 1983).

Boone, James L.: The evolution of magnanimity: when is it better to give than to receive? *Human Nature* 9 (1998): 1–21.

Borgia, Gerald: Sexual selection in bowerbirds. *Scientific American* 254 (1986), no. 6: 92–100.

Borgia, Gerald: Complex male display and female choice in the spotted bowerbird: specialized functions for different bower decorations. *Animal Behavior* 49 (1995): 1291–1301.

Bourdieu, Pierre: *Die feinen Unterschiede. Kritik der gesellschaftlichen Urteilskraft [La distinction. Critique sociale du jugement, 1979]*. Frankfurt am Main: Suhrkamp, 1982.

Bourdieu, Pierre: *Die Regeln der Kunst. Genese und Struktur des literarischen Feldes [Les règles de l'art. Genèse et structure du champ littéraire, 1992]*. Frankfurt am Main: Suhrkamp, 1999.

Bouzouggar, Abdeljalil et al.: 82,000-year-old shell beads from North Africa and implications for the origins of modern human behavior. *PNAS* 104 (2007): 9964–9969.

Bowles, Samuel: Did warfare among ancestral hunter-gatherers affect the evolution of human social behaviors? *Science* 324 (2009): 1293–1298.

Boyd, Brian: Evolutionary theories of art. In Gottschall & D. S. Wilson (2005): 147–176.

Boyd, Brian: *On the origin of stories: evolution, cognition, and fiction*. Cambridge, MA: Belknap Press of Harvard University Press, 2009.

Boyd, Brian, Joseph Carroll & Jonathan Gottschall (Hrsg.): *Evolution, literature, and film: a reader*. New York: Columbia University Press, 2010.

Boyd, Robert & Peter J. Richerson: *Culture and the evolutionary process*. Chicago: University of Chicago Press, 1985.

Boyd, Robert & Peter J. Richerson: Group selection among alternative evolutionarily stable strategies. *Journal of Theoretical Biology* 145 (1990): 331–342.

Brecht, Bertolt: Kurze Beschreibung einer neuen Technik der Schauspielkunst, die einen Verfremdungseffekt hervorbringt [1940/41]. In *Werke. Große kommentierte Berliner und Frankfurter Ausgabe [GBA]*. Hrsg. von Werner Hecht et al. Bd. 22, Teil 2: *Schriften 1933–1942*. Frankfurt am Main: Suhrkamp, 1993, S. 641–659.

Bredekamp, Horst: *Theorie des Bildakts*. Berlin: Suhrkamp, 2010.

Breton, André: Erstes Manifest des Surrealismus [1924]. In Breton (1968): 9–43.
Breton, André: Zweites Manifest des Surrealismus [1930]. In Breton (1968): 49–99.
Breton, André: Was der Surrealismus will [1953]. In Breton (1968): 125–132.
Breton, André: *Die Manifeste des Surrealismus [Manifestes du surréalisme, 1962]*. Reinbek bei Hamburg: Rowohlt, 1968.
Brown, Steven: Evolutionary models of music: from sexual selection to group selection. *Perspectives in Ethology* 13 (2000a): 231–281.
Brown, Steven: The ‚musilanguage' model of music evolution. In Wallin et al. (2000b): 271–300.
Brown, William M. et al.: Dance reveals symmetry especially in young men. *Nature* 438 (2005): 1148–1150.
Buskes, Chris: *Evolutionär denken. Darwins Einfluss auf unser Weltbild [Evolutionair denken, 2006]*. Darmstadt: Primus Verlag, 2008.
Bygren, Lars Olov, Boinkum B. Konlaan & Sven-Erik Johansson: Attendance at cultural events, reading books or periodicals, and making music or singing in a choir as determinants for survival: Swedish interview survey of living conditions. *British Medical Journal* 313 (1996): 1577–1580.
Byrne, Richard W. & Andrew Whiten (Hrsg.): *Machiavellian intelligence: social expertise and the evolution of intellect in monkeys, apes, and humans*. Oxford: Clarendon Press, 1988.
Campbell, Donald T.: Blind variation and selective retention in creative thought as in other knowledge processes. *Psychological Review* 67 (1960): 380–400.
Capelle, Wilhelm (Hrsg.): *Die Vorsokratiker. Die Fragmente und Quellenberichte*. Stuttgart: Alfred Kröner Verlag, 1968.
Carroll, Joseph: *Literary Darwinism: evolution, human nature, and literature*. New York/London: Routledge, 2004.
Carroll, Joseph: Evolutionary approaches to literature and drama. In Dunbar & Barrett (2007): 637–648.
Carroll, Joseph et al.: Imagining human nature. In B. Boyd et al. (2010): 211–218.
Carroll, Noël (Hrsg.): *Theories of art today*. Madison: University of Wisconsin Press, 2000.
Carroll, Noël: Art and human nature. *The Journal of Aesthetics and Art Criticism* 62 (2004): 95–107.
Cassirer, Ernst: Sprache und Mythos. – Ein Beitrag zum Problem der Götternamen [1925]. In *Wesen und Wirkung des Symbolbegriffs*. Darmstadt: Wissenschaftliche Buchgesellschaft, 1956, S. 71–158.
Cassirer, Ernst: *Versuch über den Menschen – Einführung in eine Philosophie der Kultur [An essay on man, 1944]*. 2. Aufl. Hamburg: Felix Meiner, 2007.
Cavalli-Sforza, Luigi L. & Marcus W. Feldman: *Cultural transmission and evolution: a quantitative approach*. Princeton, NJ: Princeton University Press, 1981.
Chagnon, Napoleon A. & William Irons (Hrsg.): *Evolutionary biology and human social behavior*. North Scituate, MA: Duxbury Press, 1979.
Chapais, Bernard: *Primeval kinship: how pair-bonding gave birth to human society*. Cambridge, MA: Harvard University Press, 2008.
Cheke, Lucy G., Elsa Loissel & Nicola S. Clayton: How do children solve aesop's fable? *PLOS ONE* 7 (7) (2012): e40574.
Cheney, Dorothy L. & Robert M. Seyfarth: Primate communication and human language: continuities and discontinuities. In Peter M. Kappeler & Joan B. Silk (Hrsg.): *Mind the gap: tracing the origin of human universals*. Berlin/Heidelberg: Springer, 2010, S. 283–298.
Clark, Herbert H.: *Using language*. Cambridge: Cambridge University Press, 1996.
Coe, Kathryn: Art: the replicable unit – an inquiry into the possible origin of art as a social behavior [1992]. In Cooke & Turner (1999): 263–292.
Coe, Kathryn: *The ancestress hypothesis: visual art as adaptation*. New Brunswick, NJ: Rutgers University Press, 2003.
Conard, Nicholas J., Stefanie Kölbl & Wolfgang Schürle (Hrsg.): *Vom Neandertaler zum modernen Menschen*. Alb u. Donau, Kunst u. Kultur, 46. Ostfildern: Thorbecke, 2005.
Cooke, Brett & Frederick Turner (Hrsg.): *Biopoetics: evolutionary explorations in the arts*. Lexington: University of Kentucky Press, 1999.

Cooke, Brett & Nancy E. Aiken: Selectionist studies of the arts: an annotated bibliography. In Cooke & Turner (1999): 433–464.
Corballis, Michael C. & Stephen E. G. Lea (Hrsg.): *The descent of mind: psychological perspectives on hominid evolution*. Oxford: Oxford University Press, 1999.
Coss, Richard G.: The role of evolved perceptual biases in art and design. In Voland & Grammer (2003): 69–130.
Crabtree, Gerald R.: Our fragile intellect. Part I & II. *Trends in Genetics* 29 (2013): 1–5.
Cross, Ian: Music and cognitive evolution. In Dunbar & Barrett (2007): 649–667.
d'Errico, Francesco et al.: Archaeological evidence for the emergence of language, symbolism, and music – an alternative multidisciplinary perspective. *Journal of World Prehistory* 17 (2003): 1–70.
Damasio, Antonio R.: *The feeling of what happens: body and emotion in the making of consciousness*. New York [u. a.]: Harcourt Brace, 1999 (deutsche Ausg.: *Ich fühle, also bin ich. Die Entschlüsselung des Bewusstseins*, 2000).
Danto, Arthur: The artworld. *The Journal of Philosophy* 61 (1964): 571–584.
Danto, Arthur C.: *Die Verklärung des Gewöhnlichen. Eine Philosophie der Kunst [The transfiguration of the commonplace: a philosophy of art, 1981]*. Frankfurt am Main: Suhrkamp, 1984.
Darwin, Charles: *On the origin of species by means of natural selection, or the preservation of favoured races in the struggle for life*. London: John Murray, 1859 (deutsche Ausg.: *Über die Entstehung der Arten im Thier- und Pflanzen-Reich durch natürliche Züchtung …*, 1860).
Darwin, Charles: *The descent of man, and selection in relation to sex*. 2 vols. London: John Murray, 1871. 2d ed. London: John Murray, 1874 (deutsche Ausg.: *Die Abstammung des Menschen und die geschlechtliche Zuchtwahl*, 1871).
Darwin, Charles: *The expression of the emotions in man and animals*. London: John Murray, 1872 (deutsche Ausg.: *Der Ausdruck der Gemüthsbewegungen bei dem Menschen und den Thieren*, 1872).
Darwin, Charles: *The autobiography of Charles Darwin 1809–1882. With the original omissions restored*. Herausgegeben von Nora Barlow. London: Collins, 1958 (deutsche Ausg.: *Mein Leben 1809–1882*, 2008).
Darwin, Charles: *The origin of species by Charles Darwin: a variorum text*. Herausgegeben von Morse Peckham. Philadelphia: University of Pennsylvania Press, 1959.
Davies, Stephen: Non-western art and art's definition. In N. Carroll (2000): 199–216.
Davies, Stephen: Why art is not a spandrel. *British Journal of Aesthetics* 50 (2010): 333–341.
Dawkins, Richard: *The selfish gene [1976]*. New ed. Oxford: Oxford University Press, 1989 (deutsche Ausg.: *Das egoistische Gen*, 1994).
Dawkins, Richard: *The extended phenotype: the long reach of the gene*. Oxford: Oxford University Press, 1982 (deutsche Ausg.: *Der erweiterte Phänotyp: der lange Arm der Gene*, 2010).
Dawkins, Richard: *The god delusion*. Boston, Mass. [u. a.]: Houghton Mifflin, 2006 (deutsche Ausg.: *Der Gotteswahn*, 2007).
de Waal, Frans: *Chimpanzee politics: power and sex among apes [1982]*. Rev. ed. Baltimore: Johns Hopkins University Press, 1998.
de Waal, Frans B. M. (Hrsg.): *Tree of origin: what primate behavior can tell us about human social evolution*. Cambridge, MA: Harvard University Press, 2001.
Dediu, Dan & D. Robert Ladd: Linguistic tone is related to the population frequency of the adaptive haplogroups of two brain size genes, *ASPM* and *Microcephalin*. *PNAS* 104 (2007): 10944–10949.
Diamond, Jared: Experimental study of bower decoration by the bowerbird *Amblyornis inornatus*, using colored poker chips. *American Naturalist* 131 (1988): 631–653.
Diamond, Jared M.: *The world until yesterday: what can we learn from traditional societies?* New York: Viking, 2013 (deutsche Ausg.: *Vermächtnis: was wir von traditionellen Gesellschaften lernen können*, 2012).
Dickie, George: *The art circle: a theory of art [1984]*. Evanston, IL: Chicago Spectrum Press, 1997.
Dieckmann, Friedrich: *Die Geschichte Don Giovannis: Werdegang eines erotischen Anarchisten*. Frankfurt am Main [u. a.]: Insel-Verlag, 1991.
Dilly, Heinrich: Einleitung. In Belting et al. 2008a, S. 9–18.

Dilly, Heinrich: Wechselseitige Erhellung – Die Kunstgeschichte und ihre Nachbardisziplinen. In Belting et al. 2008b, S. 409–423.
Dilthey, Wilhelm: *Einleitung in die Geisteswissenschaften. Versuch einer Grundlegung für das Studium der Gesellschaft und der Geschichte.* Bd. 1. Leipzig: Duncker & Humblot, 1883.
Dissanayake, Ellen: *What is art for?* Seattle: University of Washington Press, 1988.
Dissanayake, Ellen: *Homo aestheticus: where art comes from and why.* Seattle: University of Washington Press 1995.
Dissanayake, Ellen: *Art and intimacy: how the arts began.* Seattle: University of Washington Press, 2000.
Ditton, Jason et al.: From imitation to intimidation: a note on the curious and changing relationship between the media, crime and fear of crime. *British Journal of Criminology* 44 (2004): 595–610.
Dohrn, Anton: *Der Ursprung der Wirbelthiere und das Princip des Functionswechsels.* Leipzig: Wilhelm Engelmann, 1875.
Döring, Sabine (Hrsg.): *Philosophie der Gefühle.* Frankfurt am Main: Suhrkamp, 2009.
Dossi, Piroschka: *Hype! Kunst und Geld.* München: Deutscher Taschenbuch-Verlag, 2007.
Dunbar, Robin: *Grooming, gossip and the evolution of language.* Cambridge, MA: Harvard University Press, 1996 (deutsche Ausg.: *Klatsch und Tratsch. Wie der Mensch zur Sprache fand*, 1998).
Dunbar, Robin: *The human story: a new history of mankind's evolution.* London: Faber and Faber, 2004.
Dunbar, Robin: Why are good writers so rare? An evolutionary perspective on literature. *Journal of Cultural and Evolutionary Psychology* 3 (2005): 7–21.
Dunbar, Robin I. M. & Louise Barrett (Hrsg.): *Oxford handbook of evolutionary psychology.* Oxford: Oxford University Press, 2007.
Dunkake, Imke et al.: Schöne Schüler, schöne Noten? Eine empirische Untersuchung zum Einfluss der physischen Attraktivität von Schülern auf die Notenvergabe durch das Lehrpersonal. *Zeitschrift für Soziologie* 41 (2012): 142–161.
Durkheim, Émile: *Les formes élémentaires de la vie religieuse. Le système totémique en Australie.* Paris: Félix Alcan, 1912 (deutsche Ausg.: *Die elementaren Formen des religiösen Lebens*, 1981).
Dutton, Denis: *The art instinct: beauty, pleasure, and human evolution.* New York: Bloomsbury Press, 2009.
Eberhard, William G.: *Female control: sexual selection by cryptic female choice.* Princeton: Princeton University Press, 1996.
Eco, Umberto (Hrsg.): *Die Geschichte der Schönheit [Storia della bellezza, 2004].* 6. Aufl. München: Hanser, 2007.
Eibl, Karl: *Animal Poeta. Bausteine der biologischen Kultur- und Literaturtheorie.* Paderborn: Mentis, 2004.
Eibl, Karl: *Kultur als Zwischenwelt. Eine evolutionsbiologische Perspektive.* Frankfurt am Main: Suhrkamp, 2009.
Eibl-Eibesfeldt, Irenäus: *Die Biologie des menschlichen Verhaltens. Grundriß der Humanethologie.* 2. Aufl. München/Zürich: Piper, 1986.
Eibl-Eibesfeldt, Irenäus: *Grundriß der vergleichenden Verhaltensforschung – Ethologie.* 7. Aufl. München/Zürich: Piper, 1987.
Eibl-Eibesfeldt, Irenäus: The biological foundation of aesthetics. In Ingo Rentschler, Barbara Herzberger & David Epstein (Hrsg.): *Beauty and the brain: biological aspects of aesthetics.* Basel/Boston u. a.: Birkhäuser, 1988, S. 29–68.
Eibl-Eibesfeldt, Irenäus & Christa Sütterlin: *Weltsprache Kunst: zur Natur- und Kunstgeschichte bildlicher Kommunikation.* Wien: Brandstätter, 2007.
Eiszeit: Kunst und Kultur. Begleitband zur großen Landesausstellung. Hrsg. vom Archäologischen Landesmuseum Baden-Württemberg und der Abteilung Ältere Urgeschichte und Quartärökologie der Eberhard-Karls-Universität Tübingen. Ostfildern: Thorbecke, 2009.
Elias, Norbert: *Über den Prozeß der Zivilisation. Soziogenetische und psychogenetische Untersuchungen [1939].* 2 Bde. Frankfurt am Main: Suhrkamp, 1976.

Enard, Wolfgang et al.: Molecular evolution of *FOXP2*, a gene involved in speech and language. *Nature* 418 (2002): 869–872.
Engels, Eve-Marie: *Erkenntnis als Anpassung? Eine Studie zur Evolutionären Erkenntnistheorie.* Frankfurt am Main: Suhrkamp, 1989.
Farthing, G. William: Attitudes toward heroic and nonheroic physical risk takers as mates and as friends. *Evolution and Human Behavior* 26 (2005): 171–185.
Fellmann, Ferdinand: „Warum mußte ein solches Paar existieren?" Zur Urszene der Menschwerdung. *Allgemeine Zeitschrift für Philosophie* 36 (2011): 95–105.
Fischer, Julia. *Affengesellschaft*. Berlin: Suhrkamp, 2012.
Fisher, Simon E.: Tangled webs: tracing the connections between genes and cognition. *Cognition* 101 (2006): 270–297.
Fisher, Simon E. & Constance Scharff: *FOXP2* as a molecular window into speech and language. *Trends in Genetics* 25 (2009): 166–177.
Fitch, W. Tecumseh: The biology and evolution of music: a comparative perspective. *Cognition* 100 (2006): 173–215.
Fitch, W. Tecumseh: *The evolution of language*. Cambridge: Cambridge University Press, 2010.
Flynn, James R.: Searching for justice: the discovery of IQ gains over time. *American Psychologist 54* (1999): 5–20.
Foley, Robert: *Humans before humanity*. Oxford: Blackwell, 1995 (deutsche Ausg.: *Menschen vor Homo sapiens*, 2000).
Foley, Robert & Clive Gamble: The ecology of social transitions in human evolution. *Philosophical Transactions of the Royal Society of London B* 364 (2009): 3267–3279.
Freeman, Walter: A neurobiological role of music in social bonding. In Wallin et al. (2000): 411–424.
Freud, Sigmund: Der Dichter und das Phantasieren [1908]. In *Gesammelte Werke*. Bd. 7, *Werke aus den Jahren 1906–1909*. London: Imago Publishing Co., 1941, S. 211–223.
Freud, Sigmund: *Totem und Tabu. Einige Übereinstimmungen im Seelenleben der Wilden und der Neurotiker [1912–13]*. Gesammelte Werke, Bd. 9. London: Imago Publishing Co., 1940.
Freud, Sigmund: Das Unbewußte [1913]. In *Gesammelte Werke*. Bd. 10, *Werke aus den Jahren 1913–1917*. London: Imago Publishing Co., 1946, S. 263–303.
Freud, Sigmund: *Vorlesungen zur Einführung in die Psychoanalyse [1916–17]*. Gesammelte Werke, Bd. 11. London: Imago Publishing Co., 1940.
Freud, Sigmund: Massenpsychologie und Ich-Analyse [1921]. In *Gesammelte Werke*, Bd. 13. London: Imago Publishing Co., 1940, S. 71–161.
Freud, Sigmund: *Neue Folge der Vorlesungen zur Einführung in die Psychoanalyse [1932–33]*. Gesammelte Werke, Bd. 15. London: Imago Publishing Co., 1940.
Fritz, Thomas et al.: Universal recognition of three basic emotions in music. *Current Biology* 19 (2009): 573–576.
Ganten, Detlev, Thilo Spahl & Thomas Deichmann: *Die Steinzeit steckt uns in den Knochen: Gesundheit als Erbe der Evolution*. München/Zürich: Piper, 2009.
Garas, Antonios et al.: Emotional persistence in online chatting communities. *Scientific Reports* 2 (10 May 2012): no. 402.
Gaut, Berys: ‚Art' as a cluster concept. In N. Carroll (2000): 25–44.
Gavrilets, Sergey: Human origins and the transition from promiscuity to pair-bonding. *PNAS* 109 (2012): 9923–9928.
Geertz, Clifford: *The interpretation of cultures*. New York: Basic Books, 1973.
Gehlen, Arnold: *Der Mensch. Seine Natur und seine Stellung in der Welt [1940]*. 13. Aufl. Wiesbaden: Quelle & Meyer, 1997.
Geissmann, Thomas: Gibbon songs and human music from an evolutionary perspective. In Wallin et al. (2000): 103–123.
Ghalambor, C. K. et al.: Adaptive versus non-adaptive phenotypic plasticity and the potential for contemporary adaptation in new environments. *Functional Ecology* 21 (2007): 394–407.
Goethe, Johann Wolfgang von: *Torquato Tasso*. Leipzig: Göschen, 1790.
Gombrich, Ernst H.: *Die Krise der Kulturgeschichte. Gedanken zum Wertproblem in den Geisteswissenschaften [Ideals and idols: essays on values in history and in art*, 1979*]*. Stuttgart: Klett-Cotta, 1983.

Gombrich, Ernst H.: *Die Kunst, Bilder zum Sprechen zu bringen: ein Gespräch mit Didier Eribon [Ce que l'image nous dit, 1991]*. Stuttgart: Klett-Cotta, 1993.

Goodman, Nelson: When is art? In David Perkins & Barbara Leondar (Hrsg.): *The arts and cognition*. Baltimore: Johns Hopkins University Press, 1977, S. 11–19.

Goodman, Nelson: *Ways of worldmaking*. Indianapolis: Hackett Publishing, 1978.

Gottschall, Jonathan: *The rape of Troy: evolution, violence, and the world of Homer*. Cambridge: Cambridge University Press, 2008.

Gottschall, Jonathan & David Sloan Wilson (Hrsg.): *The literary animal: evolution and the nature of narrative*. Evanston: Northwestern University Press, 2005.

Gould, James L. & Carol Grant Gould: *Sexual selection*. New York: Scientific American Library, 1989 (deutsche Ausg.: *Partnerwahl im Tierreich*, 1990).

Gould, Stephen Jay: Evolution: the pleasures of pluralism. *The New York Review of Books* 44 (26. Juni 1997a): 47–52.

Gould, Stephen Jay: Reply. *The New York Review of Books* 44 (9. Okt. 1997b): 56–58.

Gould, Stephen Jay & Richard C. Lewontin: The spandrels of San Marco and the Panglossian paradigm: a critique of the adaptationist programme. *Proceedings of the Royal Society B: Biological Sciences* 205 (1979): 581–598.

Grammer, Karl: *Signale der Liebe. Die biologischen Gesetze der Partnerschaft*. Hamburg: Hoffmann und Campe, 1993.

Grammer, Karl et al.: Bodies in motion: a window to the soul. In Voland & Grammer (2003): 295–323.

Groos, Karl: Die Anfänge der Kunst und die Theorie Darwins. *Hessische Blätter für Volkskunde* 3 (1904): 98–112.

Gropp, Rose-Maria: Tobias Meyer im Gespräch: Warum es keine Neureichen mehr gibt. *Frankfurter Allgemeine Zeitung* (6. Februar 2012).

Grosse, Ernst: *Die Anfänge der Kunst*. Freiburg i. Br./Leipzig: Akademische Verlagsbuchhandlung von J. C. B. Mohr (Paul Siebeck), 1894.

Guthrie, R. Dale. *The nature of paleolithic art*. Chicago: University of Chicago Press, 2006.

Hagen, Edward H. & Gregory A. Bryant: Music and dance as a coalition signaling system. *Human Nature* 14 (2003): 21–51.

Hagen, Edward H. & Peter Hammerstein: Did Neanderthals and other early humans sing? Seeking the biological roots of music in the territorial advertisements of primates, lions, hyenas, and wolves. *Musicae Scientiae, Special issue 2009–2010* (2009): 291–320.

Haidle, Miriam Noël: Eiszeitschmuck – Schönheit, Selbstbewusstsein und Kommunikation. In Stefanie Kölbl & Nicholas J. Conard (Hrsg.): *Eiszeitschmuck. Status und Schönheit*. Museumsheft 6. Blaubeuren: Urgeschichtliches Museum Blaubeuren, 2003, S. 9–14.

Hamilton, William D.: Innate social aptitudes of man: an approach from evolutionary genetics. In *Biosocial anthropology*. Herausgegeben von Robin Fox. London: Malaby Press, 1975, S. 133–153.

Hansen, Brian: A prehistory of theatre: a path with six turnings. In Cooke & Turner (1999): 347–365.

Harris, Paul L.: The work of the imagination. In Andrew Whiten (Hrsg.): *Natural theories of mind: evolution, development and simulation of everyday mindreading*. Oxford: Oxford University Press 1991, S. 283–304.

Hasson, Uri et al.: Brain-to-brain coupling: a mechanism for creating and sharing a social world. *Trends in Cognitive Sciences* 16 (2012): 114–121.

Hatfield, Elaine, John T. Cacioppo & Richard L. Rapson: *Emotional contagion*. Cambridge: Cambridge University Press, 1994.

Hauskeller, Michael: *Was ist Kunst? Positionen der Ästhetik von Platon bis Danto*. München: C. H. Beck, 1998.

Heinrichs, Werner: *Der Kulturbetrieb: bildende Kunst, Musik, Literatur, Theater, Film*. Bielefeld: transcript, 2006.

Held, Jutta & Norbert Schneider: *Grundzüge der Kunstwissenschaft: Gegenstandsbereiche – Institutionen – Problemfelder*. Köln/Weimar/Wien: Böhlau, 2007.

Henrich, Dieter & Wolfgang Iser (Hrsg.): *Theorien der Kunst*. Frankfurt am Main: Suhrkamp, 1982.

Henrich, Joseph: Cultural group selection, coevolutionary processes and large-scale cooperation. *Journal of Economic Behavior & Organization* 53 (2004): 3–35.

Henshilwood, Christopher S. et al.: A 100,000-year-old ochre-processing workshop at Blombos Cave, South Africa. *Science* 334 (2011): 219–222.

Hepper, Peter G. (Hrsg.): *Kin recognition*. Cambridge: Cambridge University Press, 1991.

Herder, Johann Gottfried: *Abhandlung über den Ursprung der Sprache*. Berlin: Voß, 1772.

Hernadi, Paul: Literature and evolution. *SubStance* 30 (2001): 55–71.

Herrmann, Esther et al.: Humans have evolved specialized skills of social cognition: the cultural intelligence hypothesis. *Science* 317 (2007): 1360–1366.

Higham, Thomas et al.: Testing models for the beginnings of the Aurignacian and the advent of figurative art and music: The radiocarbon chronology of Geißenklösterle. *Journal of Human Evolution* 62 (2012): 664–676.

Hill, Kim R. et al.: Co-residence patterns in hunter-gatherer societies show unique human social structure. *Science* 331 (2011): 1286–1289.

Hjort, Mette & Sue Laver (Hrsg.): *Emotion and the arts*. New York/Oxford: Oxford University Press, 1997.

Holdermann, Claus-Stephan, Hansjürgen Müller-Beck & Ulrich Simon (Hrsg.): *Eiszeitkunst im süddeutsch-schweizerischen Jura: Anfänge der Kunst*. Alb und Donau, Kunst und Kultur, Bd. 28. Stuttgart: Konrad Theiss Verlag, 2001.

Hölldobler, Bert & Edward O. Wilson: *Ameisen. Die Entdeckung einer faszinierenden Welt [Journey to the Ants, 1994]*. München/Zürich: Piper, 2001.

Hölldobler, Bert & Edward O. Wilson: *The superorganism: the beauty, elegance, and strangeness of insect societies*. New York: Norton, 2009 (deutsche Ausg.: *Der Superorganismus: der Erfolg von Ameisen, Bienen, Wespen und Termiten*, 2010).

Holmes, Warren G. & Paul W. Sherman: Kin recognition in animals. *American Scientist* 71 (1983): 46–55.

Hrdy, Sarah Blaffer: *Mother nature: natural selection and the female of the species*. London: Chatto & Windus, 1999 (deutsche Ausg.: *Mutter Natur. Die weibliche Seite der Evolution*, 2000).

Hrdy, Sarah Blaffer: *Mothers and others: the evolutionary origins of mutual understanding*. Cambridge, MA: Belknap Press of Harvard University Press, 2009 (deutsche Ausg.: *Mütter und andere. Wie die Evolution uns zu sozialen Wesen gemacht hat*, 2010).

Hublin, Jean-Jacques et al.: Radiocarbon dates from the Grotte du Renne and Saint-Césaire support a Neandertal origin for the Châtelperronian. *PNAS* 109 (2012): 18743–18748.

Hume, David: *Die Naturgeschichte der Religion […] [The natural history of religion, 1757]*. 2. Aufl. Philosophische Bibliothek, Bd. 341. Hamburg: Felix Meiner, 2000.

Humphrey, Nicholas K.: The social function of intellect [1976]. In Byrne & Whiten (1988): 13–26.

Humphrey, Nicholas: *Consciousness regained: chapters in the development of mind*. Oxford/New York: Oxford University Press, 1984.

Huron, David: Is music an evolutionary adaptation? *Annals of the New York Academy of Sciences* 930 (2001): 43–61.

HWP: Kunst. In *Historisches Wörterbuch der Philosophie*. Hrsg. von Joachim Ritter & Karlfried Gründer. Bd. 4. Basel/Stuttgart: Schwabe & Co., 1976, Sp. 1358–1434.

James, William: *The principles of psychology [1890]*. Cambridge, MA: Harvard University Press, 1983.

Johanson, Donald & Blake Edgar: *From Lucy to language*. Rev. ed. New York: Simon and Schuster, 2006 (deutsche Ausg.: *Lucy und ihre Kinder*, 2006).

Jonas, Hans: Homo Pictor und die Differentia des Menschen. *Zeitschrift für Philosophische Forschung* 15 (1961): 161–176.

Junker, Thomas: *Die Evolution des Menschen*. 2. Aufl. München: C. H. Beck, 2008.

Junker, Thomas: Art as a biological adaptation, or: why modern humans replaced the Neanderthals. *Quartär: Internationales Jahrbuch zur Erforschung des Eiszeitalters und der Steinzeit /International Yearbook for Ice Age and Stone Age Research* 57 (2010a): 171–178.

Junker, Thomas: Schönheit und andere Provokationen: Eine neue evolutionsbiologische Theorie der Kunst. In Jochen Oehler (Hrsg.): *Evolution und das heutige Bild vom Menschen*. Berlin: Springer, 2010b, S. 91–107.

Junker, Thomas: Wer hat Angst vor der Evolution? Oder: Was sagt die Biologie zum Sinn des Lebens? In Joachim Weinhardt (Hrsg.): *Naturwissenschaften und Theologie. Methodische Ansätze und Grundwissen zum interdisziplinären Dialog*. Stuttgart: Kohlhammer, 2010c, S. 83–97.

Junker, Thomas: *Die 101 wichtigsten Fragen: Evolution*. München: C. H. Beck, 2011a.

Junker, Thomas: Geheimwaffe Kunst: Eine neue evolutionsbiologische Theorie. In Heinz-Ulrich Reyer & Paul Schmid-Hempel (Hrsg.): *Darwin und die Evolutionstheorie in der heutigen Zeit*. Zürich: vdf, Hochsch.-Verl. an der ETH, 2011b, S. 155–168.

Junker, Thomas & Sabine Paul: *Der Darwin-Code: Die Evolution erklärt unser Leben*. 2. Aufl. München: C. H. Beck, 2009.

Juslin, Patrik N. & Petri Laukka: Communication of emotions in vocal expression and music performance: different channels, same code? *Psychological Bulletin* 129 (2003): 770–814.

Kandel, Eric R.: *The age of insight: the quest to understand the unconscious in art, mind, and brain: from Vienna 1900 to the present*. New York: Random House, 2012 (deutsche Ausg.: *Das Zeitalter der Erkenntnis. Die Erforschung des Unbewussten in Kunst, Geist und Gehirn von der Wiener Moderne bis heute*, 2012).

Kant, Immanuel: *Kritik der Urteilskraft [1790]*. Werkausgabe, Bd. 10. Hrsg. von Wilhelm Weischedel. Frankfurt am Main: Suhrkamp, 1974.

Kaplan, Stephen: Environmental preference in a knowledge-seeking, knowledge-using organism. In Barkow et al. (1992): 581–598.

Kemper, Peter, Alf Mentzer & Julika Tillmanns (Hrsg.): *Wirklichkeit 2.0: Medienkultur im digitalen Zeitalter*. Stuttgart: Reclam, 2012.

Kirby, Simon: The evolution of language. In Dunbar & Barrett (2007): 669–681.

Kleimann, Bernd & Reinold Schmücker (Hrsg.): *Wozu Kunst? Die Frage nach ihrer Funktion*. Darmstadt: Wissenschaftliche Buchgesellschaft, 2001.

Klein, Richard G. & Blake Edgar: *The dawn of human culture*. New York: John Wiley & Sons, 2002.

Knight, Chris: Language, lies and lipstick: a speculative reconstruction of the African middle stone age ‚human revolution'. In Peter M. Kappeler & Joan B. Silk (Hrsg.): *Mind the gap: tracing the origin of human universals*. Berlin/Heidelberg: Springer, 2010, S. 299–313.

Koestler, Arthur: *The act of creation*. New York: Macmillan, 1964.

Koldehoff, Stefan & Tobias Timm: *Falsche Bilder – echtes Geld. Der Fälschungscoup des Jahrhunderts – und wer alles daran verdiente*. Köln: Galiani, 2012.

Koller, Oswald: Die Musik im Lichte der Darwinschen Theorie. *Jahrbuch der Musikbibliothek Peters* 7 (1900): 35–50.

Kopiez, Reinhard & Guido Brink: *Fußball-Fangesänge. Eine Fanomenologie*. Würzburg: Königshausen & Neumann, 1998.

Krause, Johannes et al.: The derived *FOXP2* variant of modern humans was shared with Neandertals. *Current Biology* 17 (2007): 1908–1912.

Kristeller, Paul Oskar: The modern system of the arts: a study in the history of aesthetics part I. *Journal of the History of Ideas* 12 (1951): 496–527.

Lakin, Jessica L. et al.: The chameleon effect as social glue: evidence for the evolutionary significance of nonconscious mimicry. *Journal of Nonverbal Behavior* 27 (2003): 145–162.

Lautréamont: *Die Gesänge des Maldoror [Les chants de Maldoror, 1869]*. Reinbek bei Hamburg: Rowohlt, 1990.

Le Bon, Gustave: *Psychologie des foules*. Paris: Félix Alcan, 1895 (deutsche Ausg.: *Psychologie der Massen*, 1982).

Lehmann, Christian: *Singstreit, Ständchen und Signale. Zur Biologie und Evolution musikalischen Verhaltens*. Berlin: VWB-Verlag, 2009.

Lenain, Thierry: Ape-painting and the problem of the origin of art. *Human Evolution* 10 (1995): 205–215.

Leroi-Gourhan, André: *Hand und Wort. Die Evolution von Technik, Sprache und Kunst [Le geste et la parole, 1964–65]*. Frankfurt am Main: Suhrkamp, 1988.

Lessing, Alfred: What is wrong with a forgery? *The Journal of Aesthetics and Art Criticism* 23 (1965): 461–471.

Levy, J., T. Foulsham & A. Kingstone: Monsters are people too. *Biology Letters* 9 (23 February 2013): 2012 0850.

Lieberman, Debra, John Tooby & Leda Cosmides: The architecture of human kin detection. *Nature* 445 (2007): 727–731.
Lincoln, Tim: Congo's art. *Nature* 435 (2005): 1040.
Lorblanchet, Michel: *Höhlenmalerei. Ein Handbuch [Les grottes ornées de la préhistoire, 1995].* 2. Aufl. Stuttgart: Thorbecke, 2000.
Lorenz, Konrad: *Die acht Todsünden der zivilisierten Menschheit.* München: Piper, 1973.
Low, Bobbi S.: Sexual selection and human ornamentation. In Chagnon & Irons (1979): 462–487.
Lukrez: *Vom Wesen des Weltalls [De rerum natura].* Leipzig: Reclam, 1989.
Maak, Niklas: Kunstfälscher-Prozess. Alles war absurd einfach. *Frankfurter Allgemeine Zeitung* (30. September 2011).
Mac Carron, Pádraig & Ralph Kenna: Universal properties of mythological networks. *EPL (Europhysics Letters)* 99 (2) (2012): 28002.
Mäckler, Andreas (Hrsg.): *1460 Antworten auf die Frage: Was ist Kunst?* Köln: DuMont, 2000.
Mania, Dietrich: Die Urmenschen von Thüringen. *Spektrum der Wissenschaft* (Oktober 2004): 38–47.
Mar, Raymond A. & Keith Oatley: The function of fiction is the abstraction and simulation of social experience. *Perspectives on Psychological Science* 3 (2008): 173–192.
Markl, Hubert: Gehirn und Geist: Biologie und Psychologie auf der Suche nach dem ganzen Menschen. *Psychologische Rundschau* 56 (2005): 20–35.
Marler, Peter: Origins of music and speech: insights from animals. In Wallin et al. (2000): 31–48.
Marx, Karl & Friedrich Engels: Die deutsche Ideologie [1845–46]. In *Werke [MEW].* Bd. 3. Berlin: Dietz, 1983, S. 9–530.
Mauss, Marcel: *Soziologie und Anthropologie [Sociologie et anthropologie, 1950].* 2 Bde. Frankfurt am Main: Ullstein, 1978.
Maynard Smith, John: Group selection and kin selection. *Nature* 201 (1964): 1145–1147.
Maynard Smith, John: The origin of altruism. *Nature* 393 (1998): 639–640.
Mayr, Ernst: The role of systematics in biology. *Science* 159 (1968): 595–599.
Mayr, Ernst: *This is biology: the science of the living world.* Cambridge, MA: The Belknap Press of Harvard University Press, 1997 (deutsche Ausg.: *Das ist Biologie. Die Wissenschaft des Lebens*, 1998).
Mayr, Ernst: *What evolution is.* New York: Basic Books, 2001 (deutsche Ausg.: *Das ist Evolution*, 2003).
McGrew, William C.: The nature of culture: prospects and pitfalls of cultural primatology. In de Waal (2001): 229–254.
McNeill, William H.: *Keeping together in time: dance and drill in human history.* Cambridge, MA: Harvard University Press, 1995.
Mead, George Herbert: The nature of aesthetic experience. *International Journal of Ethics* 36 (1926): 382–393.
Mead, Margaret: *Sex and temperament in three primitive societies.* New York: Morrow, 1935.
Mellmann, Katja: Literatur als emotionale Attrappe. Eine evolutionspsychologische Lösung des ‚paradox of fiction'. In Uta Klein, Katja Mellmann & Steffanie Metzger (Hrsg.): *Heuristiken der Literaturwissenschaft. Disziplinexterne Perspektiven auf Literatur.* Paderborn: Mentis, 2006, S. 145–166.
Mellmann, Katja: Biologische Ansätze zum Verhältnis von Literatur und Emotionen. *Journal of Literary Theory* 1 (2007): 357–375.
Menninghaus, Winfried: *Das Versprechen der Schönheit.* Frankfurt am Main: Suhrkamp, 2007.
Menninghaus, Winfried: *Wozu Kunst? Ästhetik nach Darwin.* Berlin: Suhrkamp, 2011.
Merker, Björn: Synchronous chorusing and human origins. In Wallin et al. (2000): 315–327.
Metzinger, Thomas: *Der Ego-Tunnel. Vom Mythos des Selbst zur Ethik des Bewusstseins.* Berlin: Berlin-Verlag, 2009.
Milinski, Manfred: Perfumes. In Voland & Grammer (2003): 325–339.
Milinski, Manfred & Bettina Rockenbach: Human behaviour: punisher pays. *Nature* 452 (2008): 297–298.
Miller, Geoffrey: *The mating mind: how sexual choice shaped the evolution of human nature.* New York: Doubleday, 2000a (deutsche Ausg.: *Die sexuelle Evolution. Partnerwahl und die Entstehung des Geistes*, 2001).